Carolyn Chapman, Nicole Vagle

In heterogenen Klassen alle erreichen

Strategien für motivierenden Unterricht und nachhaltigen Lernerfolg

Verlag an der Ruhr

Titel der deutschen Ausgabe

In heterogenen Klassen alle erreichen

Strategien für motivierenden Unterricht und nachhaltigen Lernerfolg

Titel der amerikanischen Originalausgabe

Motivating Students, 25 Strategies to Light the Fire of Engagement

© der amerikanischen Originalausgabe

Solution Tree, 2011

Autorinnen

Carolyn Chapman, Nicole Vagle

Titelbildmotiv

© an.ma.nie/photocase.com

Übersetzung

Friedrich Helmschrott

Bearbeitung für Deutschland

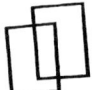

Verlag an der Ruhr
Mülheim an der Ruhr
www.verlagruhr.de

Geeignet für die Klassen 5 – 13

Unser Beitrag zum Umweltschutz:

Wir sind seit 2008 ein ÖKOPROFIT®-Betrieb und setzen uns damit aktiv für den Umweltschutz ein. Das ÖKOPROFIT®-Projekt unterstützt Betriebe dabei, die Umwelt durch nachhaltiges Wirtschaften zu entlasten. Unsere Produkte sind grundsätzlich auf chlorfrei gebleichtes und nach Umweltschutz-standards zertifiziertes Papier gedruckt.

Trotz sorgfältiger inhaltlicher Kontrolle kann keine Haftung für die Inhalte externer Seiten, auf die mittels eines Links verwiesen wird, übernommen werden. Für den Inhalt der verlinkten Seiten sind ausschließlich deren Betreiber verantwortlich.

© der deutschen Ausgabe
Verlag an der Ruhr 2014
ISBN 978-3-8346-2615-8
Printed in Germany

Kostenloses Downloadmaterial erhalten Sie unter:

www.verlagruhr.de/62615

1   Was ist Motivation?

Hier sehen Sie ein Vorlagenverzeichnis zu den Word-Dokumenten, die Ihnen zum Download zur Verfügung stehen ⇩D.

Kapitel 1	1.01_Wie motiviere ich meine Schüler?
	1.02_Drei Schritte zur Motivation von Schülern
	1.03_Die Schüler verstehen
Kapitel 2	2.01_Ein Blick auf die Person
	2.02_Erkenne dich selbst
	2.03_Beurteile, wie du lernst
	2.04_Erkenne deine Stärken
	2.05_Abschlussbetrachtung I
	2.06_Abschlussbetrachtung II
	2.07_Blanko-Würfel
	2.08_Der Ereigniswürfel
	2.09_Das denkbar beste und schlechteste Resultat
	2.10_Plan zur Motivation von Schülern
Kapitel 3	3.01_Tabelle zur Selbsteinschätzung der Schüler
	3.02_Plan zur Motivation von Schülern
Kapitel 4	4.01_Planung fesselnder Einstiege und geschickter Abschlüsse
	4.02_Erfindet ein Spiel
	4.03_Checkliste zur Planung von Kurzbeiträgen
	4.04_Regeln und Maßnahmen
	4.05_Plan zur Motivation von Schülern
Kapitel 5	5.01_Befragung zum Thema Einflussnahme
	5.02_Langfristige Zielvereinbarung
	5.03_Zielvereinbarung für eine schnelle Veränderung
	5.04_Planungsvorlage für ein Rollenspiel
	5.05_Plan zur Motivation von Schülern
Kapitel 6	6.01_Test-Nachbearbeitung
	6.02_Interventionsplanung für ein bestimmtes Lernziel
	6.03_Plan zur Motivation von Schülern
Kapitel 7	7.01_Einsatz der Strategien
	7.02_Zum Nachdenken

In jedem Klassenzimmer – ob „nur" heterogen oder bereits inklusiv – begegnen Ihnen täglich viele Herausforderungen: auf der einen Seite haben Sie unmotivierte Schüler*, die lustlos und desinteressiert sind. Auf der anderen Seite existiert eine große Spanne hinsichtlich Vorwissen und Lernleistung, was bei der Vorbereitung und Materialsuche eine große Herausforderung darstellt. Zudem bevorzugen Ihre Schüler ganz unterschiedliche Lernstile – der eine favorisiert die Darstellung von Sachverhalten in Form von Visualisierungen, der andere möchte Textmaterial als Informationsquelle und der Dritte wünscht sich ein Hörbeispiel, um sich darüber selbstständig Hintergrundinformationen anzueignen. Wie sollen Sie bei diesen Unterschieden allen Schülern gerecht werden? Wie können Sie herausfinden, was „das Beste" für den jeweiligen Schüler ist? Bei diesen herausfordernden und zugleich spannenden Aufgaben möchte Sie das Buch unterstützen: Mithilfe von diversen Strategien, Frage- und Selbsteinschätzungsbögen sowie Reflexionsfragen bekommen Sie schnell einsetzbare Hilfen an die Hand, mit denen die Individualisierung und Differenzierung des Lernens im Klassenzimmer gelingen kann. Durch die unterschiedlichen Materialien können Sie alle Schüler systematisch erreichen und sie beim Lernen mitnehmen und motivieren.

Die Vorlagen aus dem Buch finden Sie zusätzlich als veränderbare Word-Dateien im Download-Angebot ⬇D und können diese an die individuellen Bedürfnisse der einzelnen Schüler anpassen. Ihre Schüler haben mithilfe der verschiedenen Strategien die Möglichkeit, ihren eigenen Lernweg zu erkennen und stetig zu verbessern – für bessere Lernergebnisse und größere Zufriedenheit. Es klingt vielleicht banal, aber die Grundlage eines jeden Lernerfolges ist eine wertschätzende und vertrauensvolle Beziehung zu Ihren Schülern. Diese Botschaft findet sich auch in John Hatties Forschungsergebnissen: Er betont die wichtige Rolle und die Möglichkeit der Einflussnahme des Lehrers auf seine Schüler. Dazu muss aber eine funktionierende Beziehung zwischen Lehrer Schüler bestehen. Diese können Sie aufbauen und fördern, indem Sie die Interessen, Stärken, bevorzugten Lernstile und das Vorwissen Ihrer Schüler in Erfahrung bringen. In einer sicheren und motivierenden Lernumgebung, die den Schülern abwechslungsreiche, herausfordernde Lerngelegenheiten bietet, bestehen die besten Voraussetzungen für erfolgreiche Lernmomente. Positive Auswirkungen für alle Lerner existieren in Klassen, in denen

- ⦿ die Lernziele genau definiert sind und erklärt werden,
- ⦿ Lernen zu einem Abenteuer wird,

---

* Aus Gründen der besseren Lesbarkeit haben wir in diesem Buch durchgehend die männliche Form verwendet. Natürlich sind damit auch immer Frauen und Mädchen gemeint, also Lehrerinnen, Schülerinnen etc.

- die selbstständigen Entscheidungen und die Selbstkontrolle der Schüler gefördert werden und
- das Erleben von Lernerfolg für jeden Schüler möglich ist.

Diese Punkte werden in den folgenden Kapiteln thematisiert.

Zum Inhalt des Buches

Dieses Buch stellt Ihnen 24 praktische und effektive Strategien vor, mit denen Sie eine ganze Klasse oder einzelne Schüler erreichen, beim Lernen unterstützen und motivieren können. Diese innovativen und im heterogenen Klassenzimmer erprobten Strategien zur Motivation und der Erkundung der bevorzugten Lernstile Ihrer Schüler basieren auf der aktuellen Forschung, auf jahrelanger Erfahrung und auf vielen Gesprächen mit Lehrern. Es handelt sich um ein übersetztes US-Originalwerk, weshalb die zugrunde liegenden Studien und verwendeten Quellen sich auf englischsprachige Originaltitel beziehen. Diese finden Sie vollständig im Literaturverzeichnis aufgeführt. Bei paraphrasierten Zitaten finden Sie als Beleg immer Autorenname, Erscheinungsjahr sowie ggf. die Seitenzahl angegeben. Darüber hinaus haben wir zusätzliche hilfreiche Literatur in den Medientipps für Sie zusammengestellt.

Eine weit verbreitete Behauptung lautet, dass alle Schüler lernen können. Mit den Strategien in diesem Buch werden Sie den Beweis dafür erbringen können. Die folgende Abbildung zeigt schematisch, wie man Schüler beim Lernen unterstützen und motivieren kann:

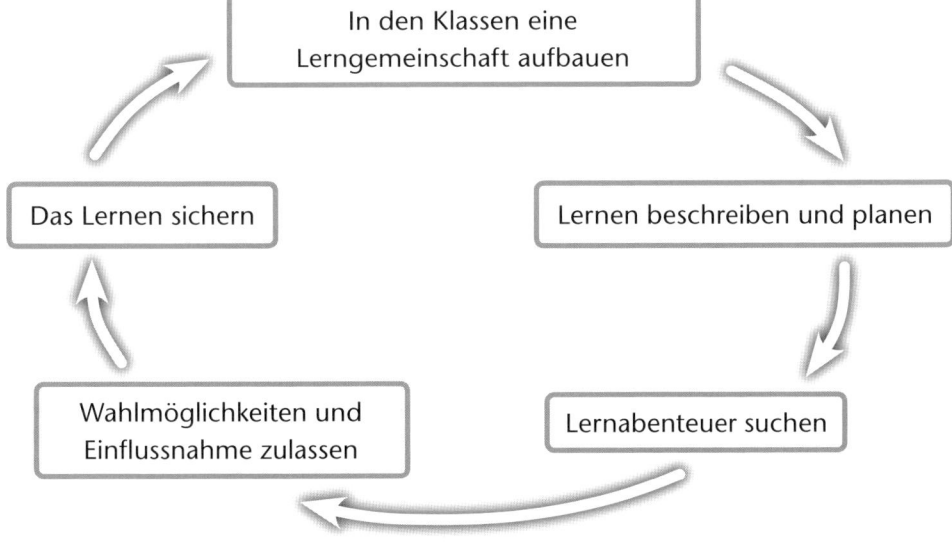

Kapitel 1 liefert die Grundlagen. Es wird kurz erklärt, was Motivation ist, und ein Überblick über die Forschung und die beeinflussenden Faktoren gegeben. Außerdem bietet Ihnen das Kapitel eine Möglichkeit, selbst zu beurteilen, wie Sie gegenwärtig Ihre Schüler zu motivieren versuchen. So können Sie sich mithilfe des Fragebogens Ihren eigenen Ausgangspunkt vergegenwärtigen.

Die **Kapitel 2–6** gehen detailliert auf jeden Aspekt des oben gezeigten Schemas ein und stellen nacheinander 24 Strategien vor, die von den Haupt-ursachen besonders unmotivierter Verhaltensweisen ausgehen. In vielen Fällen stehen diese Faktoren in einer Wechselbeziehung. Bei jeder Strategie wird beschrieben, wozu sie dient und wie sie zu begründen ist. Sie erhalten Tipps für die Planung und Durchführung. Schließlich folgen Erklärungen, wie die Strategie in die Praxis umgesetzt werden kann. Sie bekommen Fragebögen zur Verfügung gestellt, die für Ihre oder für die Hände der Schüler geeignet sind. Mithilfe dieser können Sie die Strategien genauer vorbereiten und für einen zielgerichteten Einsatz sorgen.

⇨ **Kapitel 2** zeigt Strategien, mit deren Hilfe **im Klassenzimmer eine Lern-gemeinschaft entsteht.** Hierfür sollten Sie die Interessen und Lernstile Ihrer Schüler kennen, Beziehungen zu und unter den Schülern aufbauen und klare Regeln vorgeben.

⇨ **Kapitel 3** zeigt auf, wie wichtig es ist, das **Lernen zu erklären und zu planen**, um – je nach individuellem Leistungsstand – an alle Schüler hohe Erwartungen zu stellen, relevante Verknüpfungen herzustellen und sinnvolle Aufgaben und Bewertungen anzubieten.

⇨ In **Kapitel 4** geht es darum, **auf die Suche nach Lernabenteuern zu gehen.** Dazu gehören ein anregender Einstieg in ein Thema ebenso wie ein sinnvoller Abschluss, der Einsatz von Medien, Spielen und Aktivitäten sowie die Würdigung von Erfolgen.

⇨ **Kapitel 5** konzentriert sich auf **Wahlmöglichkeiten und Einflussnahme**, die Sie durchaus auch mal den Schülern überlassen können – und sollten.

⇨ In **Kapitel 6** dreht sich alles um das **Sichern des Lernens.** Es enthält Strate-gien, um die Schüler beim Lernen zur Partnerarbeit zu motivieren, und zwar unterstützt durch effektive Beurteilungspraxis, sinnvolles Fragen, deskriptive Rückmeldungen und zielgerichtete Interventionen.

Kapitel 7 richtet den Fokus auf alle **am Lernen beteiligten Personen.** Es wird darauf eingegangen, wie Lehrer, Schulverwaltung, Schulpersonal und Eltern zur Motivation der Schüler beitragen können. Das Kapitel enthält Anregungen zu den häufigsten Fragen, die zu den Themen Motivation und Engagement auf-tauchen.

Jedes der sieben Kapitel endet mit einer **Reflexion**. Für diese ist es von Vorteil, dass Sie sich wahlweise mit einigen Ihrer Kollegen zusammensetzen und sich in vertrauter Runde über Fragen der Schule und des Unterrichts austauschen können oder die Fragen allein für sich beantworten.

Zum Einsatz des Buches

Die Form des Einsatzes können Sie selbst bestimmen und an Ihre Bedürfnisse anpassen: Sie können das Buch sowohl als komplettes Programm aber auch ausschnittsweise modulartig einsetzen. Lesen Sie es allein oder in einem Team. Die Fragen der Reflexionsgespräche sollen Sie und Ihre Kollegen zu lebhaften und engagierten Diskussionen anregen. Auch wenn das zunächst ungewohnt erscheint: Durch die gemeinsame Reflexion werden Sie herausgefordert, sich über Ihren Standpunkt und Ihre Einstellungen klarzuwerden, und blicken ggf. zusätzlich über den Tellerrand, indem Sie erfahren, wie Ihre Kollegen handeln und welche Erfahrungen sie gemacht haben. Natürlich ist eine Bearbeitung auch allein möglich. Konzentrieren Sie sich nach Bedarf auf einen bestimmten Abschnitt, um spezielle Probleme in Ihrer Klasse angehen zu können. Oder studieren Sie es kapitelweise und entwickeln Sie eigene Ideen für mögliche Strategien, durch die Sie im heterogenen Klassenzimmer eine Klassenatmosphäre schaffen können, in der sich alle Schüler wohlfühlen. Im Klassenraum sitzen Ihre Schüler mit ganz unterschiedlichen Interessen, Wünschen und Ausgangsbedingungen. Sie unterscheiden sich hinsichtlich vieler Dinge, wie z. B. Geschlecht und Herkunft. Aber Ihre Schüler haben auch unterschiedliche Voraussetzungen im Hinblick auf ihr Vorwissen, ihre Motivation, ihre Fähigkeiten, sich Wissen anzueignen, Lernstrategien anzuwenden und meta-kognitiv über ihr Lernen zu reflektieren. Die tägliche Herausforderung ist es, trotz dieser Unterschiede allen einen Zugang zu den Lerngegenständen zu bieten und sie bei der Entdeckung ihres persönlichen Lernweges zu unterstützen. Um die Lehr- und Lernsituationen so erfolgreich wie möglich zu gestalten, ist es für Sie als Lehrer hilfreich, Lern- und Denkstile und die Ausgangssituation Ihrer Schüler zu kennen, um darauf aufbauend zielgerichtet fordern und fördern zu können. Das Ziel des Buches ist es, Sie zu inspirieren, eine motivierende Lernumgebung zu schaffen, die Ihre Schüler dazu anregt, aktive und erfolgreiche Lerner zu werden. Einige Ideen sind neu, andere altbekannt. Mithilfe der Frage- und Einschätzungsbögen können Sie neben Ihrer eigenen Einstellung Ihre Schüler besser verstehen lernen: Die Diagnose und die anschließende Förderung wird Ihnen somit leicht gemacht. Durch den Einsatz der Strategien werden Sie eine positive Wirkung auf die Motivation und die Selbstständigkeit im Arbeits- und

Lernprozess Ihrer Schüler erzielen. Natürlich eignet sich nicht jede Strategie für jeden Schüler. Aber durch die unterschiedlichen Strategien bekommen Sie das Handwerkszeug geliefert und können zielgerichtet das Passende für den jeweiligen Schüler auswählen. Vielleicht haben Sie Ihre Schüler schon mal nach ihren Interessen gefragt. Aber sind Sie bei der Unterrichtsplanung auf diese Interessen eingegangen und haben Verknüpfungen zu ihrem Lernen hergestellt? Dieses Buch möchte Sie nicht nur zu frischen Ideen inspirieren, sondern auch darin bestärken, neue Wege mithilfe alter Ideen zu beschreiten. Egal ob Schüler oder Lehrer: Alle sind mal mehr, mal weniger motiviert. Für manche Schüler ist es normal, dass sie ab und zu lustlos sind. Zeigen Schüler aber einen andauernden Mangel an Motivation, dann ist es höchste Zeit, die tieferen Ursachen zu erkennen und darauf zu reagieren. Die vorliegenden Ideen sollen Sie unterstützen und Sie dazu anregen, wirklich jeden Schüler zu erreichen und erfolgreich zu unterrichten.

1

Was ist Motivation?

Motivation ist ein innerer Zustand, der uns zum Handeln veranlasst. Motivation ist intrinsisch, wenn eine Person etwas tut, um ein Gefühl der Befriedigung, ein Erfolgserlebnis oder ein tieferes Verständnis zu erreichen. Von extrinsischer Motivation kann man sprechen, wenn jemand etwas macht, um eine Belohnung zu bekommen oder einen Vorteil zu erlangen, z. B. Geld, einen Preis, Nahrung, eine Note oder Zeit für sich selbst.

Extrinsische Motivation wirkt oft kurzfristig und kann Schüler veranlassen, der Aufforderung eines Lehrers nachzukommen. Eine gute Note, Extrapunkte oder die Aussicht, keine Hausaufgaben erledigen zu müssen, führen zu positiven Gefühlen. Solche Anreize veranlassen Schüler, sich für den Augenblick zu fügen. Intrinsische Motivation hingegen bringt Selbstvertrauen und Erfolg hervor, die über den Moment hinaus andauern. Dieses intrinsische Verlangen fördert lebenslanges Lernen. Jahrzehntelange, disziplinübergreifende Studien beweisen die Wirksamkeit extrinsischer Motivation. Wenn eine extrinsische Belohnung in Aussicht gestellt wird, arbeiten die meisten Menschen nur bis zum Erreichen des Punktes, an dem die Belohnung erfolgt – und nicht darüber hinaus. Werden Anreize jedoch geschickt eingesetzt und ist eine Belohnung nicht mit bestimmten Bedingungen verknüpft, steigt die Leistung und die Tiefe des Verstehens (vgl. Pink, 2009, S. 58).

Schüler sind eigentlich immer motiviert – allerdings nicht unbedingt in Bezug auf das, was von ihnen erwartet wird. Beispielsweise wollen manche Schüler lieber mit einem Freund reden oder im Klassenzimmer herumlaufen, anstatt Ihren Anweisungen zu folgen, sich Notizen zu einer Aufgabe zu machen oder an einer Aktivität teilzunehmen. Lerner sind aus den verschiedensten Gründen inspiriert oder entmutigt. Wenn Sie eine Aufgabe stellen, kann bei den Schülern, die sich an die Bearbeitung machen, Folgendes der Fall sein:
- Sie verstehen die Anweisungen.
- Sie vertrauen auf ihre Fähigkeiten.
- Sie ziehen irgendwelche Vorteile aus der Aufgabe.
- Sie fühlen sich erfolgreich.
- Sie erkennen eine persönliche Bedeutung für die Zukunft.
- Sie verfügen über Vor- oder Hintergrundwissen, um Inhalte zu verknüpfen.
- Sie respektieren den Lehrer.
- Sie wollen eine gute Note erreichen.

Bei Schülern, die die Aufgabe nicht machen, könnte Folgendes der Fall sein:
- Sie verstehen die Aufgabe oder die Anweisungen nicht ganz.
- Sie haben kein Vertrauen in ihre eigenen Fähigkeiten.
- Sie haben Angst vor Misserfolg.

- Sie sehen keinen Sinn darin, die Aufgabe zu erledigen.
- Sie haben zu wenig Vor- oder Hintergrundwissen, um Inhalte zu verknüpfen.
- Sie haben wenig oder keinen Respekt vor dem Lehrer.

Für Schüler ergibt sich die Attraktivität des Unterrichts aus einer Kombination von dem, was der Lehrer macht, in welchem Rahmen das Lernen stattfindet und wie sie den Unterricht erleben. Sie fragen sich: „Ist der Unterrichtsstoff für mich relevant, interessant und wichtig? Werde ich erfolgreich sein?" Manche Schüler lassen sich von einem überraschenden Einstieg oder einer lustigen Geschichte motivieren. Andere wollen die Relevanz oder die Verbindung zur wirklichen Welt oder zu ihrer realen Umgebung erkennen, bevor sie sich an die Bearbeitung machen.

Beispiel

Angenommen, eine Gruppe Erwachsener will sich im Fernsehen eine Dokumentation anschauen. Manche werden ihre besonderen Gründe haben, warum sie die Sendung aufmerksam verfolgen. Andere hingegen fühlten sich vielleicht nur durch den Titel, die Vorschau oder das Thema angesprochen. Nach zehn bis 15 Minuten werden sicher nur noch einige die Sendung verfolgen. Für die anderen hat die Dokumentation nicht die Erwartungen erfüllt. Vielleicht halten sie es für Zeitverschwendung, weil sie mit den Informationen bereits vertraut sind. Anderen mag das Ganze zu kompliziert sein, es wird ihnen zu langweilig oder sie haben etwas anderes erwartet.

Denken Sie an Ihren eigenen Unterricht. Würden die Schüler die ganze Stunde im Zimmer bleiben, wenn sie die Wahl hätten? Beim Fernsehen kann man umschalten. Aber in der Schule sieht die Sache anders aus. Die Schüler können nicht einfach abschalten oder selbst aufstehen und hinausgehen. Manche beginnen dennoch zu „zappen". Wenn es ihnen langweilig wird oder sie enttäuscht sind, dann sind sie nicht motiviert, auf Ihre Erwartungen einzugehen. Sie widmen sich ihren Tagträumen, plaudern mit Nachbarn, kritzeln in ihren Heften herum etc.

Laut Martin und Dowson (vgl. 2009, S. 327) gehören zur Motivation Überzeugungen und Emotionen, die sich wechselseitig beeinflussen und lenken. Diese Überzeugungen und Emotionen sind etwas sehr Persönliches. Im Beispiel der Dokumentation sind manche Zuschauer interessiert und verfolgen die Sendung weiter. Bei anderen entsteht hingegen ein negatives Gefühl und sie wenden sich einer anderen Aktivität zu. Dasselbe gilt für Schüler: Was bei einem Interesse weckt, kann bei einem anderen bewirken, dass er sich aus dem Unterrichtsgeschehen ausklinkt und abschaltet.

In Anbetracht der komplexen Aufgabe, alle Schüler zu motivieren, stellen sich folgende Fragen:

- Was sind die Gründe für fehlendes Interesse?
- Wer ist dafür verantwortlich? Der Schüler? Der Lehrer?
- Wie viele Erwachsene könnten wohl einen Unterricht aufmerksam verfolgen, der ihr Interesse nicht wachhält oder der scheinbar nichts mit ihrer Lebenswelt zu tun hat?

Für Sie als Lehrer kommt es darauf an, langweilige oder komplexe Inhalte interessant, herausfordernd und sinnvoll darzubieten. Dann wollen die Schüler auch zuhören, mitmachen und ihre Aufgaben erledigen. Fakt ist jedoch, dass nicht alle Inhalte für alle Schüler spannend sind: Kein Mensch kommt um die Tatsache herum, bisweilen Dinge zu tun, die er gar nicht machen will. Zu lernen, bei banalen oder schwierigen Dingen durchzuhalten, ist eine lohnende Anstrengung. Die Entwicklung von Ausdauer ist möglich und wahrscheinlich, wenn sich Schüler herausfordernden, ansprechenden und lohnenden Lernerfahrungen gegenübersehen (vgl. Martin und Dowson, 2009). Sie werden bei der Sache bleiben, wenn sie erkennen, was das Ziel ist und wie sie dorthin gelangen können. Machen Sie Ihren Schülern individuelle Angebote, die sie heraus-, aber nicht überfordern. So können Sie sie effektiv motivieren und sie entwickeln sich schulisch, kognitiv sowie emotional weiter. Im Klassenzimmer stellt dies immer wieder eine neue Herausforderung dar, da die heterogene Schülerschaft danach verlangt, eine ganze Bandbreite von verschiedenen Angeboten für unterschiedliche Lerner zu machen: Der eine versteht den Sachverhalt am besten über Bilder, der andere braucht eine stark vereinfachte schriftliche Version der Aufgabe, um zu wissen, was er tun soll. Ein dritter Schüler hat die Aufgabe schon halb bearbeitet, während sein Sitznachbar noch nicht einmal mit dem Schreiben begonnen hat. Individuelle Lernangebote sind das eine. Um diese jedoch passgenau erstellen zu können, benötigen Sie Informationen: über Ihre Schüler, ihre Vorlieben und individuellen Stärken und Schwächen. Mithilfe der Strategien und Fragebögen können Sie – und auch die Schüler – diese Informationen bekommen und im Weiteren dazu nutzen, motivierende und erfolgreiche Lernmomente zu erleben.

Was hat Motivation mit Lernen zu tun?

Motivation wird seit Jahrzehnten erforscht. Je nach Schwerpunkt unterscheiden sich die Studien. Dieses Buch konzentriert sich auf Untersuchungen über schulische Motivation und wählt aus einer großen Bandbreite von Zeiträumen, Kulturen, Altersstufen und Ländern die wichtigsten Erkenntnisse aus. John Hattie stellt in seiner Zusammenfassung der Forschung zum Thema Motivation fest, dass diese am höchsten sei, wenn Schüler ihre eigene Kompetenz erleben können, Freiräume bekommen, um sich individuelle und lohnende Ziele zu setzen, und bestätigende Rückmeldung bekommen. Hattie gibt auch an, was demotivierend wirkt oder was das Lernen blockiert, etwa Geringschätzung der geleisteten Arbeit, schlechte Noten in Prüfungen oder aber zwischenmenschliche Probleme, wie z. B. Streit mit Mitschülern oder ein schlechtes Verhältnis zum Lehrer (vgl. Hattie 2009, dt. Übersetzung „Lernen sichtbar machen", 2013).

Natürlich beeinflussen die Beziehungen zu den Lehrern die Einstellung eines Schülers zur Schule. Motivation und Engagement nehmen zu, wenn Lehrer ihre Schüler kennen und das Verhältnis auf Vertrauen basiert. Außerdem entwickeln solche Lehrer Interesse und Verständnis für die kulturellen Lebenswelten, für die Überzeugungen und Werte der Schüler. So entstehen Lerngemeinschaften mit zunehmender Motivation und verstärktem Interesse und Engagement. Schüler mit einer starken persönlichen Beziehung zu ihren Lehrern verinnerlichen die Wege, auf denen sie schulisch erfolgreich sein können. Positive Beziehungen zu Lehrern und Mitschülern beeinflussen die Motivation, sich mit einer Aufgabe oder Aktivität zu befassen. Die Schüler wollen von sich aus lernen, etwas erreichen und Erfolgserlebnisse haben – z. B. sich in eine Gruppe von Mitschülern einfügen oder es einfach nur vermeiden, Eltern oder einen Lehrer zu enttäuschen (vgl. Ryan und Deci, 2000; Barker et al., 2002; Dowson und McInerney, 2003).

Wenn sich Schüler mit der Schule, mit ihrer Klasse und mit den Lehrern verbunden fühlen, ist die Wahrscheinlichkeit höher, dass sie sich im Unterricht engagieren und motiviert zeigen, sich an schwierige Aufgaben wagen, sich selbst beurteilen oder ihr Wissen und ihre Lücken analysieren (vgl. Meyer und Turner, 2002; Maslow, 1968; Glasser, 1999). Aus gemeinsamen Aktivitäten entwickelt sich eine positive Lerngemeinschaft. Schüler, die zusammen lernen und arbeiten, fühlen sich mit ihren Mitschülern enger verbunden. Im heterogenen Klassenzimmer steigt während der Zusammenarbeit im Idealfall auch das Verständnis und die Wertschätzung füreinander: Die Schüler werden für die unterschiedlichen Herangehensweisen sensibilisiert und erlangen durch die unterschiedlichen Perspektiven ihrer Mitschüler einen größeren Blickwinkel. Ihnen wird bewusst, dass es nicht nur ihre eigene Idee und Zugänge gibt, sondern ganz verschiedene Möglichkeiten, eine Aufgabe anzugehen und zu bearbeiten. Und auch Sie als Lehrer werden sicherlich immer wieder positiv überrascht werden, auf welche Wege und Ideen Ihre Schüler kommen, die Sie nicht gesehen haben! Bieten Sie den Raum, dass auch alternative Lösungswege vorgestellt werden können. So zeigen Sie Wertschätzung und erkennen die Verschiedenheit an. Ein Unterrichtsklima, in dem die Lehrer-Schüler- und die Schüler-Schüler-Beziehungen gestärkt werden, hat wesentlichen Einfluss auf die Motivation (vgl. auch Martin und Dowson, 2009; Martin, 2002, 2003).

Das Gefühl, selbstständig zu sein und auf erreichbare Ziele hinzuarbeiten, ist für das Lernen und die eigene Wahrnehmung ausschlaggebend. Wenn Schüler überzeugt sind, dass sie die Kontrolle über das Ergebnis einer schulischen Leistung haben, scheinen sie mit Enttäuschungen, Erwartungen und der Angst vor dem Scheitern produktiver umgehen zu können (Martin, Marsh, und Debus, 2001).

Eine Möglichkeit, dass die Schüler ein Gefühl der Kontrolle über ihre eigenen Erfolge wahrzunehmen beginnen, liegt in der positiven Verstärkung und Rückmeldung seitens der Erwachsenen (Lehrer, Eltern oder anderer Bezugspersonen). Geben Sie den Schülern regelmäßig Rückmeldung, indem Sie ihnen spezifische Informationen über ihre Stärken geben. Eine motivierende Rückmeldung geht auch auf die Möglichkeiten ein, wie sich ein Schüler verbessern kann. Eine solche Rückmeldung führt zu positiven Emotionen und zu einem Gefühl der Zuversicht. Folglich sind die Schüler motiviert, weil sie wissen, was sie machen und wie sie es machen sollen (Hattie und Timperley, 2007).

Die Anstrengungsbereitschaft erhöht sich, wenn Schüler an sich selbst glauben, Erfolge erwarten und zu ihren Aktionen stehen. Ihr Selbstvertrauen – der Glaube an die eigene Fähigkeit, sich weiterzuentwickeln und das Lernen positiv beeinflussen zu können – kann durch das Verhalten der Erwachsenen gefördert werden. Wenn Lehrer an ihre Schüler glauben und deren Erfolge auch ihren Anstrengungen zuschreiben, stärkt das ihre Leistungsfähigkeit. Wenn andererseits Lehrer einen Leistungsmangel auf mangelnde Fähigkeiten zurückführen, können die Schüler das so auffassen, dass nichts von dem, was sie machen, einen Sinn hat. Dies wiederum kann zu unmotiviertem Verhalten führen (Hareli und Weiner, 2000, 2002; Martin, 2005, 2008a). Laut diesen Studien waren die Interventionen bezüglich Motivation und Engagement erfolgreicher, wenn die Lehrer positive Erwartungen an die Schüler äußerten.

Wichtig

Untersuchungen zur Motivation bei gefährdeten Schülern (Problem-
schülern, Schülern mit besonderen Bedürfnissen) fallen ähnlich aus.
Besonders für diese Schüler ist es essenziell, Zuspruch zu erfahren
und positive Rückmeldung für jeden Fortschritt zu bekommen.
Durch den Vergleich mit anderen Mitschülern innerhalb des Klassenzimmers können gerade bei diesen Schülern Gefühle wie Unzufrieden-
heit, Ungeduld, Frust und Enttäuschung entstehen, da es erhebliche
Leistungsunterschiede gibt und die Schüler diese ebenso wahrnehmen
wie Sie als Lehrer. Starke Beziehungen sind für alle Schüler wichtig. Um
Problemschüler zu erreichen und zu motivieren, sind sie aber wesentlich
(vgl. Martin 2006; Ladson-Billings, 1995). Richten Sie Ihr Augenmerk
immer wieder auf den Aufbau einer wertschätzenden und positiven
Beziehung. Wenn Sie unter diesen Bedingungen herausfordernde Aufgaben stellen und positive Erwartungen haben, nimmt die Motivation
zu. Wenn Sie daran glauben, dass Ihre Schüler Erfolg haben können,
werden auch mehr von ihnen erfolgreich sein.

Warum manche Schüler unmotiviert sind

Sind Schüler unmotiviert, dann verbergen sich hinter ihrem Verhalten für
gewöhnlich andere Probleme. Wenn ein Schüler sich weigert, eine Aufgabe
zu machen, können Sie sich auf einen Machtkampf einlassen und ihn dazu
zwingen – und dabei das eigentliche, tiefer liegende Problem übersehen.
Vielleicht versteht der Schüler gar nicht, was er machen soll. Oder er sieht
in der Aufgabe keinen Sinn. Schüler lassen sich nur motivieren, wenn Sie
als Lehrkraft solche versteckten Probleme erkennen und darauf eingehen.
In der folgenden Tabelle finden Sie mögliche Gründe und Einstellungen,
welche die Ursachen für motiviertes oder unmotiviertes Verhalten sein können.
Dabei handelt es sich um persönliche Ansichten oder Empfindungen von
Schülern, die ihre Motivation jeweils positiv oder negativ beeinflussen.

Motiviertes vs. unmotiviertes Verhalten

Motivierte Schüler	Unmotivierte Schüler
• Der Schüler will etwas lernen. Er geht gern in die Schule und freut sich auf den Unterricht.	• Der Schüler findet die Schule langweilig. Sie hat ihm nichts Interessantes zu bieten. Er mag die Schule nicht. Es graut ihm davor, in den Unterricht zu gehen, er hat jedes Interesse am Lernen verloren.
• Der Schüler fühlt sich zur Lerngemeinschaft seiner Klasse zugehörig. Er fühlt sich mit all seinen Stärken, Problemen, Schwächen und Eigenarten akzeptiert.	• Der Schüler fühlt sich nicht dazugehörig, von der Klasse ausgeschlossen und abgelehnt. Es kann vorkommen, dass er einen ganzen Schultag lang mit niemandem spricht und auch von niemandem beachtet wird. Er hat wenige Freunde und versucht nur, den Schultag irgendwie zu überstehen.
• Der Schüler fühlt sich als wertvolles Mitglied der Schul- und Klassengemeinschaft, zu der er einen Beitrag leisten kann. Er ist überzeugt, dass er in den Augen seiner Mitschüler und Lehrer wichtig ist.	• Der Schüler fühlt sich als Versager, der nichts zum Unterricht beizutragen hat. Er hat kein Selbstvertrauen und fühlt sich ausgeschlossen.
• Der Schüler sieht in der Schule einen Ort, der ihm gewisse Vorteile und Sicherheit bietet. Im Großen und Ganzen gefällt ihm die Schule.	• Der Schüler hat Angst um sein körperliches und emotionales Wohlbefinden. Er kämpft, streitet und fühlt sich gehänselt. Woanders fühlt er sich wesentlich besser.
• Der Schüler versteht, dass ihm der Schulbesuch nützlich ist, um in Zukunft erfolgreich zu sein. Er spürt, dass die Schule ihm beim Erreichen gegenwärtiger und zukünftiger Ziele helfen kann.	• Der Schüler hält die Schule für unwichtig. Er ist überzeugt, dass ihm ein erfolgreicher Schulbesuch künftig nicht weiterhelfen wird.
• Der Schüler glaubt, dass die Schule der richtige Ort ist, an dem er seine Kenntnisse und sein Wissen erweitern kann. Er vertraut darauf, dass die Lehrer und das Angebot der Schule ihm beim Lernen helfen. Oft hat ein solcher Schüler den richtigen Hintergrund und geeignete Erfahrungen. Er ist also auf das Lernen eingestellt, erwartet Erfolge und erreicht sie auch.	• Der Schüler glaubt, dass die Schule ihm nicht helfen kann. Er sieht in der Schule nicht den Ort, an dem er die Unterstützung bekommt, die für seinen Erfolg nötig wäre.

Beachten Sie also neben dem offensichtlichen Verhalten auch die Ursachen für unmotiviertes, lustloses, aggressives und anderes auffälliges Verhalten. Fordern Sie von Ihren Schülern nicht nur Disziplin und Gehorsam ein. Zu einer wirksamen und langfristigen Verbesserung des Verhaltens kann es nur kommen, wenn Sie den Ursachen auf den Grund gehen.

Die folgenden Aspekte beeinflussen das eigene Lernen und die Motivation entscheidend. Sie sind sowohl die möglichen Ursachen für unmotiviertes Verhalten als auch der Schlüssel dafür, das Engagement Ihrer Schüler zu wecken. In den nächsten Kapiteln werden praktische Strategien vorgestellt, mit deren Hilfe Sie auf diese Aspekte eingehen können:
- Interessen
- Vertrauen und Zugehörigkeitsgefühl
- Stärken
- Vertrauen in die eigenen Fähigkeiten
- Ein Hauch von Abenteuer
- Herausforderungen
- Zusammenhänge
- Neugierde
- Wahlmöglichkeiten und Einflussnahme
- Äußere Einflüsse
- Vergangene Erlebnisse

Interessen sind etwas sehr Individuelles. Ein Schüler ist möglicherweise unmotiviert, weil er sich für ein Thema nicht interessiert oder keine Bedeutung darin sieht. Die Interessen sind unterschiedlich verteilt. Die Art und Weise aber, wie Sie einen Inhalt darbieten und den Schülern vermitteln, kann Interesse wecken und die Motivation erhöhen. Hier sind Sie gefordert: Versuchen Sie, z. B. im persönlichen Gespräch oder durch Umfragen in Ihrer Klasse, mehr über die Neigungen und Interessensgebiete Ihrer Schüler zu erfahren. Nutzen Sie die gewonnenen Erkenntnisse und versuchen Sie, diese in der weiteren Planung und Umsetzung im Unterricht einfließen zu lassen. Sie werden dadurch – neben neuen und überraschenden Informationen über Ihre Schüler – auch solche Schüler für bestimmte Themen und Aufgaben begeistern können, die sich bisher mit ihrem Arbeitseinsatz eher zurückhaltend gezeigt haben. Eine Atmosphäre voller **Vertrauen und Zugehörigkeitsgefühl** zur Schul- und Klassengemeinschaft ist die Voraussetzung für Lernen und Engagement. Wenn Schüler sich sicher fühlen, werden sie beim Lernen auch das Risiko eingehen, zunächst zu scheitern und die Aufgabe nicht beim ersten Mal korrekt zu lösen. In dieser Atmosphäre ist die Chance höher, dass die Schüler zugeben, wenn sie etwas nicht verstehen oder aber Ihnen rückmelden, wie interessant diese

Stunde war. Bei fehlendem Vertrauen und Zugehörigkeitsgefühl aber verlieren manche Schüler die Motivation. Neben dem respektvollen Umgang zwischen Ihnen und Ihren Schülern kommt der Atmosphäre in der Klasse eine wichtige Rolle zu. Es meldet sich nur derjenige mit seinem Beitrag, der keine Angst vor Blamage oder Hänseleien haben muss. Fördern Sie mit konkreten Übungen oder Spielen ein angstfreies und achtsames Miteinander im Klassenraum.

Von den eigenen **Stärken** auszugehen, schafft Selbstvertrauen. Schüler bekommen oft zu hören, was sie nicht können, selten aber, was sie können. Sie fühlen sich bestätigt und sehen die Möglichkeit für weitere Fortschritte, wenn Sie ihnen dabei helfen, die eigenen Stärken zu erkennen. Wenn Schüler hingegen nur ihre Schwächen sehen, verlieren sie oft den Mut und unterlassen weitere Versuche. Auch wenn es Ihnen bei einigen Schülern schwerfallen mag: Versuchen Sie, Stärken und weniger die Defizite in den Blick zu nehmen. Achten Sie bei der Auswahl von Methoden und Lerngegenständen darauf, dass die verschiedenen Neigungen und Fähigkeiten zum Einsatz kommen können: Stärken im sprachlichen Ausdruck können durch einen Kurzvortrag oder eine Geschichte zum Tragen kommen, beim Schreiben eines Aufsatzes wird sich derjenige besser ausdrücken können als jemand, der künstlerisch begabt ist und gern eine Bildergeschichte zeichnen möchte. Bieten Sie Ihren Schülern so oft es geht Auswahlmöglichkeiten beim Bearbeiten an.

Schüler mit **Vertrauen in die eigenen Fähigkeiten** erreichen mehr. Ist diese Überzeugung mangelhaft ausgeprägt, sehen Schüler kaum noch einen Grund, sich zu bemühen. Denn sie glauben nicht daran, dass sie erfolgreich sein können. Auch hier gilt: Nehmen Sie die Stärken in den Blick und unterschätzen Sie nicht die Wirkungskraft von positivem Zuspruch und wertschätzender Rückmeldung. Aufgaben, die dem Leistungsniveau des Schülers entsprechen, die also heraus-, aber weder über- noch unterfordern, stärken die eigene Leistungsfähigkeit.

Ein Hauch von Abenteuer kann das Lernen unterstützen. Spaß und Aufregung verleihen Energie, reduzieren Stress und sorgen für Entspannung. In einem solchen Zustand trauen die Schüler sich eher, Neues und Unbekanntes auszuprobieren, indem sie sich z. B. an neue Aufgabenarten oder anspruchsvollere Aufgaben heranwagen. Sie lassen sich nicht so schnell entmutigen, sondern nehmen kleine Stolpersteine in Kauf und bleiben zielstrebiger bei der Sache.

Schüler brauchen **Herausforderungen**, die den Verstand fordern und zum Nachdenken anregen. Schüler verlieren die Motivation, wenn sie sich langweilen oder ihnen die dargebotenen Inhalte überflüssig vorkommen.

Die Suche nach einer Lösung für ein Problem ist aber spannend und führt zu einem Erfolgserlebnis.

Die Schüler engagieren sich, wenn die Lernziele, die Lerngemeinschaft und die Lernerlebnisse in **Zusammenhang** stehen. Für viele besteht ein Schultag aus isolierten Ereignissen. Zu solcher Fragmentierung kommt es, wenn die Schüler im Unterricht keine Verbindung zwischen den Lernzielen und ihrem eigenen Leben jenseits der Schule erkennen. Eine Orientierung der schulischen Inhalte an der Lebenswelt von Kindern und Jugendlichen hilft, dieser Fragmentierung entgegenzuwirken.

Neugierde ist ein natürlicher Motivator. Schon sehr früh fangen Kinder an, nach dem Warum zu fragen. Sie wollen Ursachen wissen und Erklärungen hören. Gespräche, Diskussionen, Fragen und gemeinsame Zeit sind wesentlich beim Lernen. Oft aber bieten Schulen nur fertige Antworten statt Gelegenheiten zum eigenen Entdecken, zum Fragen und zum Experimentieren. Wenn Sie Ihren Schülern Situationen anbieten, in denen sie unbedingt etwas wissen und erfahren wollen, dann folgt die Motivation auf dem Fuß. Damit ist nicht gemeint, dass Diskussionen in „Gelaber" abdriften. Dennoch: Bauen Sie hin und wieder Möglichkeiten ein, in denen Ihre Schüler sich frei von Benotung oder Prüfungsvorbereitungen äußern können – und sollen!

Wahlmöglichkeiten und Einflussnahme machen deutlich, dass Sie die unterschiedlichen Lernweisen Ihrer Schüler erkannt haben und dass diese Unterschiede nicht ausschlaggebend für Erfolg oder Misserfolg sind. Wenn die Schüler zudem Einfluss darauf nehmen können, wie sie ihren Lernerfolg demonstrieren können oder auf welche Weise sie zu Verständnis gelangen, werden sie zu selbstständigen Lernern. Sie gewinnen Vertrauen in ihre eigenen Entscheidungen und erfahren, dass sie sich auf sich selbst verlassen können. Ohne gewisse Wahlmöglichkeiten und Selbstkontrolle können die Schüler ihren eigenen Lernweg nicht erkennen.

Die **äußeren Einflüsse** – also das, was die Schüler jenseits der Schule erleben – liegen außerhalb der Kontrolle des Lehrers. Dennoch wirken sich diese Einflüsse oft dramatisch auf das Lernverhalten im Unterricht aus. Manche Schüler kommen heim in eine leere Wohnung oder müssen auf ihre kleinen Geschwister aufpassen. In anderen Familien gibt es gesundheitliche Probleme, persönliche Konflikte oder finanzielle Sorgen. Diese stressigen Ereignisse und Situationen beeinflussen Motivation und Engagement der Schüler. Nur wenn Sie diese erkennen, können Sie das Gesamtbild erfassen und verstehen, wie sie das Leben der Schüler beeinflussen.

Vergangene Erlebnisse in der Schule können im positiven und negativen Sinne nachwirken. Viele Schüler haben schnell gute Gründe zur Hand, warum sie die Schule nicht mögen. Oft wird den Lehrern vergangener Jahre für eine solche Einstellung die Verantwortung zugeschrieben. Um diese Haltung gegenüber der Schule zu ändern und die Schüler zu motivieren, sollten Sie ihnen vermitteln, dass Lernen möglich ist und dass sie es schaffen können.

Kleine Typologie unmotivierter Schüler

Jeder Schüler im Klassenzimmer hat seine eigene Persönlichkeit. Das bedeutet allerdings nicht, dass er sie in die Schule vollständig einbringt oder dort seinen wahren Charakter zeigt.

Persona bezeichnete ursprünglich die Maske, welche sich die Schauspieler im antiken Theater vor das Gesicht hielten und durch die hindurch sie zu hören waren (personare = hindurchtönen). Analog zu dieser Etymologie könnte man sagen, dass jeder Schüler in der Schule eine Maske trägt, auf der sich die Einflüsse früherer Lehrer, Schulen, der Mitschüler oder der Noten widerspiegeln können. Die Masken wiederum können das Verhalten, die Aktionen und die Ausdrucksweise eines Schülers prägen. Jeder Lerner ist einzigartig, trotz der vielleicht täuschenden Masken, die Ihnen als Lehrer bekannt vorkommen mögen.

Die folgende Tabelle zeigt sieben häufige Masken unmotivierter Schüler (vielleicht kennen Sie noch andere?), die so beschrieben werden:

1. In der ersten Spalte werden zunächst die Verhaltensweisen und Einstellungen aufgeführt, die Sie zu der Meinung kommen lassen, dass der Schüler unmotiviert ist. Das ist also die Maske.
2. Danach wird nach möglichen zugrunde liegenden Ursachen gesucht. Es geht also um die Frage, wer eigentlich hinter der Maske stecken könnte.
3. Die zweite Spalte enthält Strategien, mit denen Sie auf diese Ursachen reagieren und die betreffenden Schüler erreichen können.

◼ Sieben Typen unmotivierter Schüler

Die Maske und was sich dahinter verbergen könnte	Wie kann man diesen Schüler erreichen?
Der Uninteressierte	
Auf den ersten Blick ist dieser Schüler … faul … respektlos … teilnahmslos … frech **Folgendes könnte der Fall sein:** Er versteht den Unterrichtsstoff nicht. Er fühlt sich als Versager. Er hat ein mangelndes Selbstwertgefühl. Er hat keine Beziehung zur Schule. Er fühlt sich ausgeschlossen. Er wird gemobbt oder er mobbt andere.	• Geben Sie ihm spannende Aufgaben. • Erklären Sie ihm, welchen persönlichen Nutzen der Stoff für ihn hat. • Zeigen Sie ihm die Zusammenhänge mit seiner Lebenswelt auf. • Lassen Sie ihm Wahlmöglichkeiten; so kann er zeigen, was er kann. • Fragen Sie ihn nach seinem Beitrag. • Stellen Sie seinen Leistungsstand fest und gehen Sie auf seine Lücken und Missverständnisse ein.
Der Gestresste	
Auf den ersten Blick ist dieser Schüler … beunruhigt … erschöpft … besorgt … überfordert … Unruhe stiftend … nicht willig zum Mitmachen **Folgendes könnte der Fall sein:** Er weiß nicht, wie er eine Aufgabe erledigen soll. Er weiß nicht, wie er mitmachen soll. Er hat Probleme zu Hause oder mit Mitschülern.	• Versuchen Sie, ihn besser kennen-zulernen. • Hören Sie ihm zu und fragen Sie ihn, wie er sich fühlt. • Helfen Sie ihm mit entsprechenden Fragen bei der Erledigung einer Aufgabe. • Gehen Sie ausdrücklich auf seine Kenntnisse ein; so bekommt er das Gefühl, dass er schon etwas erreicht hat. • Machen Sie etwas Unerwartetes!

Der Tagträumer

Auf den ersten Blick:

Der Schüler kritzelt herum.

Er starrt aus dem Fenster.

Er schaut durch den Lehrer hindurch.

Folgendes könnte der Fall sein:

Er hat andere Dinge im Kopf.

Er hat Angst vor einem Mitschüler, einem anderen Lehrer oder vor einem Familienangehörigen.

Er denkt an ein bevorstehendes, aufregendes Ereignis.

Er ist vom Unterrichtsstoff gelangweilt oder enttäuscht.

- Geben Sie dem Tagträumer eine neue Aufgabe, um ihn einzubinden.
- Lassen Sie ihm Wahlmöglichkeiten.
- Weisen Sie auf die Wichtigkeit des Stoffs und auf Zusammenhänge hin.
- Lassen Sie ihn mit Mitschülern sprechen.
- Sprechen Sie mit ihm, um die Ursache seines Verhaltens herauszufinden.
- Geben Sie ihm zu erkennen, dass Sie sich um ihn sorgen und kümmern.
- Stellen Sie ihm gezielte Fragen.

Der Unwissende

Auf den ersten Blick:

Er zuckt mit den Schultern.

Er schaut Sie ausdruckslos an.

Er schaut auf seine Füße.

Folgendes könnte der Fall sein:

Es mangelt ihm an Vorwissen und Voraussetzungen.

Er hat Probleme damit, Zusammenhänge herzustellen.

Er hat Probleme mit dem Lernstoff.

Er will unangenehme Situationen vermeiden.

Er ist zwar körperlich präsent, aber nicht geistig oder emotional.

Er braucht mehr Zeit, um eine Frage oder Aufgabe zu verstehen.

- Brechen Sie die Anforderungen in Teilstücke runter und erklären Sie ihm die Lernziele.
- Schneiden Sie Tests und Anweisungen auf ihn zu; so versteht er die Einzelschritte besser, die zum Erfolg führen.
- Ermutigen Sie ihn, bei kleinen Übungen mitzumachen.
- Sorgen Sie für Übungsmöglichkeiten unter Anleitung.
- Passen Sie Aufgaben an, damit er eine weitere Chance hat, seine Kenntnisse unter Beweis zu stellen.
- Geben Sie ihm Auswahlmöglichkeiten, damit er auf seine Weise zeigen kann, was er weiß.
- Helfen Sie ihm beim Analysieren von Fehlern, nehmen Sie Anpassungen vor.
- Machen Sie ihm deutlich, dass man durchaus Fehler machen darf.
- Lassen Sie ihm Zeit zum Nachdenken.

Der Abgelenkte

Auf den ersten Blick ist dieser Schüler

... in der Lage, erfolgreich zu sein

... gelangweilt

... rebellisch

... nachlässig

... unaufmerksam

... nicht bei seinen Aufgaben

... störend oder ablenkend

Folgendes könnte der Fall sein:

Er ist unterfordert.

Die Aufgaben sind ihm zu einfach.

Er fühlt sich verpflichtet, alles zu wissen.

Er braucht mehr Zeit, um eine Frage oder Aufgabe zu verstehen.

Er will vor anderen nicht zugeben, dass er etwas nicht weiß oder kann.

- Strukturieren Sie die Aktivitäten nach den Bedürfnissen des Schülers.
- Steigern Sie die Anforderungen, indem Sie einen Schritt über den eigentlichen Stoff hinausgehen.
- Stellen Sie ihm als Alternative eine freie Aufgabe.
- Geben Sie ihm Wahlmöglichkeiten.
- Stellen Sie ihm eine schwierigere Aufgabe, welche dieselben Anforderungen oder Kompetenzen anspricht.
- Stellen Sie im Voraus seine Kenntnisse und sein Verständnis fest.
- Weisen Sie darauf hin, dass man auch mal etwas nicht wissen darf.
- Achten Sie auf eine Atmosphäre im Klassenzimmer, in der man Fehler machen kann.

Der Miesepeter

Auf den ersten Blick ist dieser Schüler

... emotional

... erfolglos

Folgendes könnte der Fall sein:

Er hat immer Ausreden parat.

Er gibt anderen die Schuld.

Er beteiligt sich nicht am Unterricht.

Er mangelt ihm an Selbstvertrauen.

Er schafft es nicht, seine Gefühle und seine negativen Selbstbotschaften zu bändigen.

Er meint, mit ihm könnte etwas nicht stimmen, weil er Verständnisprobleme hat.

- Lassen Sie ihm Zeit zum Nachdenken, wenn Sie eine Aufgabe erklärt haben.
- Stärken Sie sein Selbstvertrauen; erklären Sie ihm, wie positive Selbstbotschaften funktionieren, und geben Sie ihm positive Rückmeldung.
- Sorgen Sie dafür, dass Erfolg möglich scheint.

Der Klassenclown	
Auf den ersten Blick: Er stört den Unterricht. Er gibt witzige Bemerkungen von sich. Er macht unsinnige Gesten und Geräusche, er schneidet Grimassen. Er will die Klasse belustigen. Er verwickelt den Lehrer in Auseinandersetzungen. **Folgendes könnte der Fall sein:** Dem Schüler ist langweilig. Er hat Probleme mit dem Stillsitzen. Er will seine Probleme mit dem Unterrichtsstoff überspielen.	• Setzen Sie den Schüler an einen Platz, von dem aus er nicht die ganze Klasse stören kann. • Erkennen Sie seine Verständnislücken. • Nutzen Sie das Gelächter und leiten Sie in eine Aktivität über, bei der die Schüler miteinander sprechen können. • Lassen Sie die Schüler an Stationen arbeiten oder bringen Sie auf andere Weise Bewegung in die Stunde. • Nehmen Sie ihn beiseite und erklären Sie ihm die Gründe, warum sein Verhalten nicht akzeptabel ist. • Sprechen Sie mit den Eltern, wenn das Verhalten zu sehr außer Kontrolle gerät.

Es gibt viele persönliche Gründe, warum ein Schüler nicht motiviert ist, das zu tun, was Sie von ihm erwarten. Die sieben beschriebenen Masken sind nur einige Möglichkeiten, an denen man fehlende Motivation, die zu Frust und Lernschwierigkeiten führen kann, im Unterricht erkennt. Schüler kommen an einem Tag vielleicht mit der einen Maske, am nächsten Tag oder zu einer anderen Stunde mit einer anderen. Die Masken sollen lediglich beschreiben, was man sieht. Die hier vorgestellten Lösungsvorschläge sind Ideen, wie Sie einigen verbreiteten Problemen begegnen können. Es gibt Möglichkeiten, jeden Schüler zu erreichen, Dieses Buch unterstützt Sie dabei, die passende Strategie herauszufinden.

Wer ist für die Motivation verantwortlich?

Die Entscheidung zur Motivation liegt beim Schüler. Aber diese wird durch die Richtlinien und die Praxis der Schule, durch den Lehrer und seinen Unterricht beeinflusst. Ein Lehrer kann viel unternehmen, um unmotivierten Schülern zu helfen. Er kann ihnen spannende, unwiderstehliche Gelegenheiten zu Engagement bieten. Saphier (2005) beschreibt drei Botschaften, die ein Lehrer vermitteln sollte, um Motivation und Engagement bei den Schülern zu wecken:

1. Lernen ist eine wichtige und ernsthafte Arbeit.
2. Ich weiß, dass du es kannst.
3. Ich werde dich nicht im Stich lassen.

Alle Schüler sind auf irgendeine Weise motiviert – nur leider nicht immer zu dem, was Sie als Lehrer sich erhoffen! Unmotivierte Schüler sind möglicherweise erschöpft von einer vorherigen Klassenarbeit, vom Babysitten, von häuslicher Mithilfe oder vom Fußballtraining – manchmal auch einfach von ihrer Lebensrealität außerhalb der Schule. Solche Schüler sind höchst aktiv, aber ziemlich kaputt zu der Zeit, zu der sie sich 15 Minuten auf ihren Stuhl setzen und Ihnen zuhören sollen.

Die wirkungsvollste Motivation ist intrinsisch, kommt also aus dem Innern einer Person. Es ist ohne Frage die Entscheidung eines jeden Schülers, ob er im Unterricht mitmachen will. Wenn also die Entscheidung zu Engagement beim Schüler liegt, wie können Sie dann diese Entscheidung beeinflussen?

- Manche Schüler wollen gern etwas Interessantes, Anregendes oder Herausforderndes lernen.
- Anderen genügt der Austausch mit ihren Mitschülern und sie schalten sich deshalb in Aktivitäten oder Diskussionen ein.
- In manchen Fällen resultiert die Motivation daraus, dass sich die Schüler Anerkennung von jemandem erhoffen, den sie respektieren und den sie glücklich und stolz machen möchten.

Können Sie – bei all diesen Möglichkeiten – Ihre Schüler wirklich motivieren? Absolut! Die Grundannahme in diesem Buch lautet, dass Schüler lernen wollen – selbst Schüler, denen scheinbar nichts wichtig ist. Wenn sie eingeladen, gefordert und herausgefordert werden, wenn sie sich sicher fühlen und interessiert sind, dann sind Schüler motiviert, es zu versuchen, hart zu arbeiten, Ausdauer zu zeigen und Erfolge zu haben. Als Lehrer beginnen Sie am besten damit, die Lebensumstände der scheinbar teilnahmslosen Schüler zu erkunden und ihnen gezielt Brücken zu bauen. Alle Beteiligten, insbesondere Lehrer, Schüler und Eltern, sollten die Schule als etwas sehr Wertvolles erleben. Nicht zu unterschätzen ist der Einfluss, den positive Vorbilder und ein effektiver Lehrer auf das Wohlbefinden, den Lernwillen und die Werte eines Schülers haben können. Und dieser Einfluss dauert oft über ein Schuljahr hinaus an. Seien Sie der Lehrer, der Derartiges bewirkt und diesen Prozess anstößt.

Reflexion

Besprechen Sie die folgenden Fragen mit Ihren Kollegen – in welcher Situation und Konstellation auch immer – oder bearbeiten Sie diese allein:

1. Überfliegen Sie das Kapitel nochmals und gehen Sie auf diese Fragen ein:
    - Was war für Sie am interessantesten?
    - Was hat Sie überrascht?
    - Was sind Ihrer Erfahrung nach die Ursachen für mangelnde Motivation?
    - Wie könnte sich der Inhalt des Kapitels auf Ihre Praxis auswirken?
    - Was hat Ihnen gefehlt, worüber möchten Sie gern mehr erfahren?

2. Wollen Sie Ihre Schüler beim Lernen und dem Entdecken der unterschiedlichen Lernwege unterstützen sowie dadurch die Motivation und das Engagement verbessern, dann ist es eine notwendige Voraussetzung, dass Sie Ihre Schüler kennen. Beobachten Sie Ihre Schüler einige Tage oder Unterrichtsstunden. Sie können dazu mit der Vorlage „Wie motiviere ich meine Schüler?" auf den Seiten 29 – 31 (1.01.) ⇩D Ihre Eindrücke aufzeichnen.

3. Nehmen Sie sich Zeit und überdenken Sie Ihre Vorgehensweisen zur Motivation und das Eingehen auf die individuellen Voraussetzungen und Interessen Ihrer Schüler. Verwenden Sie dazu die Vorlage „Drei Schritte zur Motivation von Schülern" auf den Seiten 32f. (1.02) ⇩D.

4. Mithilfe der Vorlage zur Selbsteinschätzung können Sie sich Ihren Stärken und Schwächen annähern. Überlegen Sie nun, wie Sie an Ihren Schwächen arbeiten möchten. Entwickeln Sie eigene Strategien oder nehmen Sie sich besonders die jeweiligen Kapitel und die darin aufgeführten Strategien vor. Bitten Sie ggf. Kollegen um Unterstützung und besprechen Sie Ihre Ideen und Aktionen.

5. Gehen Sie nochmals die Typologie der unmotivierten Schüler durch. Finden Sie die möglichen Ursachen und die richtigen Strategien für jeden Typus unter Ihren Schülern heraus. Für Notizen können Sie die Vorlage „Die Schüler verstehen" auf S. 34 (1.03) ⇩D verwenden.

1.01

 ⇩ Download

In heterogenen Klassen alle erreichen
Strategien für motivierenden Unterricht und nachhaltigen Lernerfolg

Selbsteinschätzung der eigenen Praxis:
Wie motiviere ich meine Schüler?

Listen Sie Ihre Motivationsstrategien auf. Die folgenden Aussagen nennen die vielversprechendsten Ansätze – unterteilt nach den Abschnitten für jedes Element unseres Rahmens (siehe Einleitung). Lesen Sie jede Aussage durch und bewerten Sie danach Ihre eigene Praxis. So können Sie einschätzen, in welchem Bereich Ihre größten Stärken liegen. Markieren Sie den Bereich mit den schlechtesten Ergebnissen. Hier sollten Sie den Schwerpunkt Ihrer beruflichen Weiterentwicklung setzen.

Bewertungsskala:
4 = Das mache ich häufig und mit Absicht.
3 = Das mache ich manchmal.
2 = Ich weiß, worum es geht, aber ich mache es (noch) nicht.
1 = Ich habe keine Ahnung, was das ist oder wie ich das machen soll.

Aufbau einer Lerngemeinschaft im Klassenzimmer	
1. Ich informiere mich über die Interessen und Persönlichkeiten meiner Schüler.	
2. Ich gehe auf ihre Lernstile ein.	
3. Ich nutze mein Wissen über die Schüler für die Unterrichtsplanung.	
4. Ich erkläre ihnen, was ihnen beim Lernen hilft.	
5. Ich achte darauf, dass die Schüler verstehen, wie ich den Unterricht und die Aufgaben gestalte, um auf ihre Lernstile einzugehen.	
6. Ich fordere die Schüler zu Rückmeldungen über die Klassenaktivitäten und Prozeduren auf.	
7. Ich informiere mich über die kulturellen Hintergründe und Lebensumstände meiner Schüler.	
8. Ich sorge für eine gute Atmosphäre und achte auf Aktivitäten, welche die kulturellen Hintergründe und Lebensumstände berücksichtigen und respektieren.	
9. Ich sorge für ein gutes Verhältnis zu meinen Schülern und achte darauf, dass sie auch miteinander gut auskommen.	
10. Ich behandle die Schüler mit Respekt.	
11. Ich sorge für Disziplin und Struktur.	
12. Die Beiträge der Schüler sind ein wichtiger Bestandteil meines Unterrichts.	
13. Ich formuliere klare Erwartungen und Anweisungen.	
14. Ich unterbinde störendes Verhalten schnell.	
15. Ich sorge für ein angenehmes, sauberes und einladendes Klassenzimmer.	

© der Originalausgabe: Verlag an der Ruhr | Autoren: Carolyn Chapman, Nicole Vagle | ISBN 978-3-8346-2615-8 | www.verlagruhr.de

1.01

 Download

In heterogenen Klassen alle erreichen
Strategien für motivierenden Unterricht und nachhaltigen Lernerfolg

Das Lernen erklären und planen	
1. Die Kompetenzen und die Lernziele haben Vorrang. Ich lege also Wert auf die wichtigen Inhalte und vermeide Zeitverschwendung durch Nebensächliches.	
2. Ich formuliere die Lernziele in einer einfachen, für die Schüler leicht verständlichen Sprache.	
3. Ich entwerfe Aufgaben mit klaren Lernzielen, die später in schriftlichen und mündlichen Leistungsüberprüfungen abgefragt werden.	
4. Ich setze Lernerfolgskontrollen ein, um die Fortschritte der Schüler in Bezug auf die Lernziele zu messen.	
5. Ich sorge dafür, dass die Schüler mitdenken und Probleme lösen.	
6. Anstatt fertige Antworten zu liefern, lasse ich die Schüler gemeinsam danach suchen und ihre Vorschläge begründen.	
7. Ich steigere die Anforderungen, wenn die Schüler an Kenntnissen und Verständnis gewonnen haben.	
8. Ich stelle Zusammenhänge mit dem Vorwissen, den Erfahrungen, der Kultur und der Lebenswelt der Schüler her.	
9. Ich entwickle Kriterien und Aktivitäten zusammen mit den Schülern.	
10. Ich habe anspruchsvolle, aber realistische Erwartungen.	
Die Suche nach Abenteuer	
1. Ich unterrichte gern.	
2. Ich bin voller Enthusiasmus.	
3. Ich zeige Begeisterung für die Unterrichtsthemen.	
4. Mit originellen Aufhängern, einfallsreichen Stundenabschlüssen und Humor sorge ich für einen lebendigen Unterricht.	
5. Ich motiviere die Schüler durch den Einsatz von technischen Geräten und Möglichkeiten.	
6. Ich helfe den Schülern mit Spielen beim Lernen, Wiederholen und Abrufen von Inhalten.	
7. Ich wecke die Neugierde, z. B. durch Rätsel, und lasse die Schüler an Aufgaben tüfteln.	
8. Ich plane und halte abwechslungsreiche Stunden. Ich habe mehr als Frontalunterricht und Arbeitsblätter zu bieten.	
9. Ich gehe auf Erfolge der Schüler ein und wertschätze diese – auch die kleineren.	
10. Ich plane den Unterricht so, dass die Schüler nicht nur an ihrem Platz arbeiten, sondern sich im Klassenraum bewegen können.	
Delegieren von Entscheidungen und Einflussnahme	
1. Ich sorge für Wahlmöglichkeiten bei Aktivitäten, Tests und Aufgaben.	
2. Ich übertrage Verantwortung auf die Schüler und vermittle ihnen so das Gefühl, dass sie wichtig sind.	

© der Originalausgabe: Verlag an der Ruhr | Autoren: Carolyn Chapman, Nicole Vagle | ISBN 978-3-8346-2615-8 | www.verlagruhr.de

1.01

3.	Ich biete den Schülern Möglichkeiten, sich selbst Ziele zu setzen, um die Eigenverantwortung zu stärken..	
4.	Ich biete Gelegenheiten, Fortschritte zu würdigen und zu honorieren; Belohnungen setze ich mit Bedacht ein.	
5.	Ich setze verschiedene Materialien (akustisch, haptisch, visuell …) im Unterricht ein, um die Schüler mit ihren verschiedenen Lernstilen zu motivieren.	
Den Lernerfolg sichern		
1.	Ich beurteile den Leistungsstand vor, während und nach dem Unterricht.	
2.	Ich erkläre den Schülern, wie sie sich selbst beurteilen können, und fordere sie regelmäßig zur Selbstbeurteilung auf.	
3.	Ich stelle sinnvolle Fragen und fordere die Schüler ebenfalls dazu auf.	
4.	Ich lasse die Schüler ihre Fehler finden und analysieren; ich lasse sie ihre eigenen Arbeiten korrigieren.	
5.	Ich gebe den Schülern genaue Rückmeldungen zu ihrem aktuellen Leistungsstand und was sie als Nächstes tun sollten, um sich zu verbessern.	
6.	Mit exakt formuliertem Lob sage ich den Schülern, was sie gut gemacht haben.	
7.	Ich lasse den Schülern Zeit, über ihre Arbeitsweise und ihren Lernprozess nachzudenken und sich selbst zu beurteilen.	

© der Originalausgabe: Verlag an der Ruhr | Autoren: Carolyn Chapman, Nicole Vagle | ISBN 978-3-8346-2615-8 | www.verlagruhr.de

1.02

In heterogenen Klassen alle erreichen
Strategien für motivierenden Unterricht und nachhaltigen Lernerfolg

Drei Schritte
zur Motivation von Schülern

Mit dieser Vorlage können Sie planen, wie Sie Motivation und Engagement bei Ihren Schülern verbessern. **Schritt 1** bezieht sich auf die Verhaltensweisen und Einstellungen, aus denen Sie schlussfolgern, dass ein Schüler unmotiviert ist. In **Schritt 2** wird versucht, die auslösenden Faktoren und Ursachen zu bestimmen, um darauf aufbauend in **Schritt 3** die geeigneten Maßnahmen zu planen.

Name des Schülers _____

Schritt 1: Beschreiben Sie die Verhaltensweisen und Einstellungen, aufgrund derer Sie glauben, dass der Schüler unmotiviert ist. Kreuzen Sie die Eigenschaften an, die zu Ihren allgemeinen Eindrücken passen. Führen Sie dann aus, welchen äußeren Eindruck der Schüler macht, wie er sich anhört und wie er agiert.

○	faul, träge	○	trotzig	○	bleibt unter seinem Potenzial
○	gelangweilt	○	respektlos	○	Tagträumer
○	verwirrt	○	Angst vor Versagen	○	anderes _____
○	gibt schnell auf	○	verärgert, wütend		
○	frustriert	○	albern		

Er sieht aus wie	Er klingt wie	Er agiert wie	Er _____

Wie oft zeigt sich das unmotivierte Verhalten? Wöchentlich? Täglich? Stündlich?

Bei welchen Gelegenheiten beobachten Sie dieses Verhalten?

Was scheint der Auslöser zu sein?

Wann eskaliert es? In welcher Situation?

Wann vergeht es? In welcher Situation?

© der Originalausgabe: Verlag an der Ruhr | Autoren: Carolyn Chapman, Nicole Vagle | ISBN 978-3-8346-2615-8 | www.verlagruhr.de

1.02

In heterogenen Klassen alle erreichen
Strategien für motivierenden Unterricht und nachhaltigen Lernerfolg

Schritt 2: Bestimmen Sie die auslösenden Faktoren und Ursachen

Mögliche Faktoren, die das Verhalten beeinflussen	Begründung

Welche weiteren Fragen haben Sie zu den Ursachen des Verhaltens?

Was ist Ihnen sonst noch aufgefallen?

Wer könnte die Situation des Schülers besser beurteilen (der Schüler selbst, andere Lehrer, die Eltern, Mitschüler)?

Schritt 3: Planen Sie geeignete Maßnahmen

Beschreiben Sie Ihre Vorgehensweise:

Wer ist sonst noch beteiligt? Was hat jede Person zu tun?

Welche Hilfsmittel benötigen Sie?

Wann wollen Sie überprüfen, ob Ihre Maßnahmen greifen?

Wie möchten Sie das überprüfen?

© der Originalausgabe: Verlag an der Ruhr | Autoren: Carolyn Chapman, Nicole Vagle | ISBN 978-3-8346-2615-8 | www.verlagruhr.de

1.03

In heterogenen Klassen alle erreichen
Strategien für motivierenden Unterricht und nachhaltigen Lernerfolg

Die Schüler verstehen

Gehen Sie von Ihrer Lektüre und Ihren eigenen Erfahrungen aus und notieren Sie die möglichen Gründe, warum Schüler mit einer bestimmten Maske auftreten. Listen Sie in einem zweiten Schritt Ihre Verbesserungsvorschläge auf. Besprechen Sie anschließend Ihre Antworten mit Kollegen oder lassen Sie ein wenig Zeit vergehen und wenden sich Ihren Antworten erneut zu. Können Sie noch etwas ändern oder ergänzen?

Die Masken	Welche Faktoren spielen bei diesem Schülertyp möglicherweise eine Rolle?	Durch welche Maßnahmen können Sie diesen Schülertyp erreichen?
Der Uninteressierte		
Der Gestresste		
Der Tagträumer		
Der Unwissende		
Der Abgelenkte		
Der Miesepeter		
Der Klassenclown		

© der Originalausgabe: Verlag an der Ruhr | Autoren: Carolyn Chapman, Nicole Vagle | ISBN 978-3-8346-2615-8 | www.verlagruhr.de

2

Die Bildung einer Lerngemeinschaft

Beispiel

Im Kindergarten war Alex sehr aufgeweckt und neugierig. Auch in seinen ersten Schulwochen verlief alles reibungslos. Er hörte interessiert zu und arbeitete zielstrebig und ordentlich. Aber dann begann er, aus der Reihe zu tanzen, wenn sich alle in einem Sitzkreis versammelten. Er wollte nicht mehr zuhören und die Übergänge von einer Aktivität zur nächsten bereiteten ihm Probleme. Am Anfang des Schuljahres war er bestens mit seinen Klassenkameraden ausgekommen. Nun aber nahm er ihnen ihre Sachen weg und unterbrach sie, wenn sie ihre Aufgaben bearbeiteten. Seine Lehrerin wollte mit ihm reden. Sie versuchte es mit nonverbalen Signalen und setzte sich mit seinen Eltern in Verbindung. Diese und weitere Strategien hatten nur kurz anhaltenden Erfolg. Nach einigen Tagen störte Alex erneut und seine Mitschüler beschwerten sich über ihn. Seine Lehrerin begann, über mögliche Ursachen nachzudenken, und versuchte etwas anderes. Jeden Morgen, wenn Alex das Klassenzimmer betrat, grüßte sie ihn und lächelte ihm zu. Sie nahm sich Zeit, während des Schultages immer wieder mit ihm zu reden. Schon einige Tage später ließ sich eine Veränderung in seinem Verhalten erkennen. Alex stört weniger und auch die Beziehung zu seinen Mitschülern verbesserte sich zunehmend.

Sicher, das ist die Geschichte eines jüngeren Schülers. Aber Ähnliches kann sich mit jedem Schüler in jedem Alter ereignen. Die Neurologin Judy Willis (vgl. 2008, S. 98) fordert Lehrer dazu auf, Vertrauen zu schaffen. Dies gelinge am besten durch Gemeinschaft und Verbundenheit. Das Verhältnis der Lehrer zu ihren Schülern beeinflusst entscheidend die Atmosphäre in der Klasse sowie die Motivation und das Engagement der Schüler (Martin und Dowson, 2009; Ryan und Deci, 2000). Das gilt für Lerner in jedem Alter. Wenn sich Schüler mit einer Klasse oder einem Lehrer verbunden fühlen, haben sie mehr Vertrauen in ihre Fähigkeiten, was wiederum ihr Selbstvertrauen und ihr Selbstwertgefühl steigert. Und das ist die Voraussetzung für schulischen Erfolg (Ryan und Deci, 2000). Wenn Schüler bemerken, dass Sie sich ernsthaft um sie kümmern, sie schätzen und akzeptieren, fassen sie Vertrauen zu Ihnen. Selbst wenn Sie dann etwas verlangen, was einem Schüler weniger gefällt, bleibt er bei der Sache und hält länger durch. Denn er ist überzeugt, dass Sie in bester Absicht handeln. Ein solches Vertrauen gehört dazu, wenn man eine starke Lerngemeinschaft bilden will.

Nicht nur die Beziehung zwischen Ihnen und Ihren Schülern ist ausschlaggebend für einen höheren Lernerfolg: Auch die Beziehungen der Schüler untereinander sind entscheidend für eine funktionierende Gemeinschaft. John Hattie fasst eine große Anzahl von Studien zusammen, an denen Millionen von

Schülern beteiligt waren. Eines seiner Ergebnisse lautete, dass ein Schlüsselfaktor für ein positives Klassenklima der Zusammenhalt in der Klasse und das Gefühl sei, dass alle Beteiligten, also Lehrer und Schüler, auf positive Lernergebnisse hinarbeiteten (vgl. Hattie, 2009, dt. Übersetzung „Lernen sichtbar machen", 2013). Wenn Lehrer und Schüler zusammenarbeiteten, um in einer Gemeinschaft zu lernen und zu wachsen, dann würden die Leistungen durch diesen Zusammenhalt positiv beeinflusst werden.

In einer Lerngemeinschaft haben Sie folgende Aufgaben:
- Versuchen Sie, die Interessen, den Lernstil, die Einstellungen und die Stärken eines jeden Schülers zu erkennen.
- Verwenden Sie dieses Wissen für die Unterrichtsplanung, für die Motivation der Schüler und dafür, die Relevanz des Lernstoffs zu vermitteln.
- Glauben Sie an Ihre Schüler und deren Lernfähigkeit und vertrauen Sie ihnen.
- Sorgen Sie für gute Beziehungen zu Ihren Schülern und unter den Schülern.
- Stellen Sie die Schüler und ihre Lernarbeit in den Mittelpunkt des Geschehens im Klassenzimmer.
- Achten Sie auf Ihre Wortwahl. Ihre Sprechweise soll der Unterrichtssituation angemessen sein und den Schülern das Lernen erleichtern.

Die vier Strategien in diesem Kapitel enthalten Vorschläge, wie Sie Ihre Schüler besser kennenlernen und Vertrauen in der Klasse herstellen können. Wenn Sie aus den Interessen, Persönlichkeiten, Lebensumständen, Stärken und Lernstilen Ihrer Schüler die richtigen Schlüsse ziehen, wird aus einer Klasse eine Lerngemeinschaft, in der die Schüler sich anstrengen und sich für das Lernen interessieren.

Strategie 1: Lernen Sie Ihre Schüler kennen
Strategie 2: Finden Sie heraus, wie Ihre Schüler am besten lernen
Strategie 3: Stellen Sie Beziehungen zu und unter den Schülern her
Strategie 4: Formulieren Sie klare Regeln

Strategie 1: Lernen Sie Ihre Schüler kennen

Wenn Sie die Interessen und einige der privaten und beruflichen Ziele Ihrer Schüler kennen und wissen, wofür sie sich am meisten begeistern oder worüber sie sich am meisten aufregen, dann können Sie zu ihnen eine persönliche Beziehung herstellen. Alle, die an einer Schule tätig sind, sollten zeigen, dass sie um den Lernerfolg der Schüler bemüht sind. Diese Unterstützung bringt zum Ausdruck, dass alles, was jeder einzelne Schüler in die Klassengemeinschaft mitbringt, von Bedeutung ist. Jeder hat Stärken und kann diese einbringen. Dabei geht es darum, den ganzen Schüler in den Blick zu nehmen und nicht nur leistungsrelevante Merkmale zu beachten. Betonen Sie die positiven Seiten, und sind diese auch noch so klein. Unbedeutend sind sie deswegen auf keinen Fall! Für den einen Schüler ist es schon ein großer Fortschritt, an alle seine Arbeitsmaterialien zu denken oder sich zu melden, um eine Aufgabenstellung vorzulesen. Erkennen Sie diese Bemühungen an, geben Sie positive Rückmeldung und ermutigen Sie den Schüler, weiter Fortschritte zu machen.

Das Kennenlernen der Schüler und die Gestaltung positiver Beziehungen ist ein andauernder Vorgang. Stellen Sie sich das Ganze als einen fortlaufenden Prozess vor, der Hochs und Tiefs beinhaltet. Lassen Sie sich nicht entmutigen, wenn es mal schlechter läuft. Stellen Sie während der ersten Tage in einer Klasse Fragen, führen und leiten Sie Gespräche, um Einsichten in die Welt Ihrer Schüler zu gewinnen. Dieses anfängliche Sammeln von Informationen stärkt die Klassengemeinschaft und den Sinn für gemeinsame Ziele. Aus den Informationen können Sie Schlüsse für den Unterricht und für Beurteilungen ziehen. Wenn die Schüler sehen, dass ihre Antworten und Hinweise in den Unterricht einfließen, dann erkennen sie auch, dass sie wichtig sind und etwas Wertvolles zur Klassengemeinschaft und zum Unterrichtsgeschehen beitragen. Entsteht so bei den Schülern der Eindruck, dass sie selbst etwas bewirken können, erwächst daraus eine motivierende und vertrauensvolle Atmosphäre.

Tipp

 Die Informationen über die Schüler sollten dazu dienen, zwischen ihnen und den Unterrichtsthemen und Lernzielen eine Verbindung herzustellen. Außerdem können damit neue Wege zur Motivation einzelner, weniger engagierter Schüler entdeckt werden. Wenn Ihnen mangelndes Engagement auffällt – sei es bei einem passiven und teilnahmslosen oder bei einem ganz offensichtlich unmotivierten Schüler – können Sie durch das formlose Erfragen seiner Interessen und seiner Abneigungen in Bezug auf die Schule den besten Weg finden, sein Lernen zu unterstützen und ihm Erfolgserlebnisse zu ermöglichen.

Beziehen Sie in Ihre Planung auch die Lernstile und Begabungen der Schüler mit ein. So erhöhen Sie die Wahrscheinlichkeit, dass die Lernziele auch erreicht werden. Zu einer solchen Planung gehört auch, dass Sie Ihre Schüler zum Nachdenken über ihre eigenen Interessen und Lernneigungen anregen und so eine eigenverantwortliche Haltung stärken.

Es kostet Zeit, die eigenen Schüler kennenzulernen. Da der Druck durch den Lehrplan zunimmt, kennen Sie sicher das Gefühl, keine Zeit zu haben, in ausreichendem Maße auf die einzelnen Schüler einzugehen. Das kann zu der Einstellung führen, dass es zwar ganz nett wäre, aber nicht unbedingt notwendig ist, Ihre Pappenheimer zu kennen. Tatsächlich spart es aber viel Zeit, wenn Sie gleich am Anfang des Schuljahres versuchen, Ihre Schüler kennenzulernen und eine Beziehung zu ihnen herzustellen. Zum einen erleichtert es den alltäglichen Unterricht, da Sie die Inhalte stärker auf die Vorlieben und Interessen Ihrer Schüler zuschneiden können. Zum anderen entsteht dabei eine Gemeinschaft, da nicht nur Sie Ihre Schüler besser kennenlernen, sondern auch die Schüler mehr übereinander erfahren. In einer starken Klassengemeinschaft mit selbstständigen Schülern reduziert sich allmählich der Aufwand für Eingriffe bei Störungen und die damit verbundenen Rückmeldungen. Je besser Sie und Ihre Schüler sich kennen und je klarer die Arbeitsabläufe sind, desto selbstständiger werden die Schüler ihre Lernwege beeinflussen und nach und nach optimieren können.

■ Auf einen Blick

Seien Sie sensibel bei persönlichen Fragen. Wenn sich die Schüler dabei unwohl fühlen, sollten Sie eine alternative Frage anbieten. Lassen Sie genügend Spielraum, sodass die Schüler selbst entscheiden können, wie viele und welche Informationen sie preisgeben. Bis sie sich sicher fühlen, werden sie eher zögerlich Persönliches verraten – egal zu welchem Thema. Niemand kann gegen seinen Willen gezwungen werden, Persönliches preiszugeben. Akzeptieren Sie, wenn ein Schüler dies nicht möchte.

Einsatz von Fragebögen

Um Informationen zu gewinnen, können Sie Fragebögen einsetzen. Dies hat den Vorteil, dass Sie die Antworten eines jeden Schülers auf einen Blick vorliegen haben und die Schüler sich zudem relativ anonym äußern können. Zudem können sprachlich nicht so fitte Schüler kleine Grafiken anfertigen und sind so nicht dazu gezwungen, schriftlich zu antworten. Verwenden Sie die Informationen jedoch mit Umsicht und mit Vorsicht! Es handelt sich um vertrauliche Angaben. Sagen Sie den Schülern zu, dass sie die Informationen auch als solche behandeln und mit keinen anderen Lehrern oder Eltern darüber sprechen werden. Zu allem, was ein Schüler über seine Interessen, seine Persönlichkeit oder seine Einstellung zur Schule äußert, sollten Sie weder in Ihren mündlichen noch in Ihren schriftlichen Kommentaren ein Werturteil abgeben. Diese Strategie dient nur dazu, Informationen zu sammeln. Schließlich wollen Sie die wahren

Gedanken und Empfindungen Ihrer Schüler erfahren. Machen Sie ihnen deutlich, dass es keine richtigen oder falschen Antworten gibt. Selbst eine gut gemeinte Bemerkung kann einer Äußerung einen Wert beimessen und bewirken, dass sich der eine Schüler bestärkt, der andere aber herabgesetzt fühlt.

Sowohl von Ihnen als auch von den Schülern erfordern Fragebögen Zeit, denn sie müssen erstellt, ausgefüllt und ausgewertet werden. Sie können sehr sinnvoll sein – aber nur, wenn man sie sinnvoll einsetzt. Verwenden Sie die Ergebnisse der Auswertung dazu, Ihre Schüler besser kennenzulernen. Sie erfahren etwas über die Vorlieben und haben somit die Möglichkeit, Ihre Schüler auf ihre eigenen, bevorzugten Lernstile hinzuweisen und Ihre Unterrichtsplanung diesen Vorlieben anzupassen. Die Differenzierung der einzelnen Stunden wird Ihnen erleichtert.

Wenn Sie eine Idee Ihrer Schüler aufgreifen oder eine Unterrichtsstunde ausgehend von den gesammelten Informationen gestalten, dann sollten Sie ausdrücklich darauf hinweisen. Denn so gewinnt Ihre Sammelaktion an Glaubwürdigkeit und es entsteht Vertrauen. Die Schüler merken, dass ihre Äußerungen ernst genommen und in die Planung und das Unterrichtsgeschehen eingebaut werden. Und wenn die Schüler den Zusammenhang erkennen, bewirkt das zusätzlich eine höhere Anstrengungsbereitschaft.

Wichtig

Beziehen Sie die Schüler beim Gestalten der Lerngemeinschaft mit ein. Äußern Sie die Erwartung, dass alle in der Klasse zusammenarbeiten sollen, damit das Lernen zum Erfolg führt. Geben Sie den Schülern Zeit und Gelegenheit, sich untereinander kennenzulernen. Konkrete Ideen und Tipps finden Sie bei Strategie 3 „Stellen Sie Beziehungen zu und unter den Schülern her" (s. S. 56 ff.).

■ In die Praxis umsetzen

Es gibt verschiedene Möglichkeiten, Informationen über Ihre Schüler zu sammeln:

○ **Befragungen:** Geben Sie den Schülern einen Fragebogen, den sie beantworten oder auf dem sie bestimmte Fragen ankreuzen sollen. Offene Fragen führen zu detaillierteren Antworten. Alternativ können Sie einige Aussagen auflisten, welche die Schüler anhand einer Likert-Skala einschätzen. Die Likert-Skala ist ein Verfahren zur Messung der persönlichen Meinung, die mithilfe von Items (positiv oder negativ formulierten Aussagen) abgefragt wird.

○ **Online-Fragebogen:** Sie haben mithilfe des Internets mittlerweile viele Möglichkeiten, online Fragebögen zu erstellen und teilweise auch auswerten zu lassen. Eine nützliche Internetadresse ist z. B. www.soscisurvey.de/

○ **Formlose Gespräche:** Reden Sie vor, während und nach dem Unterricht, während der Pausen, an der Bushaltestelle oder in anderen zwanglosen Situationen mit den Schülern.

○ **Unterhaltungen mit den Eltern oder den Familien:** Sprechen Sie mit Eltern oder Aufsichtspersonen. Diese haben oft einen anderen Blick auf das Kind und es kann spannend und informativ sein, sich auszutauschen. Achten Sie beim Einholen von Informationen über Ihre Schüler von anderen Personen (z. B. von anderen Lehrern oder von den Eltern) darauf, dass deren Bemerkungen Ihre eigene Einschätzung nicht maßgeblich beeinflussen. Vermeiden Sie es, Ihre Erwartungen an einen Schüler aufgrund von Aussagen anderer zu erhöhen oder zu verringern.

In der auf S. 42 abgebildeten Vorlage „Ein Blick auf die Person" (2.01) ⬇D finden Sie zusammengefasst verschiedenste Fragen, die Ihnen viele Informationen über Ihre Schüler liefern können. Sie können gezielt Fragen zu den Themen
○ Persönliches
○ Interessen/Hobbys
○ Schule/Lernen

auswählen oder die Vorlage verteilen und die Schüler Fragen aus jeder Kategorie auswählen lassen. So können Sie im Laufe des Schuljahres Informationen zusammenzutragen. Wechseln Sie Privates und Schulisches ab. Wählen Sie die Fragen aus, die sich für Ihre Schüler am besten eignen – je nach Gelegenheit und Zweck. Persönliche Fragen eignen sich am besten für individuelle, frei formulierte Antworten. Fragen nach den Interessen und schulbezogene Fragen können zu einer regen Diskussion in der Klasse führen. Selbstreflexion stellt für einige Schüler sicherlich eine größere Herausforderung dar als für andere. Achten Sie darauf, dass alle Schüler im Rahmen ihrer Möglichkeiten antworten können. Bieten Sie beispielsweise einfache Satzanfänge an, die individuell beendet werden. Oder lassen Sie Alternativen zur schriftlichen Beantwortung zu, z. B. Zeichnungen oder ein Standbild, welches die Schüler entwickeln.

2.01

 Download

In heterogenen Klassen alle erreichen
Strategien für motivierenden Unterricht und nachhaltigen Lernerfolg

Ein Blick auf die Person

Persönliche Fragen: Wie tickst du?

1. Was macht dich glücklich? Warum?
2. Was macht dich traurig? Warum?
3. Was macht dich wütend? Warum?
4. Was ist dir wichtig? Warum?
5. Was ist dir in deinem Leben nicht wichtig? Warum?
6. Wann machen andere dich glücklich? Warum?
7. Wann machen andere dich wütend? Warum?
8. Welche Dinge magst du nicht? Warum?
9. Was machst du am liebsten? Warum?
10. Wann bist du am zufriedensten? Warum?
11. Vor wem hast du Respekt? Warum?
12. Wer ist dein Vorbild? Warum?
13. Wem wärst du gern ähnlich? Warum?
14. Wann fühlst du dich wohl? Warum?
15. Was ist dein Traum, was würdest du dir wünschen? Warum?
16. Was würdest du gern ändern? Warum?
17. Wie würdest du es verändern?

Fragen nach den Interessen:
Was treibt dich an?

1. Was machst du am liebsten? Warum?
2. Wenn du woanders sein könntest, wo wäre das? Warum?
3. Was machst du in deiner Freizeit? Warum?
4. Mit wem bist du gern zusammen?
5. Wer ist dein Vorbild?
6. Mit wem kannst du gut reden?
7. An wen wendest du dich, wenn du Sorgen hast?
8. Wer hilft dir am meisten? Wie?
9. Wer ist dein bester Freund bzw. wer sind deine besten Freunde? Warum bist du gern mit ihm/ihnen zusammen?

10. Was machst du gern nach der Schule?
11. Wann geht es dir am besten?
12. Wann bist du am wütendsten?
13. Wer sind deine Helden, zu wem schaust du auf? Warum?
14. Was machst du zu Hause am liebsten?
15. Was machst du an den Wochenenden?

Schule, Lernen, Lerngewohnheiten:
Wie trainierst du dein Gehirn?

1. Wann bist du in der Schule zufrieden? Warum?
2. Wann bist du in der Schule traurig? Warum?
3. Was ist für dich der angenehmste Teil eines Schultags? Warum?
4. Welches Fach fällt dir am schwersten? Warum?
5. Wer hilft dir in der Schule oder beim Lernen am meisten? Warum?
6. Was motiviert dich, in die Schule zu gehen? Warum?
7. Konzentrierst du dich besser, wenn es ruhig oder wenn es laut ist?
8. Wer oder was hilft dir beim Lernen am meisten?
9. Was hält dich vom Lernen ab?
10. An welchem Ort oder welcher Stelle lernst du am liebsten?
11. Kannst du zu Hause einen Computer benutzen? Wenn nicht, wo kannst du dann einen Computer nutzen?
12. Was denkst du über die Schule?
13. Was ist deine größte Angst in der Schule?
14. Was ist deine größte Hoffnung in der Schule?
15. Was willst du werden?

Zusätzlich können die Schüler in der folgenden Vorlage „Erkenne dich selbst" (2.02) � **D** ihre Antworten zusammenstellen. Diese Fragen fordern die Schüler auf lustige und unbeschwerte Weise auf, sich mit ihren Einstellungen und Gedanken zu beschäftigen, und liefern Ihnen wichtige Informationen. Sie können sich mit den Schülern zwanglos darüber unterhalten, was ihre Antworten auf die drei Hauptfragen sein können. Zusätzlich bietet es sich an, ausdrucksschwächeren Schülern durch Zeichnungen die Möglichkeit zum Antworten zu geben. Die Schüler können frei wählen, wie sie die Fragen beantworten möchten.

2.02

⇩ **Download**

In heterogenen Klassen alle erreichen
Strategien für motivierenden Unterricht und nachhaltigen Lernerfolg

Erkenne dich selbst

Beschreibe dich selbst mit Zeichnungen oder mit Worten.
Beantworte dazu die Fragen. Es gibt keine richtigen oder falschen Antworten:

Name: _____ Datum: _____

Was treibt dich an?

Wie tickst du?

Womit trainierst du dein Gehirn?

Lerngemeinschaft

Sobald ein Schüler sich erstmals an einem Klassengespräch beteiligt hat, fühlt er sich schon viel wohler und es wird wahrscheinlicher, dass er sich wieder zu Wort meldet. Die im Folgenden geschilderte Aktivität setzt auf einen einladenden Ton und erzeugt eine Atmosphäre, in der das aktive Engagement eines jeden Schülers akzeptiert, erwartet und geschätzt wird.

Die Schüler beschäftigen sich zunächst mit Fragen wie in der Vorlage „Ein Blick auf die Person" (2.01) ⬇D. Dann schreiben, zeichnen oder produzieren sie etwas, um sich selbst der Klasse vorzustellen. Machen Sie ihnen deutlich, dass sie nichts von sich selbst preisgeben müssen, was sie nicht wollen. Manche Schüler schreiben vielleicht ein Gedicht oder eine Geschichte, andere entwerfen ein Poster und die nächsten stellen einen kleinen Videoclip zusammen. Durch diese unterschiedlichen Zugänge können die Schüler sich ihre Herangehensweise aussuchen. So gehen Sie auf die verschiedenen Lernstile ein und die Schüler bekommen die Möglichkeit, sich individuell auszudrücken. Sie werden überrascht sein, welche ungeahnten künstlerischen Talente z. B. in der stillen, introvertierten Schülerin schlummern. Oder wie der Schüler, der Sie in Klassenarbeiten nahezu verzweifeln lässt, weil er schriftlich sehr unstrukturiert ist, einen tollen mündlichen Vortrag hält und seine Zuhörer fesselt. Wenn sie dann der Klasse ihre Arbeiten zeigen, bietet sich jedem Schüler die Gelegenheit, dass seine Stimme in der Klasse gehört wird – ohne dass dabei jemand beurteilt wird oder Zustimmung bzw. Ablehnung erfährt. Diese Aktivität kann zu mehr Teilnahme führen. Denn wer schon ein Mal ohne Leistungs- und Bewertungsdruck vor der Klasse gesprochen hat, wird sich in Zukunft auch viel wahrscheinlicher am Unterrichtsgespräch beteiligen.

Fotoalbum

Die Schüler können – zusammen mit ihren Eltern oder im Unterricht in Einzelarbeit – ihre Fotoerinnerungen über tolle Erlebnisse, Lieblingsbeschäftigungen und wichtige Personen zusammenstellen. Über diese Erinnerungen können sie sich dann mit ihren Klassenkameraden austauschen.

Sicher schießen manche Eltern mehr Fotos von ihren Kindern als andere. Manche helfen ihren Kindern bei den Hausaufgaben, während andere sie nicht unterstützen können. Um Enttäuschungen zu vermeiden, können Sie Ihre Schüler auch Bilder zeichnen oder Abbildungen und Wörter aus Zeitschriften für Collagen ausschneiden lassen. Entscheidend ist, dass sich jeder der Klasse präsentieren kann. Wenn die Schüler Fotos für ein Projekt mitbringen sollen, dann machen Sie Aufnahmen von denen, die keine Fotos mitbringen können.

Lebensweg

Die Schüler zeichnen und beschriften ihren Lebensweg. Damit können sie sowohl zueinander Kontakt aufnehmen, indem sie ihrem Sitznachbarn ihren Lebensweg vorstellen, als auch mögliche Themen für weiterführende schriftliche Aufgaben finden. Die einzelnen Schritte zur Erstellung des Graphen sehen so aus:

1. Jeder Schüler zeichnet einen Grafen und trägt auf der x-Achse seine Lebensjahre ein.
2. Die y-Achse wird mit den positiven und negativen Zahlen von 1–5 beschriftet, was den positiven und negativen Erfahrungen entspricht.
3. Dann überlegen sich die Schüler, was sie schon alles Positives und Negatives erlebt haben. Das tragen sie mit einer Zeichnung und einer Bemerkung beim richtigen Alter in den Grafen ein. Zusätzlich bewerten sie ihre Erlebnisse (5 entspricht den erfreulichsten, –5 den unerfreulichsten). Wie ein solcher Graf aussehen könnte, sehen Sie unten. Hier noch einige Beispiele für Ereignisse, welche die Schüler erlebt haben könnten:
   - Ich habe mir auf dem Pausenhof ein Bein gebrochen.
   - Meine kleine Schwester wurde geboren.
   - Ich bin mit meiner Familie in einen Freizeitpark gefahren.
   - Unsere Klasse hat ein Stück geschrieben und aufgeführt.
   - Mein Großvater ist gestorben.
   - Meine Mutter hat wieder geheiratet.
   - Wir sind nach _____ umgezogen.
   - Ich habe meinen ersten Freund kennengelernt.
   - Ich bin einem Fußballverein beigetreten.
   - Ich habe für meine Hausarbeit eine Eins bekommen.
   - Ich habe meine Bio-Arbeit versaut.
4. Die Schüler tauschen sich über ihre Erlebnisse aus oder berichten der ganzen Klasse. Sie könnten aus ihren Erlebnissen auch eine kleine persönliche Geschichte schreiben.

Mein Lebensweg

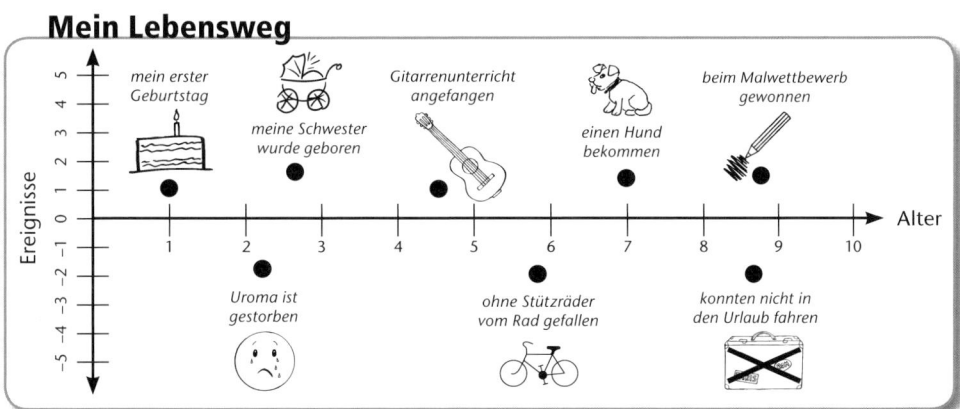

Strategie 2: Finden Sie heraus, wie Ihre Schüler am besten lernen

Beim Lernen und Anwenden neuer Inhalte offenbaren die Schüler ihren Lernstil. Erkennen Sie die bevorzugten Lernstile bei Ihren Schülern und unterstützen Sie sie dabei, dass ihnen deutlich wird, welchen Lernstil sie warum in welcher Situation bevorzugen. Manche favorisieren den Lehrervortrag, andere ein Gespräch mit einem Partner und die nächsten wollen alles schriftlich haben. Wieder andere lernen am besten, wenn der Inhalt rhythmisch oder mit einer Melodie dargeboten wird. Bei der Arbeit an einem größeren Projekt wollen manche Schüler die einzelnen Schritte genau kennen und diese nach und nach abarbeiten. Anderen hingegen sind Optionen lieber und die Freiheit, ihren eigenen Weg zu entdecken.

Jede Methode, die Sie im Unterricht anwenden, spricht nicht alle Schüler gleichermaßen an. Je nach bevorzugtem Lernstil wird dem einen Schüler der Zugang zu einem Thema leichter fallen als einem anderen. Deswegen ist es neben dem Angebot an verschiedenen Zugängen wichtig, dass Sie den Schülern systematisch dabei helfen, selbst auf ihre Lernweise zu achten. Das hilft ihnen, selbstständige Lerner zu werden.

Fragen, die den Schülern helfen, über ihr Lernen zu reflektieren, sind z. B.:
- Wie erinnerst du dich am besten an etwas?
- Wie verstehst du etwas am besten?
- Wie verwendest du dein Wissen?
- Wie stellst du Zusammenhänge her?
- Wie schaffst du etwas Neues?

Dieser metakognitive Prozess ist Teil des selbstgesteuerten Lernens (vgl. Zimmermann, 2008). Wenn Sie Ihre Schüler zum Nachdenken darüber auffordern, wie sie am besten lernen, dann fördern Sie ihre Selbstwahrnehmung und helfen ihnen bei der Planung der nächsten Lernschritte. Hierbei werden einige Schüler mehr Unterstützung benötigen als andere. Das Auseinandersetzen mit dem eigenen Lernprozess ist eine herausfordernde Aufgabe, die nicht auf Anhieb gelingt. Regen Sie behutsam zu diesem Prozess an und arbeiten Sie mit den Schülern kleinschrittig. Je öfter Sie Ihre Schüler im Laufe der Zeit anregen, sich mit dem eigenen Lernprozess bewusst zu beschäftigen, und zum Nachdenken auffordern, desto einfacher wird es den Schülern im Laufe der Zeit fallen, über ihr Lernen nachzudenken und ihre gewonnenen Erkenntnisse in Zukunft zu nutzen, um ihre Lernwege besser und effektiver gestalten zu können. Als Lehrer mischen und verknüpfen Sie Unterrichtsmethoden, um verschiedene Wege anzubieten, damit Ihre Schüler je nach Wissensstand und Lernstil am besten lernen können. Durch Transparenz bei der Unterrichtsplanung können Sie Ihren Schülern diese unterschiedlichen Möglichkeiten aufzeigen und sie bei ihrem Lernen unterstützen.

Beispiel

Wenn Sie gemeinsam in der Klasse eine Lektüre lesen, können Sie in einem Lehrervortrag wichtige Informationen zur Einstimmung liefern, z. B. eine Einordnung in den historischen Gesamtzusammenhang und über die Entstehungsgeschichte des Werkes.

Sollen die Schüler dann später zeigen, was sie aus dem Lehrervortrag gelernt haben, können Sie Ihnen die Wahl lassen: Sie können sich mit einem Partner austauschen oder aber darüber schreiben, was sie verstanden haben und was nicht. So kommen Sie nicht nur den unterschiedlichen Lernbedürfnissen der Schüler entgegen. Es wird auch die Klassengemeinschaft gestärkt, weil Sie verschiedene Formen der Zusammenarbeit anbieten.

Die Forschung ist sich uneins über den Einfluss der Unterrichtserfahrung auf die „Lernstile" bzw. die „Begabungen", welche die Schüler selbst für sich erkennen. Manche Forscher vermuten, dass Schüler mit ihrem dominanten Lernstil am besten lernen (Dunn, Griggs, Olson, Beasley und Gorman, 1995). Andere hingegen behaupten das Gegenteil: Der Unterricht sollte auf die Stile aufbauen, welche die Schüler nicht als ihre Stärken angegeben haben (Apter, 2001). Nach Aussage von Hattie (vgl. 2009, S. 199) sollte der Fokus darauf liegen, was die Schüler können und dass sie wissen, was sie erzielen wollen. Sie sollten unterschiedliche Lernstrategien kennen und diese anwenden können. Außerdem sollen sie wissen, wann sie das Lernziel erreicht haben. Der Lehrer hat mit seinen Unterrichtsmethoden die Aufgabe, das Lernen zu verbessern und den Schülern somit das Erreichen des Lernziels zu ermöglichen. Zudem soll der Lehrer durch individuelle Rückmeldungen die Lücke zwischen dem augenblicklichen und dem anzustrebenden Lernstand minimieren.

Wenn Schüler ihre Stärken und die verschiedenen Möglichkeiten erkunden, wie sie den Lernstoff verarbeiten, können sie bald besser einschätzen, wann und wie ihnen eine bestimmte Lernweise hilft. Unterstützen Sie Ihre Schüler dabei, ihr Repertoire an Methoden, aus denen sie auswählen können, zu erweitern. Die passenden Strategien im Hinblick auf persönliche Stärken und Schwächen sowie Lernstile anwenden zu können, ist für alle Schüler von Vorteil.

◼ Auf einen Blick

Definieren Sie für jede Stunde klare Lernziele und beschreiben Sie den Schülern anschaulich, wann diese Lernziele als erreicht gelten. Achten Sie dabei auf verschieden Schwierigkeiten der Lernziele und definieren Sie realistische und differenzierte Zwischenschritte, um allen Schülern die Möglichkeit zu bieten, Ziele zu erreichen. Stellen Sie das Lernen und die eigenen Lernstile in den Mittelpunkt Ihrer Unterrichtsstunden.

Achten Sie bei der Unterrichtsplanung und Aufgabenstellung auf unterschied-liche Methoden, um den verschiedenen Lernstilen Rechnung zu tragen. Denken Sie daran, dass Abwechslung und Wahlmöglichkeiten das Interesse der Schüler maßgeblich steigern können. Überlegen Sie am Ende einer jeden Aktivität:

- ◔ Welchen Einfluss hatte die Methode in Bezug auf das Erreichte (was haben die Schüler gelernt, was nicht)?
- ◔ Wie hat sie sich auf die Stimmung der Schüler ausgewirkt (hat den Schülern die Aktivität gefallen, waren sie engagiert)?

Wichtig

Lernstile sind keine unabänderlichen Eigenschaften. Es sind Beschrei-bungen, wie jemand lernt, aber kein Intelligenzmaßstab. Werden ver-schiedene Lernstile im Unterricht, bei Klassenarbeiten oder Aktivitäten angesprochen, dann werden die Schüler ihre Präferenzen als etwas sehen, das sich entwickelt und verändert, und nicht als unabänderliche Eigenschaften mit eigener Hierarchie. Sie werden also verstehen, dass beispielsweise ein sprachbetontes Lernen nicht „besser" ist als ein kinästhetisches Lernen.

◼ In die Praxis umsetzen

Sie planen unterrichtliche Aktivitäten für viele Zwecke: Zum Einführen neuer Inhalte, zum Verstärken des vorausgegangenen Stoffs oder zum Schließen von Verständnislücken. Wenn Sie die Präferenzen Ihrer Schüler bei den Lernaktivitäten kennen – die ihnen also Spaß machen und die sie als hilfreich empfinden – hilft Ihnen das natürlich bei der Planung. Dann können Sie in der Klasse das Gefühl von Selbstständigkeit entstehen lassen und das Interesse fördern.

Bewertung der Lernaktivitäten

Lernaktivitäten sind die kreativen Möglichkeiten, mit denen Sie Ihre Schüler dazu motivieren können, sich mit den angestrebten Lernzielen zu beschäftigen. Sie können beispielsweise einen kleinen Vortrag darüber halten, wie aus einem Gesetzentwurf ein Gesetz wird. Die dazugehörige Aktivität könnte vorsehen, dass die Schüler einen eigenen Vorschlag formulieren und den ganzen Prozess in der Klasse simulieren. Mit Lernaktivitäten ermöglichen Sie auf strukturierte Weise, dass sich die Schüler mit dem Unterrichtsinhalt auseinandersetzen und ihm Bedeutung abgewinnen. Die Tabelle „Beurteile, wie du lernst" (2.03) ⏬D können Schüler dazu verwenden, eine Aktivität zu beurteilen, und zwar im Hinblick darauf, wie ihnen die Aktivität gefallen hat und wie sie ihren Nutzen fürs Lernen einschätzen.

Tipp

Um die Tabelle für jüngere bzw. lernschwächere Schüler anzupassen, können Sie Bilder einfügen und den Text kürzen. Den Jüngeren gefallen solche Vorlagen, wenn sie lachende, stirnrunzelnde und erstaunte Gesichter enthalten.

2.03

In heterogenen Klassen alle erreichen
Strategien für motivierenden Unterricht und nachhaltigen Lernerfolg

Beurteile, wie du lernst

Beurteile jede Aktivität.
- Wie gefällt sie dir?
- Wie sehr hilft sie dir beim Lernen und Verstehen?

Wie sehr gefällt dir diese Aktivität?					Wie oft hilft dir diese Aktivität, um etwas zu verstehen?				
Gefällt mir sehr	Ist schon ok	Weiß ich nicht	Gefällt mir nicht	Kann ich nicht leiden	Immer	Manch–mal	Weiß ich nicht	Selten	Nie
Notizen machen									
5	4	3	2	1	5	4	3	2	1
Zeichnungen machen									
5	4	3	2	1	5	4	3	2	1
Im Buch über ein Thema lesen									
5	4	3	2	1	5	4	3	2	1
Lernspiele machen									
5	4	3	2	1	5	4	3	2	1
Mit einem Freund oder Partner in der Klasse sprechen									
5	4	3	2	1	5	4	3	2	1
In einer kleinen Gruppe mitarbeiten									
5	4	3	2	1	5	4	3	2	1
Über ein Thema in meinen eigenen Worten schreiben									
5	4	3	2	1	5	4	3	2	1
Ein Bild malen, damit ich mich besser erinnern kann									
5	4	3	2	1	5	4	3	2	1
Der Lehrer erklärt mir etwas im Einzelgespräch oder in einer kleinen Gruppe									
5	4	3	2	1	5	4	3	2	1
Dem Lehrer zuhören, wenn er der ganzen Klasse etwas erklärt									
5	4	3	2	1	5	4	3	2	1
Anderes _____									
5	4	3	2	1	5	4	3	2	1

© der Originalausgabe: Verlag an der Ruhr | Autoren: Carolyn Chapman, Nicole Vagle | ISBN 978-3-8346-2615-8 | www.verlagruhr.de

Erkenne deine Stärken

Mit dem Fragebogen „Erkenne deine Stärken" (2.04) [⇩D] (beruhend auf Chapman und King, 2009) können die Schüler erkunden, wie sie den Lernstoff verarbeiten und mehr über sich und ihre Lernstile erfahren.

Wichtig ist, dass die Schüler nicht über ihre fachlichen Stärken oder ihre bevorzugten Lernstile („Stärken") ihren Selbstwert definieren. Stärken und Schwächen sind fließend und können sich im Laufe des Lebens verändern.

Aufgabenbeschreibung

Bei dieser Aktivität gehen die Schüler eine Liste mit Äußerungen durch, mit denen die verschiedenen Stärken beschrieben werden. Sie kreuzen die Punkte an, die ihren persönlichen Präferenzen entsprechen. Es gibt keine richtige Anzahl von Kreuzchen und auch keine richtigen Stellen, an denen Kreuzchen gemacht werden müssten. Es ist allein Sache der Schüler, diejenigen Bemerkungen zu markieren, mit denen sie sich am besten beschrieben glauben.

Die Kategorie, in der am häufigsten Kreuze gemacht wurden, zeigt den bevorzugten Lernstil. Möglicherweise können Sie auch Informationen über die Vorlieben der Klasse als Ganzes ablesen, wenn Sie die gegebenen Antworten miteinander vergleichen. Außerdem haben Sie die Möglichkeit, auf das Unbehagen mancher Schüler einzugehen. Denn sicherlich haben sie schon Aufgaben erledigen müssen, die nicht ihrem bevorzugten Lernstil entsprachen: Vielleicht fanden sie keinen rechten Zugang, wussten nichts mit der Aufgabenstellung anzufangen oder konnten den Sinn der Aufgabe nicht erkennen. Sehr wichtig ist es, dass die Schüler mit Problemen oder Missfallen umgehen lernen. Denn gerade dadurch können sie neue Kenntnisse und Talente entdecken. Das Nachdenken über die eigenen Schwächen ist genauso nützlich wie die Konzentration auf die eigenen Stärken. Mithilfe des Fragebogens „Erkenne deine Stärken" erkennen die Schüler ihre Stärken, können aber ebenso Rückschlüsse auf Bereiche ziehen, an denen sie in Zukunft noch arbeiten müssen.

2.04

In heterogenen Klassen alle erreichen
Strategien für motivierenden Unterricht und nachhaltigen Lernerfolg

Erkenne deine Stärken

Lies alle Aussagen durch. Kreuze die Aussagen an, die auf dich zutreffen.
So kannst du deine Stärken bestimmen.

Sprachlich: Bei mir dreht sich alles um Wörter und Worte!	
○ Ich kann flüssig lesen und schreiben, ich verstehe, was ich lese.	○ Beim Schreiben fallen mir die Wörter sofort ein.
○ Ich denke mir gern Geschichten aus und schreibe sie auf.	○ Ich schreibe die Wörter richtig.
○ Ich lese gern.	○ An Diskussionen und Gesprächen beteilige ich mich gern.
○ Wenn ich mit anderen rede, fallen mir die Wörter sofort ein.	○ Ich präsentiere oft freiwillig die Ideen meiner Gruppe der ganzen Klasse.
Logisch-mathematisch: Gebt mir Zahlen!	
○ Ich löse gern Aufgaben mit Zahlen.	○ Ich suche nach Mustern und Regelmäßigkeiten.
○ Mathe-Stunden sind für mich oft das Beste an einem Schultag.	○ Ich bringe alles in die richtige Abfolge und löse Probleme Schritt für Schritt.
○ Ich denke logisch.	○ Ich lese gern Gebrauchsanweisungen und bringe Dinge zum Funktionieren.
○ Mir gefallen Rätsel und Spiele, bei denen ich mein Gehirn anstrengen muss.	○ Ich will immer wissen, was wir als Nächstes im Unterricht machen.
Interpersonal: Ich bin gern unter Menschen!	
○ Ich lerne etwas, wenn ich mit einer Gruppe zusammenarbeite.	○ Ich lerne gern zusammen mit einem Partner oder einer Gruppe.
○ Ich komme auf Ideen, wenn ich mit anderen zusammen überlege.	○ Ich bin gern Mitglied in einem Team.
○ Wenn ich ein Problem habe, wende ich mich an Freunde, an die Familie oder an Erwachsene, denen ich vertraue.	○ Ich kann mich in andere hineinversetzen.
○ Mir gefallen Lernaktivitäten, bei denen man zusammenarbeitet.	○ Ich arbeite gern mit anderen.
Musikalisch-rhythmisch: Ich singe und tanze gern!	
○ Ich lerne schwierige Dinge, wenn ich sie in einen Rhythmus bringe.	○ Geräusche und Klänge helfen mir dabei, Orte wiederzuerkennen. Wenn z. B. eine Klingel ertönt, dann denke ich an ein Spiel bei einem Fest.
○ Ich bin dabei: beim Musikhören, beim Spielen von Instrumenten oder beim Singen im Chor.	○ Ich kenne eine Menge Lieder.

© der Originalausgabe: Verlag an der Ruhr | Autoren: Carolyn Chapman, Nicole Vagle | ISBN 978-3-8346-2615-8 | www.verlagruhr.de

Eine Fortsetzung dieser Aktivität könnte darin bestehen, über den Raum verteilt Symbole für die einzelnen Stärken anzubringen. Das Entwerfen dieser Symbole können Sie auch in die Hände der Schüler legen. Die Schüler können sich dann jeweils bei dem Symbol versammeln, das ihre Stärke repräsentiert. Jede Gruppe könnte sich dann gemeinsam die Antworten zu einer oder mehrerer der folgenden Fragen überlegen und dann der ganzen Klasse mitteilen.

- Welche Übungen würdest du gern im Unterricht machen, damit du besser lernen kannst?
- Was gefällt dir im Unterricht gar nicht?
- Auf welche Weise lernst du gar nicht gern?
- Warum ist deine Lernweise wichtig für die Klasse?
- Wann kann deine Lernweise anderen helfen, die sonst anders lernen?
- Was könntest du anderen beibringen? Wie?
- Über welche Lernweise möchtest du mehr erfahren? Warum?

Besprechen Sie mit der ganzen Klasse den Zweck dieser Aktivität.
Lassen Sie die Schüler folgende Fragen beantworten:
- Was habt ihr aus dieser Aktivität gelernt?
- Warum haben wir sie wohl gemacht?
- Warum ist diese Aktivität wichtig?
- Wie können wir das, was ihr erfahren habt, verwenden? Können wir damit den Unterricht verbessern?

Rückmeldungen der Schüler zu Aktivitäten und Vorgehensweisen

Fragen Sie Ihre Schüler regelmäßig nach Rückmeldungen über Aktivitäten, Klassenarbeiten und einzelne Unterrichtsstunden. Denn so können Sie erfahren, wie sie Ihren Unterricht noch motivierender und besser gestalten können. Lassen Sie den Schülern nach einer Klassenarbeit oder nach der Einführung eines besonders schwierigen Inhalts Zeit zum Nachdenken. Für die Rückmeldungen können Sie die beiden folgenden Vorlagen mit vorformulierten Fragen verwenden. Diese eignen sich für einen differenzierten Einsatz: die Vorlage „Abschlussbetrachtung I" (2.05) ⬇D ist für sprachlich fitte Schüler, die Vorlage „Abschlussbetrachtung II" (2.06) ⬇D unterstützt durch vorgegebene Antworten und die Sterne zum Ausmalen jüngere und lernschwächere Schüler.

2.05

In heterogenen Klassen alle erreichen
Strategien für motivierenden Unterricht und nachhaltigen Lernerfolg

Abschlussbetrachtung I

Klassenaktivität: _____ Datum: _____

Name: _____

Der beste Teil war

Grund:

Der schwierigste Teil war

Grund:

1. Ich habe gelernt

2. Folgendes würde ich gern noch mal machen:

3. Folgendes sollten wir beim nächsten Mal ändern:

2.06

In heterogenen Klassen alle erreichen
Strategien für motivierenden Unterricht und nachhaltigen Lernerfolg

Abschlussbetrachtung II

Klassenaktivität: _____ Datum: _____

Name: _____

Was denkst du über diese Aktivität? Male die Anzahl der Sterne aus, die deine Meinung ausdrückt. Zeichne dann ein Bild oder schreibe einige Worte über deine Gedanken.

☆ ☆ ☆ ☆ ☆

5 Sterne: Das war spitze! Es war fantastisch! Es hat mich zum Denken angeregt!

4 Sterne: Ich habe etwas gelernt und das meiste hat mir gefallen.

3 Sterne: Ich habe etwas gelernt, aber ich habe noch Fragen.

2 Sterne: Manches hat mir gefallen. Ich habe ein kleines bisschen gelernt.

1 Stern: Das war gar nicht lustig! Ich habe nichts gelernt. Außerdem war es langweilig und verwirrend.

Zusätzlich können Sie an fünf Stellen im Klassenzimmer einige Wörter anbringen, die zu den einzelnen Bewertungen passen. Die Schüler drücken ihr Urteil durch Ausmalen der entsprechenden Zahl der Sterne aus, dann zeichnen sie ein Bild, das ihr Urteil untermauert, und schließlich wählen sie ein oder zwei Wörter von denen aus, die im Zimmer sichtbar sind. Diese Übung zeigt den Schülern den Zusammenhang zwischen Wörtern und Abbildungen. Wenn Sie so den Zusammenhang zwischen den Beurteilungen (Sterne) und den beschreibenden Wörtern herstellen, kann dies für schwächere Schüler ein Sprungbrett zum schriftlichen Ausdruck sein.

Strategie 3: Stellen Sie Beziehungen zu und unter den Schülern her

Egal ob es um die Beziehung der Schüler zu Lehrern, Mitschülern oder anderen Erwachsenen geht: Ihr schulisches Interesse, ihr Selbstwertgefühl und ihre Selbstachtung sowie die schulischen Leistungen werden maßgeblich davon beeinflusst (vgl. Martin und Dowson, 2009). Durch das Interagieren im Klassenraum stellen Ihre Schüler und Sie im täglichen Miteinander Beziehung zueinander her. Positive Beziehungen können den Lernerfolg Ihrer Schüler steigern.

Eine Klassengemeinschaft, in der sich jeder Schüler ohne Furcht vor Ausgrenzung bewegen und in Diskussionen und Arbeitsprozesse einbringen kann, schafft die notwendigen Bedingungen: Fehler sind erlaubt, Gruppenarbeiten sind möglich, voneinander und miteinander lernen funktioniert. Das klappt nur, wenn Vertrauen und Sicherheit gegeben sind. Mit den Strategien in diesem Kapitel können Sie die Beziehung zwischen sich und Ihren Schülern stärken. Ebenso unterstützen Sie sie bei dem Aufbau einer vertrauensvollen Klassengemeinschaft, in der Lernen zum gemeinsamen Ergebnis werden kann.

Die Furcht überwinden

Furcht ist unangenehm. Ungewohntes und Unbekanntes kann Furcht auslösen, ebenso das Vertraute und Bekannte. Menschen wollen es unbedingt vermeiden, ein unerfreuliches Erlebnis noch einmal durchzumachen. Schüler können Furcht in allen möglichen Situationen empfinden:

- beim Erlernen neuer Inhalte,
- beim Herangehen an neue Aktivitäten,
- vor Situationen, die schon einmal Schwierigkeiten bereiteten,
- beim Bewältigen von herausfordernden Aufgaben,
- beim Beantworten von Fragen vor der ganzen Klasse.

Für manche Schüler ist Abwechslung aufregend. Sie stellen sich neuen Herausforderungen mit großer Vorfreude. Bei anderen hingegen löst Veränderung Furcht aus. Erklären Sie besonders für diese Schüler das Was, Wann und Wie. Dann wissen die Schüler, was sie erwartet, und sie haben das Gefühl, alles unter Kontrolle zu haben. Es ist von größter Wichtigkeit, auf diese Probleme einfühlsam zu reagieren. Sie gehen womöglich davon aus, dass die Schüler nichts zu befürchten haben – aber Sie sind erwachsen und haben eine andere Sicht auf die Dinge und eine andere Position. Schüler brauchen Vertrauen, um vorwärts zu kommen und beim Lernen Risiken einzugehen. Es ist wichtig, die Ängste der Schüler zu erkennen – aber das ist erst der Anfang. Die Ängste müssen abgebaut werden, indem Sie die Schüler durch neue Erfahrungen führen und sie gegebenenfalls unterstützen. Ein solches Vorgehen schafft echtes Vertrauen und einen Ort, an dem sich die Schüler sicher fühlen.

Manche Ängste entstehen aus einem Gefühl der Unzulänglichkeit. Schüler fragen sich möglicherweise selbst, warum sie etwas nicht so gut beherrschen wie die anderen. Manche strengen sich an, so gut sie können, schneiden in einem Test trotzdem nicht erfolgreich ab. Bei Schülern, die sich unfähig fühlen, kommt es darauf an, ihnen zu zeigen, wie Erfolg aussieht und welche Schritte hin zum Lernziel sie genau befolgen müssen. Entscheidend ist auch, dass Sie die Anstrengungen thematisieren, die nötig sind, um etwas zu lernen. Wenn ihnen die Antwort nicht gleich einfällt, meinen Schüler oft, dass die Sache zu schwierig für sie sei. Machen Sie ihnen klar, dass richtiges Lernen oft über eine anstrengende, herausfordernde Auseinandersetzung mit dem Inhalt kommt. Lernen bedeutet nicht, immer sofort die richtige Antwort zu wissen.

Berücksichtigen Sie die Erfahrungen Ihrer Schüler

Das Sprichwort „Gebranntes Kind scheut das Feuer" gilt ganz besonders für ein Klassenzimmer. Wenn Ihnen ein unmotivierter Schüler auffällt, sollten Sie sich immer fragen, welche Erfahrungen vorausgegangen sind und ihn zu einem „gebrannten Kind" gemacht haben. Diese Schüler müssen vielleicht kleine Schritte zurück machen, um sich erneut anstrengen zu können. Es muss ihnen öfters versichert werden, dass ein nochmaliger Versuch nicht mehr zu einem beschämenden Erlebnis wird. Wenn sich beispielsweise die Klassenkameraden über einen Schüler lustig gemacht haben, der etwas präsentiert oder vorgelesen hat, dann sollten Sie ihm erlauben, seine nächste Arbeit in einer Eins-zu-Eins-Situation vorzulegen. Das Ziel ist, dass er sich zunächst in einem geschützten Rahmen äußern kann und sein Selbstvertrauen wieder gestärkt wird. Loben Sie die Schüler für ihre kleinen, erfolgreichen Schritte, damit die Furcht einem Gefühl des Selbstvertrauens weicht. Sie sollten das Vorgehen der Klassenkameraden allerdings nicht unkommentiert übergehen. Formulieren Sie klare Regeln, wie die Schüler auf die Arbeiten der anderen reagieren sollen. Erarbeiten Sie diese Regeln in Zusammenarbeit mit der Klasse. So können sich alle einbringen und die Schüler haben nicht das Gefühl, dass Sie ihnen die Vorgehensweise aufgedrängt haben.

Sie haben die Aufgabe, für die Überzeugung bei den Schülern zu sorgen, dass jede Aktivität und Aufgabe Zeit und Mühe lohnt und dass die Klassenatmosphäre sicher wichtig genug ist, um ein Risiko einzugehen. Wenn Schüler befürchten, ausgelacht zu werden, verstummen sie. Angst und Scham führen nicht zu erhöhter Motivation.

Wichtig

Wenn alle die Stärken und Schwächen eines jeden achten, wird das Klassenzimmer zu einem sicheren Ort, wo die Schüler ihre Zweifel, Probleme und Zuversicht ausdrücken können. Grundlage ist, dass die Schüler respektvoll miteinander umgehen und dass jeder in der Klasse als ein wichtiges und wertvolles Mitglied der Gemeinschaft betrachtet wird.

■ Auf einen Blick

Ermutigen Sie die Schüler, sich am Unterricht zu beteiligen. Stellen Sie Fragen oder geben Sie einen Satz zum Ergänzen vor, um einen Schüler zum Reden zu bringen. Achten Sie auf Ihre Körpersprache und die damit verbundenen nonverbalen Äußerungen, die unbewusst negative Rückmeldungen oder widersprüchliche Botschaften ausdrücken können.

Bleiben Sie bei Diskussionen oder beim Brainstorming neutral. Räumen Sie Zeit zum Nachdenken über negative Ereignisse ein und sprechen Sie mit den Schülern darüber, was aus welchem Grund geschah und wie es beim nächsten Mal ablaufen sollte. Solche strategisch geplanten Sitzungen helfen den Schülern dabei, ihre Gefühle auszudrücken, verschiedene Standpunkte zu verstehen, sich positive Ziele zu setzen und Entscheidungen für die Zukunft zu treffen.

Denken Sie daran, dass Sie den Ton im Klassenzimmer vorgeben. Bauen Sie Sicherheitsnetze für jeden Lerner gemäß seinen Bedürfnissen ein. Wenn Sie Fehler machen, dann stehen Sie dazu und entschuldigen Sie sich. Die Schüler orientieren sich an Ihnen. Machen Sie respektvolles Verhalten vor und fordern Sie Respekt von und unter den Schülern ein.

Bevorzugen Sie keine Schüler – die anderen spüren es. Suchen Sie nach liebenswerten Eigenschaften bei allen. Negativität kann sich ausbreiten und das Verhalten der Schüler zueinander beeinflussen.

Seien Sie offen für Diskussionen und Vorschläge. Achten Sie auf ein angemessenes Lehrer-Schüler-Verhältnis. Schüler sind keine Gleichaltrigen oder Kollegen. Setzen Sie also Ihre Autorität rücksichtsvoll und angemessen ein. Die Verantwortung liegt immer bei Ihnen. Alles, was passiert, muss Ihre Zustimmung haben – oder es gehört nicht ins Klassenzimmer.

Vermeiden Sie es, sich durch Druck von außen zu verausgaben, etwa durch Forderungen nach besseren Leistungen oder durch Übernahme zusätzlicher Verpflichtungen. Lassen Sie Ihren Stress nicht an den Schülern aus. In einer sicheren, positiven Klassengemeinschaft werden sie erfolgreicher sein.

Wenn Sie einen schlechten Tag haben, dann denken Sie daran, dass die Schüler nichts dafür können. Vermeiden Sie Sarkasmus und abfällige Bemerkungen –

das ist erniedrigend. Öffnen Sie einen zweigleisigen Kommunikationsweg zwischen sich und Ihren Schülern, damit diese sich ehrlich äußern. Lernen Sie aus negativen Rückmeldungen. Immerhin ist das ein Hinweis, dass sich die Schüler sicher genug fühlen, ihre Meinung und ihre Gefühle aufrichtig zu äußern. Wenn Schüler konstruktive Hinweise geben, dann analysieren Sie diese genau. Wenn Sie darauf negativ reagieren, werden sie ihre ehrliche Meinung zurückhalten.

In die Praxis umsetzen

Sie können durch zahlreiche Strategien Beziehungen zu und unter den Schülern herstellen. Offene Kommunikation, der Austausch persönlicher Informationen und die Schaffung einer einladenden Umgebung sind einige Möglichkeiten, die Klassengemeinschaft zu stärken und die Schüler zu motivieren. Vermehren Sie die Interaktionen zwischen sich und den Schülern, um die Einstellung positiv zu beeinflussen. Wecken Sie die Lust auf Zusammenarbeit, Mitmachen und Lernen.

Bringen Sie die Schüler dazu, miteinander zu reden

Bei Übungsphasen im Unterricht oder bei der Vorbereitung auf den anstehenden Test können Sie bei ihren Schülern sicher beobachten, dass Schüler oft auswendig gelernte und vermeintlich verstandene Antworten abliefern. Richtig verstanden haben sie den Stoff deshalb aber oft nicht: Wenn sie selber nach eigenen Antworten suchen, ist dies natürlich aufwändiger, führt aber auch zu tieferem Verstehen. Dafür brauchen die Schüler Ihre Hilfe. Regen Sie dazu an, gezielt eigene Fragen zu stellen und so zu selbstständigen Problemlösern zu werden. Effektive Fragestrategien müssen regelmäßig unterrichtet und an Beispielen vorgeführt werden, damit sie für die Schüler zur Routine werden. Dies lässt sich mit folgenden Methoden erreichen:

Bei **Gruppengesprächen** können alle Schüler ihre Ideen ausdrücken und erleben, dass man ihnen zuhört. Diese Aktivität baut Respekt auf und beseitigt Barrieren und Vorurteile. Räumen Sie einzelnen Schülern die Zeit ein, über etwas zu sprechen, was sie können oder wissen, ein aufregendes Erlebnis zu erzählen, über eine Reise oder einen unerwarteten Erfolg zu berichten. Oftmals zeigen sich Talente, welche die anderen so nicht erwartet hätten. Schüler müssen voneinander persönliche Informationen erfahren, um Freundschaften und gegenseitigen Respekt zu entwickeln. Die Schüler können sich über Folgendes austauschen:
- Ideen
- Hobbys, Erlebnisse

- eigene Erfahrungen mit Unterrichtsinhalten
- die Art und Weise, wie sie ein Problem gelöst haben
- Ziele, Hoffnungen und Träume
- Gefühle
- Lern- und Lebenserfolge

Beim **Würfeln** geben Sie ein Thema, ein Ereignis, eine Person oder einen Begriff vor. Die Schüler sprechen dann anhand von Fragen darüber.
Die Fragen können variieren, haben aber im Wesentlichen folgendes Muster:

- „Kannst du es beschreiben?"
- „Kannst du es analysieren?"
- „Kann es neu erfunden werden?"
- „Woran erinnert es dich?"
- „Wozu kann man es verwenden?"
- „Was wird deiner Meinung nach damit geschehen?"

Sie können die Fragen auf einen „Blanko-Würfel" (2.07) ⬇D schreiben.
Nachstehend finden Sie mögliche Fragen
→ über ein Kunstwerk:

1. Mit welchen drei Adjektiven kannst du das Werk beschreiben?
2. Was steht im Buch darüber?
3. Woran erinnert es dich?
4. Wie hat es die Welt beeinflusst?
5. Wofür wird es verwendet?
6. Was wird deiner Meinung nach damit geschehen?

→ über eine Persönlichkeit:

1. Was sind die größten Leistungen dieser Persönlichkeit?
2. Wann und wo hat sie gelebt?
3. Was dachten andere über sie? Woher weißt du das?
4. Wie würden deine Nachbarn reagieren, wenn die Person in eurer Nähe wohnen würde? Warum?
5. Welche Rolle spielte sie?
6. Was waren ihre Stärken und Schwächen?

Mit der Tabelle zum „Ereigniswürfel" (2.08) ⬇D können Sie diese Übung vereinfachen. In der linken Spalte stehen verschiedene Fragen, in die rechte Spalte schreiben die Gruppenmitglieder ihre Antworten. Die Anzahl der Fragen sollte der Anzahl der Gruppenmitglieder entsprechen. Sind in einer Gruppe also vier Schüler, werden nur vier Fragen besprochen und von jedem eine beantwortet. Sie haben verschiedene Variationsmöglichkeiten. Beispielsweise sagen die Schüler die Antworten auf ihre Fragen den anderen, die dann ihre Meinung dazu äußern. Die Antworten können auch der ganzen Klasse oder nur den Partnern mitgeteilt werden.

2.08

Der Ereigniswürfel

Nennen Sie

- ein Thema,
- ein Ereignis,
- eine Persönlichkeit oder
- einen Begriff.

Mit der nachstehenden Tabelle und dem Würfel zum Ausschneiden können Sie mit Ihren Schülern ein Frage-Antwort-Spiel machen.

Fragen	Antworten der Schüler
Was ist geschehen?	
Wann ist es geschehen?	
Wer war dabei?	
Warum ist es wichtig?	
Wie hat es sich auf die Menschen ausgewirkt, die damals lebten?	
Welchen Einfluss hat es auf uns heute?	

Werden Sie persönlich

Erzählen Sie Erlebnisse aus Ihrem Leben, die mit dem Unterrichtsinhalt zusammenhängen. Wenn Sie kleine Geschichten erzählen, die mit dem Lernziel in Verbindung stehen, bauen Sie Beziehungen auf. Kleine Einblicke in Ihr Leben verraten den Schülern etwas über Ihre Erfahrungen, Werte und Ansichten. Womöglich fühlen sie sich in der Folge wohler dabei, in der Klasse auch selbst aufrichtig und offen zu sein. Sie haben eine Vorbildfunktion und können das Lernen positiv beeinflussen, indem Sie von Ihren Erfahrungen berichten. Gleichzeitig bauen Sie auch eine Beziehung zu Ihren Schülern auf, indem Sie Persönliches preisgeben. Planen Sie Zeit für die Schüler ein, neue Inhalte mit ihren Erfahrungen in Zusammenhang zu bringen und Ideen auf ihr persönliches Leben zu übertragen.

Denken Sie auch an die Kleinigkeiten

Menschen in jedem Alter wollen sicher sein, dass sie willkommen, geachtet, akzeptiert und als Person respektiert sind. Das Gefühl der Zugehörigkeit ist ein unverzichtbarer Teil einer positiven Klassenatmosphäre. Dadurch werden auch die Beziehungen gestärkt. Kleine Gesten sorgen für ein einladendes Klima und tragen zu einem guten Verhältnis zu den Schülern und der Schüler untereinander bei. Beachten Sie die folgenden kleinen Gesten in Ihrer alltäglichen Praxis:

- Begrüßen Sie die Schüler, wenn sie in die Schule kommen oder das Klassenzimmer betreten. Ein kleines Hallo oder ein nettes Lächeln kann einem Schüler den Tag retten!
- Machen Sie Fotos oder drehen Sie Videos von den Schülern und ihrer Arbeit.
- Denken Sie an die Geburtstage und feiern Sie wichtige persönliche Ereignisse.
- Legen Sie Sprechzeiten für eine persönliche Sprechstunde fest, um den Kontakt mit den Eltern zu pflegen.
- Planen Sie auch Schülersprechzeiten zu festen Zeiten ein, an denen die Schüler außerhalb der Unterrichtszeiten zu Ihnen kommen können.
- Gehen Sie im Klassenzimmer herum, während die Schüler bei der Arbeit sind. Das zeigt ihnen, dass Sie bei Fragen oder Problemen ansprechbar sind.
- Akzeptieren Sie, was die Schüler wissen und was sie nicht wissen – aber urteilen Sie nicht darüber. Sorgen Sie für Gelegenheiten, dass sie sich weiterentwickeln und lernen können.

Schauen Sie in den Briefkasten

Stellen Sie einen Briefkasten für Mitteilungen und Kommentare auf. Selbst wenn Sie nicht alle Vorschläge aufgreifen oder umsetzen, ist es für die Schüler eine wichtige Botschaft, dass ihre Ideen zur Kenntnis genommen werden. Fassen Sie alle Kommentare zusammen, auch wenn sie nicht unmittelbar zu Änderungen im Unterricht führen. Es könnte etwas dabei sein, an dem weiterhin gemeinsam gearbeitet werden sollte. So lässt sich die Beziehung zwischen Ihnen und Ihren Schüler weiter verbessern.

Strategie 4: Formulieren Sie klare Regeln

In einer Lernumgebung mit klaren Regeln wissen die Schüler, was geschehen wird und welches Verhalten von ihnen erwartet wird. Marzano (2007) bestätigt, dass Lehrer, die eine solche Klarheit bieten, die Motivation und das Engagement der Schüler positiv beeinflussen. Hattie (2009) zitiert mehrere Untersuchungen, die belegen, dass klare Regeln auch zu besseren Leistungen führen. Die Schüler wissen, was zu tun ist, wann und wie es zu tun ist und warum sie etwas machen:

- Sie kennen die Orte an der Schule und im Klassenzimmer, zu denen sie Zugang haben und die für sie tabu sind.
- Sie verstehen den Sinn der Regeln.
- Sie kennen die Routinen.
- Sie wissen, auf welche Weise sie ihre Aufgaben erledigen sollen.
- Sie kennen ihre Rollen, wenn sie mit anderen zusammenarbeiten.
- Sie sind in der Lage, bei der Sache zu bleiben.
- Sie fühlen sich in ihren Arbeitsbereichen wohl.
- Sie fühlen sich von den Lehrern und Mitschülern akzeptiert.

Unklare Regeln und Abläufe führen zu Verwirrung, Frustration und Resignation. Es wird wahrscheinlicher, dass es in der Klasse unruhiger zugeht und Sie ständig mit Fehlverhalten, mangelndem Engagement und Diskussionen konfrontiert sind. Das Fehlverhalten kann eskalieren – und die Schüler werden von dieser negativen Energie erfasst, wenn es kein anderes Beispiel oder eine klare Erwartung gibt. Wiederholen Sie die Regeln und stellen Sie sicher, dass sie nicht nur formuliert, sondern auch verstanden und gelebt werden. Denken Sie über folgende häufige Szenarien in einer Klasse nach:

- Die Schüler gehen manchmal im Klassenzimmer herum, um einen Bleistift zu spitzen, etwas in den Papierkorb zu werfen oder sie werfen einem Freund ein zusammengeknülltes Papier zu. Überlegen Sie sich die wahre Motivation für dieses Verhalten. Die Schüler könnten …
  - ⇨ frustriert über eine Aufgabe sein und sie müssen den Kopf freibekommen.
  - ⇨ die Anweisungen nicht verstehen und deshalb auf Verzögerung setzen.
  - ⇨ müde vom Sitzen sein und sich strecken und ihr Gehirn aufwecken wollen.

○ Die Schüler werden aus dem Zimmer geschickt, weil ihr Verhalten stört. Überlegen Sie sich den Zweck dieser Maßnahme und die Wirkung auf die Schüler. Ist das wirklich etwas, was die Schüler vermeiden wollen? Manche …

⇨ gehen gern hinaus, weil es draußen interessanter ist;

⇨ wollen aus dem Klassenzimmer entkommen, weil sie frustriert, ratlos oder gelangweilt sind;

⇨ wollen sich mit ihren Freunden außerhalb des Klassenzimmers treffen.

Wenn Sie einen Schüler auffordern, an die Tafel zu kommen, und dieser sich voller Zorn weigert, kann diese emotionale Reaktion verschiedene Gründe haben. Vielleicht hat er in der Vergangenheit eine negative Erfahrung gemacht und der Gedanke, dass sich dies wiederholen könnte, ist einfach zu viel. Manchmal erfolgt eine solche Reaktion einfach nur deshalb, weil der Betreffende nicht ausreichend vorbereitet ist oder sich bei einer Aufgabe unsicher fühlt. Dann will er womöglich sein Gesicht wahren und vermeiden, vor der Klasse dumm auszusehen. Andere hingegen wollen nicht als Streber gelten. Wenn Sie die Gründe für das persönliche und schulische Verhalten der Schüler kennen, werden Sie solche Entgleisungen nicht persönlich nehmen.

Es wäre sehr einfach, auf solches Verhalten ebenfalls zornig zu reagieren und einen ungehaltenen Ton anzuschlagen. Aber eine solche Reaktion richtet oft noch mehr Schaden an. Ziel aber ist, den Schüler zum Mitmachen zu motivieren – und es wäre nicht gerade hilfreich, ihn noch weiter in Verlegenheit zu bringen oder ihn zu beschämen. Wenn Schüler spüren, dass sie durch einen Blick oder einen Kommentar herabgesetzt werden, hat das emotionale Auswirkungen auf ihre Motivation und ihr Engagement. Sicher ist es wichtig, eine Regel aufzustellen, die respektvolles Verhalten einfordert. Doch die Schritte nach der Formulierung dieser Regel sind entscheidend. Denn sie muss in die Tat umgesetzt werden – es darf nicht nur bei einem symbolischen Akt in der Klasse bleiben. Die Regeln müssen während des gesamten Unterrichts eingehalten werden. Schülern muss beigebracht werden, wie sie Respekt für die Ideen und Gefühle anderer zeigen können. Das beginnt bei Ihnen, denn Sie sollten in allen Ihren Aktionen Respekt vorleben.

Meistens gibt es für die emotionale Reaktion eines Schülers eine zugrunde liegende Ursache. Ein Gespräch unter vier Augen kann Vertrauen schaffen und ihm deutlich machen, dass es für jeden Schüler ein erreichbares Ziel ist, ohne Machtkämpfe zu lernen. Ziehen Sie die folgenden Fragen in Erwägung, wenn Sie über die emotionale Sicherheit im Klassenzimmer nachdenken:

○ Fühlen sich die Schüler emotional sicher?

○ Äußern sie ihre Probleme, wenn sie frustriert sind?

○ Was geschieht, wenn Schüler etwas zum Unterricht beitragen?

Wenn Mitschüler lachen oder Sie den Beitrag nicht ernst nehmen, kann ein Schüler verstummen und sich weigern, nochmal das Risiko einzugehen, bloßgestellt oder nicht korrekt behandelt zu werden. Wenn keine Regeln für eine produktive Diskussion aufgestellt wurden oder sie nicht eingehalten werden, verlaufen die Gespräche in der Klasse im Sand. Nur einige Schüler werden zu sprechen wagen.

Beispiel

Überlegen Sie sich, wie viele negative Rückmeldungen sich Schüler im Laufe ihres Schullebens anhören müssen. Dann liegt es auf der Hand, wie notwendig es ist, positive Erwartungen und Regeln aufzustellen, vorzuleben und durchzuhalten. Fernsehen, Videospiele, digitale Medien, soziale Netzwerke etc. konfrontieren Schüler oft mit Sarkasmus, pessimistischen Ansichten und negativen Reaktionen. Viele Kinder und Jugendliche erfahren zu Hause regelmäßig abwertende und kritische Reaktionen. In der Tat ist der Großteil der Rückmeldungen, die Schüler zu hören bekommen, negativ.

Rückmeldung geben

Überlegen Sie sich genau, was zu tun ist, wenn Regeln gebrochen werden. Geben Sie mehr als nur negative Rückmeldungen. Schüler, die sich daran gewöhnt haben, sind über einen zielgerichteten Kommentar überrascht, der sie zu einer positiven Aktion veranlasst. Eine erklärende, d.h. effektive Rückmeldung treibt Schüler nicht in die Enge oder lässt sie den nächsten Schritt nur erahnen. Effektive Rückmeldungen liefern konkrete Aussagen, mit deren Hilfe die Schüler mehr lernen und sich situationsangemessen verhalten können. Helfen Sie den Schülern, Bewältigungsstrategien zu entwickeln, indem Sie positive Korrekturen und genaue Rückmeldungen äußern. Bringen Sie ihnen Strategien bei, die sie in sozialen, emotionalen und schulischen Situationen einsetzen können.

Definieren Sie akzeptables Verhalten für das Klassenzimmer

Schülern muss beigebracht werden, wie sie sich in der Schule verhalten sollen. Sie sollten für eine Missachtung der Regeln konsequent und immer zur Rechenschaft gezogen werden (vgl. Chapman und King, 2005). Setzen Sie eine gewisse Zeit an, um die Klassenregeln genau zu erklären. Erarbeiten Sie gemeinsam mit den Schüler die Regeln und Routinen, um ihnen ein Gefühl von Beteiligung und Zugehörigkeit zu geben. Führen Sie anfangs nur wenige Regeln ein, damit sie sich nicht überfordert fühlen.

Planen Sie Ihre Reaktionen auf Regelverstöße

Nach der Formulierung der Regeln sind die ersten Tage sehr wichtig. Die Schüler erhalten bedeutende Signale darüber, wie diese im Klassenzimmer funktionieren und wie sicher es sein wird, sein wahres Gesicht zu zeigen und zu lernen (Hattie, 2009). Die Schüler wollen wissen: Wie ernst nimmt es der Lehrer mit den Regeln, den Erwartungen und meinem Lernen? Wehren Sie den Anfängen, wenn eine Regel gebrochen wird. Das ist ein ganz entscheidender Schritt, um Vertrauen und ein Gefühl der Sicherheit bei den Schülern aufzubauen. Wenn Sie auf Regelverstöße reagieren, könnten Sie folgendermaßen vorgehen:

Beschreiben Sie, was Sie beobachtet haben: Wenn die Regel klar ist, werden die Schüler sich selbst korrigieren können. Wenn Sie ihnen aber sagen, was Sie von ihnen erwarten, geht ihre natürliche Reaktion oft in die entgegengesetzte Richtung.

Beschreiben Sie das Verhalten, das Sie sehen wollen.

Bleiben Sie in Ihrem Tonfall und Ihrer Wortwahl neutral: Zorn, Sarkasmus und Ungeduld können negative Reaktionen auslösen. Bei einem herablassenden Ton kann ein Schüler einfach abschalten.

Sehen Sie Fragen, Enttäuschungen oder Verwirrung voraus: Bringen Sie den Schülern Prozeduren für häufige Situationen bei. Seien Sie auf folgende Schülerfragen vorbereitet:

- „Was, wenn ich die Erklärungen nicht gehört habe und nicht weiß, was ich machen soll?"
- „Was, wenn ich nicht verstehe, was wir gerade lernen?"
- „Was, wenn ich auf die Toilette muss?"
- „Was, wenn ich meine Hausaufgabe vergessen habe?"
- „Was, wenn ich von meinem Lehrer enttäuscht bin?"
- „Was, wenn mich ein Mitschüler beleidigt hat?"
- „Was, wenn mich jemand um Hilfe gebeten hat? Wann ist es helfen, wann ist es mogeln?"

Uneffektive Reaktionen auf Fehlverhalten führen gewöhnlich zu einem Machtkampf. Wenn Lehrern eine negative Bemerkung oder ein grobes Verhalten als absichtliche Respektlosigkeit auffällt, bestrafen sie den Schüler meistens. Eine effektive Reaktion hingegen korrigiert das Verhalten, damit der Schüler versteht, was richtig ist. Effektive Reaktionen zielen darauf ab, dass ein Schüler emotional anwesend und lernbereit bleibt. Bestrafungen und Machtkämpfe führen nur dazu, dass sich der Schüler ebenso missachtet oder beleidigt fühlt wie der Lehrer. Aus den Reaktionen soll für die Schüler erkennbar werden, wie sie sich verhalten sollten. Vielleicht sind Sie das einzige positive Vorbild im Leben eines Schülers. Diese Interaktion ist ein Lernprozess. Denken Sie auch daran, dass bei Engagement und angemessenem Verhalten ebenso eine präzise Rückmeldung zur Verstärkung angebracht ist (Ryan und Deci, 2000). Seien Sie positiv – wann immer Sie können.

Führen Sie Unterrichtsmethoden mit klaren Regeln ein

Klare Methoden und Regeln zeigen den Schülern die Art und Weise, wie sie sich untereinander und gegenüber dem Lehrer verhalten sollen. Führen Sie auch für die Arbeit in kleinen Gruppen Regeln ein und bestimmen Sie die Rollen; wiederholen Sie dies unmittelbar vor einer Gruppenarbeit. Formulieren Sie Regeln für die Partnerarbeit, damit die Schüler verstehen, wie ein angemessener Lerndialog klingt. Die Gespräche der Schüler untereinander sind nützliche Lerngelegenheiten. Wenn sie noch nicht wissen, wie gute Gespräche ablaufen, können sie allerdings nur Zeitverschwendung sein. Hattie (2009) hat herausgefunden, dass andere Schüler die Hauptquelle für Rückmeldungen sind. Leider ist der Großteil dieser Rückmeldungen ungenau. Wenn Sie den Schülern explizit beibringen, wie man Fragen stellt, bei der Sache bleibt und sich auf den schulischen Inhalt konzentriert, dann können diese Interaktionen zum Erfolg führen.

Geben Sie klare Anweisungen

Beispiel

Ein Lehrer gibt die Arbeitsanweisungen für eine anstehende Aufgabe. Kaum hat er das letzte Wort ausgesprochen, fangen die Schüler zu fragen an: „Was genau soll ich jetzt machen?" Oder sie rufen: „Ich habe gar nichts verstanden!"

In dieser Situation zeigt der Lehrer sich verständlicherweise oft verärgert. Sicherlich kennen Sie eine solche Situation aus Ihrem eigenen Unterricht. Hier sind einige Vorschläge, wie Sie solche allzu bekannten Verständigungsprobleme vermeiden können:

Geben Sie die Anweisungen unmittelbar vor der Arbeitszeit: Überlegen Sie sich den besten Zeitpunkt für die Erklärung der Arbeitsaufträge. Wenn beispielsweise in der Klasse Unruhe herrscht, dann sorgen Sie erst für Ruhe und verteilen die benötigten Materialien – und erklären dann die Anweisungen, unmittelbar vor Beginn der Arbeit. Erklären Sie alles zu früh, haben die Schüler beim Start vergessen, was sie tun sollen.

Verteilen Sie schriftliche Anweisungen: Nicht alle Schüler sind auditive Lerner. Schriftliche Anweisungen können die Schüler während der mündlichen Erklärungen mitlesen und auch während der Arbeit nachlesen. Außerdem können sie am Ende selbst nachprüfen, ob sie alles abgearbeitet haben. Schriftliche Anweisungen können Sie auf einzelnen Blättern an alle Schüler verteilen oder an die Tafel schreiben.

Lassen Sie die Schüler mit eigenen Worten wiederholen, was sie tun sollen: Sie verstehen Anweisungen und Erklärungen oft besser, wenn sie diese in eigene Worte fassen oder einem Mitschüler dabei zuhören.

Schreiben Sie Anfangssätze oder Schlüsselwörter an die Tafel: Schauen Sie sich die Aufgaben genau an. Suchen Sie nach schwierigen Wörtern. Achten Sie bei der Erklärung der Aufgabe auf einen verständlichen Wortschatz. Bringen Sie im Klassenzimmer eine Informationstafel an, auf der Sie Schlüsselbegriffe mit ihren Bedeutungen notieren. Verwenden Sie altersgerechte, schülerfreundliche Definitionen und Wörter. Die Schüler können auf die Informationstafel schauen, wenn sie auf unbekannte Begriffe stoßen (Chapman und King, 2005). Sie können ebenfalls Wörter mit den dazugehörigen Erklärungen auf der Tafel ergänzen Dies bietet besonders den Schülern, die einen visuellen Lernstil bevorzugen, eine Hilfestellung.

■ Auf einen Blick

Manchmal genügt das Abändern von Anweisungen oder die Einführung einer Struktur, damit die Schüler besser verstehen, was sie machen sollen.

Vermeiden Sie lange Anweisungen mit vielen Einzelschritten. Das könnte die Schüler überfordern, weil sie sich nicht jeden Schritt merken können. Versuchen Sie es mit folgendem Vorgehen: Erklären Sie einen Teil der Anweisung und lassen Sie die Schüler diesen Schritt erledigen. Erklären Sie dann den nächsten Teil und fahren Sie Schritt für Schritt so fort, bis die komplette Aufgabe erledigt ist.

Verlassen Sie sich nicht darauf, dass die Schüler die Erklärungen in den Lehrbüchern immer verstehen. Wenn der Wortschatz zu schwierig ist und die Schüler Hemmungen haben, vor Beginn einer Arbeit Fragen zu stellen, können sie womöglich aufgeben. Lesen Sie die Anweisungen gemeinsam. Erklären Sie, was bei einer Aufgabe erwartet wird, und lassen Sie die Schüler mit eigenen Worten wiederholen. Missverständnisse können so im Voraus geklärt werden. Vermeiden Sie unmittelbar nach den Anweisungen die Frage, ob es irgendwelche Fragen gibt! Viele Schüler wissen in diesem Augenblick einfach noch nicht, ob bei der bevorstehenden Aufgabe Unklarheiten auftauchen werden. Oder sie sind noch so mit ihren Gedanken beschäftigt, dass sie nicht wissen, was sie fragen sollen. Gehen Sie im Zimmer herum und seien Sie für Ihre Schüler ansprechbar. Bei Bedarf können Sie dann auf Fragen eingehen und Unterstützung leisten.

Tipp

Achten Sie aber auch auf „Zeitschinder". Lassen Sie nicht zu, dass durch nutzlose Rückfragen und Diskussionen wertvolle Arbeitszeit verloren geht. Manche Schüler bringen den Lehrer dazu, immer weiter zu erklären, obwohl sie bereits alles verstanden haben. Einige beherrschen eine solche Verzögerungstaktik perfekt.

Wenn eine Übung mit Bewegungen ansteht, können Sie mit einem einzelnen Schüler die Aktionen demonstrieren. Gehen Sie dann mit der ganzen Klasse die Aufgabe durch; die Schüler überlegen dabei, was sie gerade beobachtet haben. Erklären Sie jeden Schritt des Vorgangs. Dann können die Schüler es selbst versuchen. Honorieren Sie Erfolg mit freundlichen Gesten und erwähnen Sie, wie jeder die Anweisungen befolgt und die Aufgabe erledigt hat.

Bei Verhaltensproblemen sollten Sie die Schüler in die Lösung des Problems einbeziehen. Wenn eine Klasse mit den Regeln nicht zurechtkommt, dann sprechen Sie mit den Schülern darüber, warum Regeln nicht eingehalten werden und warum es aber wichtig wäre. Überlegen Sie sich eventuell, wie Sie eine Regel modifizieren könnten. Beschreiben Sie auch, was geschieht, wenn die Regel gebrochen wird. Wenn die Schüler bei der Formulierung der Klassenregeln mitarbeiten, schafft das mehr Vertrauen und Zustimmung. Die Schüler können dann einander auf die Einhaltung der Regeln hinweisen – schließlich haben alle zugestimmt!

Vermeiden Sie Sarkasmus, setzen Sie auf Lachen und Lächeln, wenn es darum geht, das Schweigen zu brechen, Stress abzubauen oder einen unangenehmen Augenblick zu überspielen. Machen Sie bei angespannten Situationen genaue Bemerkungen über das Verhalten. Verzichten Sie auf Wörter, die eine Rückmeldung subjektiv oder wertend machen. Vermeiden Sie den Eindruck, dass Sie eine Situation persönlich nehmen, bleiben Sie auch bei negativem Verhalten sachlich.

Manche Schüler wollen die Dinge auf ihre Weise machen und geben sich widerspenstig, wenn Sie etwas Bestimmtes von ihnen erwarten. Nachstehend einige Vorschläge, wie Sie diesem Widerstand begegnen können:
- Beziehen Sie die Schüler in die täglichen Entscheidungen mit ein.
- Erklären Sie, was die Schüler machen sollen und warum es wichtig ist.
- Erklären Sie Gründe und Zweck so, dass es für die Schüler verständlich ist.
- Nennen Sie genaue Ziele, stellen Sie machbare Aufgaben und geben Sie Ziele vor, die erreichbar sind.

○ Vergegenwärtigen Sie sich: Fehlverhalten und Verweigerung können vom Bedürfnis des Schülers nach Macht und Kontrolle in seiner Welt herrühren.

■ In die Praxis umsetzen

Eine Lerngemeinschaft funktioniert nur mit klaren Regeln. Beziehen Sie beim Formulieren der Klassenregeln die Schüler mit ein. Als Einstieg könnten Sie auf die besten und die schlechtesten anzunehmenden Resultate sowie auf die wirkungslosesten und die wirksamsten Reaktionen auf Störungen eingehen.

Das denkbar beste und schlechteste Resultat

Alle Schüler in der Klasse bringen bereits bestimmte Einstellungen und Erfahrungen mit. Das Formulieren der denkbar besten und schlechtesten anzunehmenden Resultate (vgl. Chadwicks, 1999) ist eine Möglichkeit, diese zu thematisieren und sichtbar zu machen. Lassen Sie die Schüler mithilfe der Vorlage „Das denkbar beste und schlechteste Resultat" (2.09) ⬇D über die denkbaren Resultate sprechen. Die Schüler können eine Reihe von Fragen zu den besten und schlechtesten Resultaten beantworten. Dabei kommen alle Ängste und Vorurteile auf den Tisch. Die Ängste können die Oberhand gewinnen und Stress verursachen, bevor der Unterricht überhaupt beginnt. Sie können nun auf vorausschauende Weise damit umgehen und sich überlegen, wie Sie diese Ängste abbauen.

2.09

⇩ Download

In heterogenen Klassen alle erreichen
Strategien für motivierenden Unterricht und nachhaltigen Lernerfolg

Das denkbar beste und schlechteste Resultat

1. Was ist das schlechteste anzunehmende Ergebnis, wenn du bei _____ mitmachst?

2. Was ist das bestmögliche Ergebnis, wenn du bei _____ mitmachst?

3. Was kannst du machen, damit das Beste herauskommt?

4. Was können deine Klassenkameraden machen, damit das Beste herauskommt?

5. Was kann der Lehrer machen, damit das Beste herauskommt?

6. Welche Regeln sollten wir für unsere Klassengemeinschaft einführen? Nenne ein paar Beispiele.

Maßnahmen bei unerwünschtem Schülerverhalten

Störungen in der Klasse treten meistens unerwartet auf. Effektive Lehrer erkennen diese Momente und reagieren so schnell wie möglich. So bleiben die Schüler motiviert und engagieren sich im Unterricht (Marzano, 2007). Die folgende Tabelle vergleicht die Handlungen effektiver und uneffektiver Lehrer bei Regelverstößen, Fehlverhalten oder unerwünschten Reaktionen der Schüler. Wie würden Sie selbst reagieren?

Handlungen effektiver und uneffektiver Lehrer

Schülerverhalten	Reaktion eines uneffektiven Lehrers	Reaktion eines effektiven Lehrers	Positive Verstärkung
Ein Schüler rennt auf dem Flur.	„Du weißt genau, dass das verboten ist. Geh normal!" *Ergebnis*: Der Schüler fühlt sich herabgesetzt und ist beschämt.	„Denk daran: auf dem Flur gehen!!" „Ich sehe Schüler auf dem Flur rennen." *Ergebnis*: Die Schüler werden an die Regel erinnert und wissen, was zu tun ist – besonders, wenn der Lehrer für das richtige Verhalten ein Beispiel gibt.	Wenn die Schüler auf dem Flur richtig gehen, können Sie das in der Klasse erwähnen: „Ich habe mich darüber gefreut, dass ihr auf dem Flur normal gegangen seid."
Die Schüler sind zu laut.	„Schreit nicht so herum!" *Ergebnis*: Den Schülern wird vermittelt: „Tut, was ich sage, und nicht, was ich selbst mache."	„Denkt beim Sprechen an die richtige Lautstärke!" „Wie laut sollte die Stimme klingen, wenn wir in der Klasse sind?" *Ergebnis*: Die Schüler werden an die Regel erinnert und wissen, was zu tun ist.	Wenn die Schüler in der richtigen Lautstärke sprechen, können Sie das lobend erwähnen: „Ihr wisst genau, wie laut ihr sprechen sollt, damit wir mit Spaß lernen können."
Schüler führen während eines Vortrags oder einer Erklärung des Lehrers ein Privatgespräch.	„Ihr da, seid ruhig!" *Ergebnis*: Die ganze Klasse wird abgelenkt. Die Aufmerksamkeit richtet sich auf das Fehlverhalten.	„Fasst zusammen, was ich gerade gesagt habe." „Nennt mir ein Beispiel zu dem, was ich gerade erklärt habe." „Schreibt zwei Fragen auf einen Zettel und lest sie vor." *Ergebnis*: Schüler unterhalten sich oft miteinander, wenn sie etwas nicht verstehen oder ihnen langweilig ist. Beziehen Sie alle Schüler in das Unterrichtsthema ein. Machen Sie aus der Störung eine Gelegenheit zum Nachdenken.	Bringen Sie den Schülern bei, die Antworten ihrer Mitschüler zu respektieren, auch wenn sie damit nicht übereinstimmen. „Wie ist deine Meinung zu dem, was dein Mitschüler gesagt hat?" Damit gewinnt der Beitrag eines Schülers an Bedeutung.

Schüler zeigen eine heftige emotionale Reaktion auf ein Ereignis (z. B. auf eine bevorstehende Ferien, auf eine schlechte Nachricht, auf eine Rauferei). Der Unterricht droht, aus dem Ruder zu laufen.	Die Sache ignorieren. *Ergebnis:* Die Schüler haben das Ereignis im Kopf und sind während des ganzen Unterrichts abgelenkt. „Jetzt seid ihr bei mir im Unterricht – vergesst die Sache endlich!" *Ergebnis:* Der Lehrer sagt den Schülern damit, dass sie ihre Gefühle stoppen und nicht mehr traurig, aufgeregt oder verletzt sein sollen. Die Schüler bleiben unmotiviert.	„Seid ihr in Ordnung?" *Ergebnis:* Die Schüler können Druck abbauen und mit dem Lehrer in Kontakt treten. „Was fühlt ihr jetzt? Besprecht eure Gedanken mit einem Mitschüler." *Ergebnis:* Auch scheinbar unbedeutende Probleme können die Schüler beschäftigen. Werden ihre Gefühle respektiert, wird die Sache nicht eskalieren. Sie können sich wieder fangen und dem Unterricht zuwenden.	Lassen Sie die Schüler über die Situation sprechen. So zeigen Sie Einfühlungsvermögen, bauen Vertrauen auf und öffnen die Tür zur Kommunikation. Geben Sie den Schülern zu verstehen, dass alle Erfahrungen, die sie machen, in Ordnung sind. Verstärken Sie das Wohlbefinden der Schüler, indem Sie mit ihnen sprechen und sie die „wahre Geschichte" erzählen lassen.
Der Lehrer ruft einen Schüler auf. Dieser hebt die Schultern und sagt: „Das weiß ich nicht."	„Gut, du kennst die Regel. Ruf einen anderen auf." *Ergebnis:* Der herabsetzende und ungeduldige Ton des Lehrers verletzt den Schüler. Ein sofortige Antwort verlangen, einen anderen aufrufen oder gleich selbst antworten – das signalisiert den Schülern nur, dass schneller gleich besser ist. Nachdenken erfordert aber Zeit.	„Du kannst antworten, du kannst mir eine Teilantwort geben oder du kannst einen anderen aufrufen." *Ergebnis:* Die ruhige Wiederholung der Prozedur oder der Regel durch den Lehrer ermutigt den Schüler. „Wenn du es nicht weißt, was würdest du vermuten?" *Ergebnis:* Die zusätzliche Frage räumt dem Schüler Zeit ein, sich die Antwort zu überlegen.	Machen Sie deutlich: Es ist akzeptabel, wenn man sich zum Formulieren von Gedanken Zeit nimmt. Das gehört zum Lernen: „Schreibt auf, wie ihr die Frage beantworten könntet. Besprecht dann mit einem Partner die Antworten." Rufen Sie danach wieder einen Schüler auf. Lassen Sie die Schüler darüber nachdenken, warum sie mit „Das weiß ich nicht" antworten.
Schüler geben auf eine Frage nur Teilantworten.	„Du weißt, dass du mehr weißt. Das musst du mir schon besser erklären." *Ergebnis:* Der enttäuschte und ungeduldige Ton des Lehrers verletzt den Schüler.	„Berate dich mit einem Partner und schreib dann deine Gedanken zu der Frage auf." *Ergebnis:* Die Klasse arbeitet zusammen, um eine passende Antwort zu finden.	Geben Sie Beispiele für gute Antworten. Kommentieren Sie gute Antworten positiv.

Reflexion

In diesem Kapitel wurden Strategien zur Bildung einer Klassengemeinschaft besprochen. Denken Sie an Ihre eigenen Erfahrungen: Was funktionierte am besten, um eine positive Lernumgebung zu schaffen? Besprechen Sie die folgenden Fragen und Aktivitäten entweder mit Kollegen oder beantworten Sie diese für sich.

1. Machen Sie sich die Ideen und Erfahrungen Ihrer Kollegen zunutze. Sprechen Sie über ihre gegenwärtige Praxis zu folgenden Themen:
   - Wie kann man etwas über seine Schüler erfahren?
   - Wie lassen sich auf sinnvolle Weise Entscheidungen an Schüler delegieren?
   - Wie lässt sich in den jeweiligen Altersstufen ein besseres Lehrer-Schüler-Verhältnis erreichen?
   - Was sind die besten Ideen für kooperatives Lernen und für andere Formen der Gruppenarbeit?
   - Welche Ziele lassen sich formulieren, um das Schulklima hinsichtlich Toleranz und Respekt zu verbessern?

2. Erarbeiten Sie (mit Kollegen) Befragungen zu den Interessen der Schüler oder denken Sie sich entsprechende Themen für Kurzarbeiten aus.

3. Bestimmen Sie mit dem „Plan zur Motivation von Schülern" auf der folgenden Seite (2.10) ⬇**D** die Bedürfnisse einzelner Schüler, die zur Bildung einer Lerngemeinschaft nicht motiviert sind. Überlegen Sie, wie Sie darauf reagieren können.

4. Entwerfen Sie Möglichkeiten zur Verbesserung der Beziehungen unter den Lehrern. Machen Sie sich mit Kollegen bekannt. Ein besseres Kennenlernen macht aus Kollegen ein Team mit gegenseitigem Respekt. Sie können sich bei einem Gespräch an folgenden Leitfragen orientieren:
   - Wer oder was hat Sie dazu gebracht, Lehrer zu werden?
   - Welche Erfolgserlebnisse hatten Sie mit Ihren Schülern?
   - Was ärgert Sie bei der Zusammenarbeit mit Kollegen am meisten? Beim Umgang mit Schülern? Im Allgemeinen?
   - Hatten Sie in Ihrem Klassenzimmer einen peinlichen oder denkwürdigen Augenblick?
   - Wie haben Sie Ihre eigene Schulzeit erlebt?

2.10

⬇ Download

In heterogenen Klassen alle erreichen

Strategien für motivierenden Unterricht und nachhaltigen Lernerfolg

Plan zur Motivation von Schülern

Strategie	Namen der unmotivierten Schüler, für die die Strategie vorgesehen ist	Hinter welcher Maske steckt der Schüler?	Verhaltensweisen, Gewohnheiten und Eigenschaften	Aktion, um auf das Bedürfnis einzugehen	Überlegungen zur Umsetzung	Weitere Anmerkungen
1. Lernen Sie Ihre Schüler kennen.						
2. Finden Sie heraus, wie Ihre Schüler am besten lernen.						
3. Stellen Sie Beziehungen zu und unter den Schülern her.						
4. Formulieren Sie klare Regeln.						

In heterogenen Klassen alle erreichen

3

Das Lernen planen

Beispiel

Im Geschichtskurs stand ein Test an. Bei den Testfragen handelte es sich um Multiple-Choice-Fragen und um Fragen, die kurze Antworten verlangten. Der Test sollte für die Schüler eine sichere Sache werden, da im Unterricht alle Themen besprochen worden waren.

Als viele Schüler bei dem wichtigen Test schlecht abschnitten, war der Lehrer zunächst genauso ratlos und enttäuscht wie seine Schüler. Anstatt für den nächsten Test einfachere Aufgaben zu entwerfen, entschied er sich nach einer Fortbildung mit dem Thema „Lernen unter dem Blickpunkt hoher Erwartungen" für einen Test auf einem anspruchsvolleren Niveau. Die Schüler sollten bestimmte Situationen betrachten und überlegen, wie ein Gesetz darauf angewendet werden könnte. Manche Fragen waren einfach, z. B. die Fragen nach den Staatsorganen und ihren Funktionen. Der größere Teil des Tests bestand jedoch aus komplexeren Aufgaben: Die Schüler sollten die Rolle der drei Gewalten anhand authentischer Situationen besprechen. Im Hinblick auf den vorangegangenen Misserfolg war sich der Lehrer darüber im Klaren, dass dieses übergeordnete Denken zuvor Übung erfordern würde. Mit Zwischenkontrollen wollte er in regelmäßigen Abständen herausfinden, was die Schüler bereits verstanden hatten und wo noch Lücken waren. Er führte also mehrere Lernerfolgskontrollen durch, mit denen die Schüler auch die Fähigkeiten üben konnten, die beim Abschlusstest gefordert sein würden. Beim nächsten Test erzielten die Schüler bessere Ergebnisse. Sie hatten bei diesem schwierigeren, komplexeren Test bessere Ergebnisse als zuvor.

Dieses Beispiel stützt die unmissverständlichen Forschungsergebnisse: Hohe Erwartungen an alle Schüler führen zu besseren schulischen Leistungen (Reeves, 2007; Weinstein, 2002). Es mag zwar schwierig sein, die Schüler immer dazu zu bringen, sich an hohen Erwartungen zu orientieren. Aber diese sind ein Muss, wenn Sie erreichen wollen, dass alle Schüler erfolgreicher werden. Besonders im heterogenen Klassenzimmer stellt dies eine Herausforderung dar. Schülern mit Problemen fällt es erfahrungsgemäß schwer, beim Lernen oder im Unterricht Verknüpfungen zwischen den neuen Inhalten und schon Bekanntem herzustellen. Wenn sie ständig an scheinbar einzelnen Fähigkeiten arbeiten, erkennen sie nicht die umfassenderen Zusammenhänge. Sie wundern sich z. B. womöglich, warum sie Brüche addieren sollen. Der Zweck besteht aber nicht nur in der Rechenarbeit. Bruchrechnen befähigt die Schüler dazu, Probleme zu lösen und Zusammenhänge herzustellen. Ihnen als Lehrer kommt die Aufgabe zu, zwischen den herausfordernden Aufgaben und dem Leben der Schüler einen Bezug herzustellen bzw. dafür zu sorgen, dass die Schüler eigene Zusammenhänge herstellen können.

Definition

 Lernen kann als ein Prozess definiert werden, bei dem Kenntnisse, Fähigkeiten, Einstellungen und mentale Zusammenhänge im Gedächtnis erworben werden (vgl. Jensen und Nickelsen, 2008, S. 7).

Dieser Prozess steht im Fokus des Unterrichts, des Lernens und der Tests. Wenn Sie Kenntnisse, Fähigkeiten und Einstellungen vorab definieren und sie als Basis für Ihre Planung verwenden, fällt es den Schülern leichter, Zusammenhänge herzustellen. Der Lernzuwachs ist höher und die Schüler können das neu erworbene Wissen mit ihrer Lebenswelt in Verbindung setzen. Halten Sie Ihrer Klasse die Relevanz der Unterrichtsinhalte vor Augen.

Manchmal mangelt es den Schülern an Ausdauer und Engagement und sie ziehen sich aus dem Lernprozess zurück, weil sie den Lernstoff nicht verstehen oder ihnen nicht klar ist, warum er wichtig ist. Allgemein können zwei Situationen dazu führen:

- Schüler werden nicht genügend gefordert oder
- sie halten die Lernarbeit für zu schwierig.

Stellen Schüler fest, dass sie den Unterrichtsstoff bereits kennen oder die Aufgaben schon mal gemacht haben, kommt es zu Langeweile und unmotiviertem Verhalten. Sie brauchen eine Herausforderung. Deshalb ist es wichtig, vor und während des Lernens die individuellen Fortschritte zu überprüfen. Diese lassen sich durch Lernerfolgskontrollen feststellen.

Zu schwierige Aufgaben frustrieren manche Schüler. Für sie ist es einfacher, die Arbeit einzustellen, als Enttäuschungen zu erleben. Frustration kann zu Wut, Nervosität, Niedergeschlagenheit oder zum Verlust des Selbstvertrauens führen – und deshalb macht der Schüler seine Aufgaben nicht. Lernerfolgskontrollen vor und während eines Schuljahres liefern Ihnen Informationen darüber, was der Schüler weiß und woran er arbeiten muss. Bei einem überforderten Schüler kann es z. B. notwendig sein, die Aufgaben in handlichere Teile aufzuspalten, die auf seinen Kenntnissen und Interessen aufbauen.

Der Aufbau einer Lernkultur kann ein schwieriger Prozess sein. In Kapitel 2 (s. S. 35–76) wurden bereits wichtige Voraussetzungen dafür beschrieben, wie aus einer Klasse eine Lerngemeinschaft werden kann, nämlich die Interessen und Lernstile der Schüler kennenlernen, Beziehungen aufbauen und klare Regeln formulieren. Dieses Kapitel geht von diesen Grundlagen aus und behandelt Strategien und Aktivitäten, mit denen die Bedingungen geschaffen werden, damit sich die Schüler engagieren und in ihrer Lerngemeinschaft mehr lernen. Es enthält Strategien, mit denen einfache und komplexe Lernziele definiert werden können. Schauen Sie sich zuerst die komplexen Lernziele an, um den Gesamtzusammenhang zu erkennen, der wiederum am stärksten motivierend wirkt.

Wenn das geklärt ist, helfen Sie den Schülern beim Üben und Vorbereiten (formativ) und planen dann Klassenarbeiten, bei denen die Schüler das Erreichte zeigen können (summativ). Eine klare Beschreibung des Lernens und gut geplante Klassenarbeiten sind die Grundlage, um die Schüler beim Lernen zu unterstützen.

Strategie 5: Verdeutlichen Sie den Lernstoff
Strategie 6: Bringen Sie den Unterricht durch Tests voran
Strategie 7: Sorgen Sie für herausfordernde Lerngelegenheiten
Strategie 8: Stellen Sie Zusammenhänge her
Strategie 9: Erarbeiten Sie gemeinsam Kriterien und Aktivitäten

Strategie 5: Verdeutlichen Sie den Lernstoff

Ist das Ziel, auf dass die Schüler hinarbeiten, unklar oder irrelevant, werden sie wahrscheinlich nicht ihr Bestes geben. Wenn Schüler aber ein klares oder lohnendes Lernziel erkennen, ist die Wahrscheinlichkeit höher, dass sie sich stärker bemühen. (vgl. McTigh 2010, S. 283) Ihnen als Lehrer kommt die Aufgabe zu, den Unterricht so zu planen, dass Ihre Schüler den Stoff aufnehmen können, und sie dabei zu unterstützen und zu begleiten.

Das Lernen definieren: Ein Prozess in drei Teilen

Will man den Lernstoff für die Schüler klären, besteht der erste Schritt darin, bei den Standards Prioritäten zu setzen. Viele Experten haben dafür Verfahren vorgestellt. Die folgenden drei Schritte geben Ihnen – individuell oder in Teamarbeit – ein einfaches Verfahren zur Hand, um den Unterricht schülergemäß zu planen:

1. **Setzen Sie Prioritäten.** Unterscheiden Sie Wichtiges von Unwichtigem oder Auslassbarem und fokussieren Sie sich auf bestimmte Aspekte. Es wird immer eine Vielzahl von Möglichkeiten geben, wie Sie z.B. in ein Thema einsteigen: Wählen Sie so aus, dass es zu Ihren und vor allem zu den Bedürfnissen Ihrer Schüler passt.

2. **Entschlüsseln Sie die Standards**, um Lernziele zu definieren. In Ihrem schuleigenem Curriculum werden Sie die Bildungsstandards implementiert haben. Orientieren Sie sich bei der Formulierung der Lernziele an diesen und nutzen Sie Ihren individuellen Spielraum, um Ihrer jeweiligen Klasse gerecht zu werden.

3. **Formulieren Sie schülerfreundliche Lernziele.** Verwenden Sie dazu „Ich kann"- Aussagen, um aus der Perspektive der Schüler die Machbarkeit der Lernziele zu prüfen und Transparenz herzustellen. So verlieren Sie auch selber nicht aus den Augen, worauf hingearbeitet wird und welche Zwischenschritte überprüft werden sollen. Dazu finden Sie in diesem Kapitel genauere Hinweise.

Setzen Sie Prioritäten

Mithilfe der folgenden Kriterien können Sie die zu erwerbenden Kompetenzen priorisieren (Reeves, 2001, Aintworth, 2003b):

Nachhaltigkeit: Diese Kompetenzen sind entscheidend für den Erfolg der Schüler in den künftigen Klassen und in ihrem Leben. Suchen Sie beim Bestimmen der Kompetenzen nach Kenntnissen und Fähigkeiten, die für ein erfolgreiches Bestehen der nächsten Klassenstufen und Kurse erforderlich sind und einen hohen Lebensweltbezug zu Ihren Schülern aufweisen.
Schulische Relevanz: Diese Kompetenzen beziehen sich auf Kenntnisse und Fähigkeiten, die einen Wert über eine einzelne Prüfung hinaus haben sollten. Beispielsweise erinnern sich die Schüler nicht an bestimmte Daten, aber sie sollten wissen, wie sie bestimmte Fakten in der Geschichte, die Ergebnisse eines Experiments oder die Ursachen und Wirkung in einem nichtfiktionalen Text bewerten können.
Hebelwirkung: Diese Kompetenzen werden während eines Kurses, einer Klassenstufe oder fächerübergreifend verwendet und sie sind für mehrere Fachbereiche wichtig. Beispielsweise ist das Lernziel „Eine Behauptung aufstellen und begründen" im Deutschunterricht etwa bei der Analyse von Texten zu erreichen, in den Naturwissenschaften bei Schlussfolgerungen anhand von Ergebnissen aus Experimenten, in der Geschichte bei der Diskussion über die Auswirkungen bestimmter Ereignisse und in der Mathematik bei der Besprechung eines Lösungsansatzes für ein Problem.
Wiederholung: Diese Kompetenzen werden immer wieder angesprochen. Es handelt sich um Kenntnisse, die sich durch die Lerneinheiten ziehen. Da die Schüler während des Schuljahres immer wieder schreiben, erscheinen Organisation und Kohärenz in Aufgaben innerhalb einzelner Lerneinheiten und werden von Zeit zu Zeit geprüft, um Fortschritte zu sichern. Beim Lesen im Laufe verschiedener Einheiten identifizieren die Schüler Hauptgedanken und bestimmte Details, sie ziehen Schlüsse und treffen Vorhersagen.

Auf einen Blick

Schreiben Sie die „Ich kann"-Aussagen zu den Lernzielen für die jüngeren Schüler auf und lassen Sie sie ein Bild malen oder zeichnen, auf dem sie das Ziel darstellen.

Wenn Sie mithilfe der Kompetenzen die einfachen und komplexen Lernziele abgeleitet haben, besprechen Sie mit den Schülern, welches Vorgehen zum Erfolg führen könnte. Beispielsweise bedeutet *ankreuzen* etwas anderes als *produzieren*. Wenn die Kompetenzerwartung ist, dass die Schüler mithilfe ihrer Grammatikkenntnisse effektiv schreiben sollen, müssen die Unterrichtsstunden, die Aktivitäten und Tests über einen Multiple-Choice-Test hinausgehen, bei dem die Schüler nur Satzteile erkennen sollen. *Produzieren* bedeutet, dass die Schüler einen eigenen Text schreiben sollen.

Denken Sie über die Prioritäten der Standards und das Auffinden der Lernziele nach. Sie wollen sich darüber Klarheit verschaffen, was die Schüler lernen sollen, und dies dann in die Unterrichts- und Testplanung einbinden.

Helfen Sie sich mit Fragen wie:

- Was hat gut funktioniert?
- Was war enttäuschend?
- Was lässt sich in Zukunft verändern?

Mit einer solchen Nachbearbeitung können Sie Verfahren optimieren und für die Zukunft produktiver machen.

Achten Sie auf die Bestimmung einfacher und komplexer Lernziele beim Aufschlüsseln der Kompetenzen. Manchmal ist es leichter, das grundlegende Wissen und Verständnis zu bestimmen.

Beispiel

Verdeutlicht werden kann das Ganze am Bild einer Leiter: Die unteren Sprossen sind die einfachen Lernziele, die mittleren entsprechen den etwas komplexeren und die obersten Sprossen stehen für die Lernziele mit der höchsten Komplexität. Wenn die Ziele auf diese Weise im Klassenzimmer sichtbar gemacht werden, können sich die Schüler das Gesamtbild und die einzelnen Teile vorstellen.

In die Praxis umsetzen

Verwenden Sie „Ich kann"-Aussagen, um den Unterricht mithilfe von Kompetenzerwartungen zu planen. Sie können in vielen Fächern eingesetzt werden, um die Schüler zu motivieren und das Lernen zu planen.

„Ich kann"-Aussagen im Deutschunterricht

Deutschlehrer können „Ich kann"-Aussagen für Schreibaufgaben formulieren und die Schüler ihre eigenen Fortschritte im Verlauf der zahlreichen schriftlichen Aufgaben verfolgen lassen. Mit der nachstehenden „Tabelle zur Selbsteinschätzung der Schüler" (Vorlage 3.01) ⬇D können die Schüler ihre Fortschritte im Hinblick auf die Lernziele aufzeichnen.

▦ Selbsteinschätzung am Beispiel Deutschunterricht

3.01   ⬇Download

In heterogenen Klassen alle erreichen
Strategien für motivierenden Unterricht und nachhaltigen Lernerfolg

Tabelle zur Selbsteinschätzung der Schüler

Lernziele	Schriftliche Aufgabe 1		Schriftliche Aufgabe 2		Schriftliche Aufgabe 3	
	Selbstein–schätzung	nach der Überarbeitung	Selbstein–schätzung	nach der Überarbeitung	Selbstein–schätzung	nach der Überarbeitung
INHALTLICH						
Ich kann einen sinnvollen Schlüsselsatz formulieren.						
Ich kann wichtige Details anführen.						
Ich kann erklären, wie die Details mit dem Hauptgedanken zusammenhängen.						
Ich kann die passenden Wörter finden. Mein Wortschatz ist also genau und treffend.						
SPRACHLICH						
Ich kann die Groß- und Kleinschreibung unterscheiden.						
Ich kann mich an die Rechtschreibung erinnern.						
Ich kann die Satzzeichen richtig setzen.						

Aufgabenbeschreibung

Die Schüler tragen jede schriftliche Aufgabe in die Tabelle ein. Nachdem sie ihre Arbeit anhand einer Bewertungsskala selbst beurteilt haben, tragen sie ihre Punktezahl unter *Selbsteinschätzung* ein. Die Skala sollte mehrere Aussagen zum Leistungsstand enthalten. Sie soll auch Beschreibungen der einzelnen Lernziele enthalten. Diese werden in der ersten Spalte der Tabelle stichpunktartig aufgeführt. Nachdem sie sich einen Plan zurechtgelegt haben, wie sie ihre Arbeiten verbessern können, nehmen die Schüler die Korrekturen vor und tragen die Bewertung der revidierten Fassung in die zweite Spalte der Aufgabe ein. Für den Überarbeitungsplan gibt es viele Möglichkeiten. So können Sie den Schülern Rückmeldungen geben, z. B.

- „Achte auf die Rechtschreibung."
- „Suche nach aussagekräftigeren Wörtern."
- „Schaue dir die Zeichensetzung noch mal genau an."

In anderen Fällen gehen die Schüler von dem Lernziel aus, für das der meiste Aufwand erforderlich ist (dazu können sie sich an der eingetragenen Punktezahl in ihrer Tabelle orientieren). In diesem Fall können Sie „Minilektionen" anbieten, um mit einzelnen Schülern auf diese Ziele genauer einzugehen. Die Schüler wählen dazu einen Bereich aus und arbeiten gezielt an Verbesserungen in diesem Bereich. Sie tragen nur eine geänderte Beurteilung für die Bereiche ein, mit denen sie sich beschäftigt haben. Korrekturen in einem oder zwei Bereichen sind überschaubarer. Bei Schülern mit Problemen können diese Aufzeichnungen der Leistungsentwicklung sehr motivierend wirken. Denn sie sehen, welche Fortschritte sie machen, was sie schon alles können und woran sie wirklich noch arbeiten müssen.

Aus diesen Selbsteinschätzungen können auch Sie Informationen ablesen. Wenn sich die Schüler nicht auf einen schwächeren Bereich konzentrieren, können Sie entweder die Richtung vorgeben oder eine entsprechende Aktivität in der Klasse durchführen. Ein Einzelgespräch kann ebenfalls sinnvoll sein. Alle schriftlichen Aufgaben können zusammen mit der „Tabelle zur Selbsteinschätzung" (3.01) in einem Ordner gesammelt werden. Daraus könnte dann mit den neuesten Beurteilungen der Schüler ein Teil der Gesamtnote berechnet werden.

„Ich kann"-Aussagen im Mathe-Unterricht

Auch Mathematiklehrer können „Ich kann"-Aussagen bei ihren Tests einsetzen. Dadurch wird das, was die Schüler lernen, mit dem verbunden, worüber sie geprüft bzw. wonach sie beurteilt werden. Die Lernziele, die als „Ich kann"-Aussagen paraphrasiert werden, kommen direkt aus dem Entschlüsselungsvorgang der Standards. Stellen Sie einen deutlichen Zusammenhang zwischen den Lernzielen und den Prüfungsaufgaben her. Im Folgenden sehen Sie ein Testbeispiel mit schülerfreundlichen Aussagen, die mit einer Aufgabe verknüpft sind (nach J. Whitehead, 2010).

Lernziele
- Ich kann einen Fragebogen entwerfen.
- Ich kann die gewonnenen Daten organisieren und in einer Tabelle darstellen.
- Ich kann aus einem Datenbestand die Messgrößen der zentralen Tendenz bestimmen.
- Ich kann Daten grafisch darstellen.
- Ich kann meine Daten interpretieren.
- Ich kann aus meinen Daten Schlussfolgerungen ziehen.

1. Wähle ein Untersuchungsthema aus. Es sollte sich um eine Frage handeln, zu der 50 Personen befragt werden können. Wir werden einige Befragungen an der Schule durchführen.

   Meine Frage lautet:

   _____

2. Entwirf eine Tabelle, in der du die Antworten eintragen kannst. Verwende dafür kariertes Papier.

3. Berechne anhand der gesammelten Daten den Mittelwert, den Median, den Modalwert und die Spannweite. Verwende kariertes Papier, der Rechenweg muss nachvollziehbar sein. Zur **Überprüfung** deiner Berechnungen kannst du einen Taschenrechner verwenden.

   Mittelwert   _____

   Median   _____

   Modalwert   _____

   Spannweite   _____

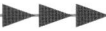

4. Wähle zwei verschiedene Graphen aus, um deine Daten darzustellen. Verwende kariertes Papier oder Millimeterpapier.

5. Interpretiere die Daten mit drei Sätzen. Interpretieren bedeutet in diesem Fall, Aussagen darüber zu machen, was dein Graf aussagt. Beispiel: „Bei der Befragung der Personen zu ihrem Lieblingseis stellte sich heraus, dass Schokoladeneis am häufigsten genannt wurde – mit einem Vorsprung von 15 Stimmen auf Vanilleeis. Erdbeereis belegte mit 21 Stimmen den zweiten Platz."

6. Ziehe Schlussfolgerungen aus deinen Daten. Das sind Aussagen oder Vermutungen darüber, warum es zu diesen Ergebnissen gekommen ist und welche Folgen sie haben könnten. Du könntest beispielsweise schreiben: „Schokolodeneis ist am beliebtesten. Wenn also die Cafeteria Eiscreme verkauft, dann werden sie mehr Schokoladeneis als Vanille- oder Erdbeereis bestellen müssen."

Bewertung der Datentabelle:
- Die Tabelle ist übersichtlich.
- Die Tabelle ist genau beschriftet.
- Die Tabelle ist einfach zu lesen.

Mittelwert, Median, Modalwert, Spannweite:
- Anhand der gegebenen Daten sind die Formeln für die Messgrößen genau dargestellt.
  Wenn nicht, welche Größe ist ungenau? _____
- Die Messgrößen sind genau berechnet.
  Wenn nicht, welche Größe ist ungenau? _____

■ Kriterien zur Bewertung der Schülerleistungen

	Ausreichend	Durchschnittlich	Überdurchschnittlich
Interpretation der Daten und Schlussfolgerungen	Die Aussagen beschreiben nur, was offensichtlich ist, z. B. „25 Schüler stimmten für Fußball als ihren Lieblingssport."	Die Aussagen greifen Zusammenhänge zwischen den Daten heraus. z. B.: „Fußball war der Lieblingssport, 25 Personen haben sich für ihn entschieden. Kurz dahinter folgte Basketball mit 22 Stimmen." Die Schlussfolgerungen nennen mögliche Gründe für die erhobenen Ergebnisse.	Die Schlussfolgerung führt Voraussagen an, was die Ergebnisse für künftige Ereignisse bedeuten könnten, z. B.: „Wenn man bedenkt, wie beliebt Fußball in unserer Klasse ist, werden sich wohl viele Schüler am Wochenende das Endspiel anschauen."
Grafische Darstellung	Beide Grafen haben eine korrekte Skalierung, klare Benennungen und klare Überschriften.	Beide Grafen eignen sich für die Darstellung der erhobenen Daten. Beide Grafen zeigen genau die Daten der Datentabelle.	Die Farben verdeutlichen, was die Daten aussagen (sie sind nicht nur zur Verzierung da).

Strategie 6: Bringen Sie den Unterricht durch Tests voran

Aufgaben, Tests und Aktivitäten dienen im Lernprozess unterschiedlichen Zwecken. Manches ist dafür gedacht, neue Inhalte einzuführen. Anderes ermöglicht Üben oder alternative Erklärungen, das nächste dient zum Leistungsnachweis bzw. zur Evaluation. Der Zweck bestimmt den richtigen Zeitpunkt. Die Lernziele bestimmen den Inhalt. Und die Ergebnisse der Evaluation bestimmen die nächsten Aufgaben und das weitere Vorgehen im Unterricht.

Formative und summative Evaluationen

Lernerfolgskontrollen (formative Evaluation) dienen dazu, den Fortschritt der Schüler hinsichtlich des angestrebten Lernziels festzustellen. Sie können informell sein, sich also auf das Beobachten des Geschehens in der Klasse, der Schülergespräche oder auf Gespräche mit den Schülern beschränken. Sie können aber auch eher formell sein und in Form kleiner Tests oder Hausarbeiten durchgeführt werden. Auf beiden Wegen können Sie Informationen gewinnen, um den weiteren Unterricht zu planen. Sie erfahren, welcher nicht gefestigte Stoff wiederholt werden sollte. Und Sie können feststellen, welchen Schülern, die den Stoff bewältigt haben, Sie weiterführende Herausforderungen anbieten können. Die Schüler selbst können anhand der Informationen ihre Stärken und Schwächen erkennen und die nächsten Schritte in Richtung Erfolg planen. Lernerfolgskontrollen prüfen das Verständnis immer wieder während einer Lerneinheit; sie liefern Hinweise für die Ausrichtung des Unterrichts, um bei den Schülern Verstehen und Wissen zu fördern. Stellen Sie während des Unterrichts fest, dass zwei Drittel der Schüler bei Aufsätzen Schwierigkeiten mit den Überleitungen haben, können Sie eine Wiederholung und eine entsprechende Hausaufgabe einplanen. Wenn solche Aufgaben zur rechten Zeit für den richtigen Zweck gestellt werden, wird es am Ende keine bösen Überraschungen in den Leistungsüberprüfungen geben.

Abschließend wird der Leistungsstand im Hinblick auf das Lernziel durch eine summative Evaluation gemessen. Dies ist die Beurteilung des Lernerfolgs zu einem bestimmten Zeitpunkt. Ein Test, eine Projektarbeit oder ein Thesenpapier können summativ sein, wenn damit der Leistungsstand nach einer Unterrichtseinheit, einem Halbjahr oder einem Schuljahr ermittelt werden soll. Bei einer summativen Evaluation wird von den Schülern erwartet, dass sie die Lernziele erreicht haben.

Was macht den Unterschied?

Der Unterschied zwischen formativer und summativer Evaluation besteht nicht in der Methode, sondern darin, wie Lehrer die Informationen verwenden. Eine summative Evaluation könnte beispielsweise aus einer Arbeit bestehen, die die Schüler einreichen, die benotet wird und bei der keine Möglichkeit besteht, Fehler zu verbessern oder Missverständnisse auszuräumen. Dieselbe Arbeit wird formativ, wenn die Schüler Fehler korrigieren, Ergänzungen einfügen und sich überlegen können, was als Nächstes zu tun ist.

Das, was Lehrer und Schüler aufgrund der aus einer Evaluation gewonnenen Informationen unternehmen, macht beispielsweise aus einem Test einen formativen oder einen summativen – nicht die Aktivität und auch nicht die Methode selbst (Stiggins et al., 2005; Wiliam, 2007; Chapman und King, 2005).

Beispiel

Der folgende Vergleich dient zur Verdeutlichung: Wenn der Chefkoch seine Suppe kostet, entspricht das einer formativen Evaluation – er fügt eventuell Gewürze hinzu, um den gewünschten Geschmack zu erzielen. Wenn ein Gast die Suppe kostet, gibt er ein Urteil über die Qualität ab – das wäre die summative Evaluation. Wenn die Suppe nicht nach dem Geschmack des Kunden ist, hat sie den Test nicht bestanden. Er kommt nicht wieder oder zumindest bestellt er diese Suppe nicht mehr. Ähnlich verhält es sich in der Schule: Wenn alle Evaluationen nur summativ wären und die Schüler oft schlecht abschneiden würden, dann würden sie sich womöglich ausklinken, die Schule schwänzen, die Aufgaben vergessen oder sich ganz einfach keine Mühe mehr geben. Wenn Schüler keine Erfolgserlebnisse haben und auch nicht sehen, wie sie erfolgreich werden können, hat das mit Sicherheit den Verlust der Motivation zur Folge. Schüler brauchen Gelegenheiten, um die „Suppe zu schmecken" und sie sozusagen nachzuwürzen, bevor sie geprüft und benotet werden.

Im Grunde genommen sind Lernerfolgskontrollen deskriptiv und summative Evaluationen bewertend. Gut eingesetzte Lernerfolgskontrollen haben einen großen Einfluss sowohl auf das Lernverhalten der Schüler als auch auf das Ausmaß selbstständiger Lernarbeit. Der Nachweis, dass gezielt eingesetzte Lernerfolgskontrollen die Leistungen der Schüler entscheidend verbessern, ist überzeugend (Black und Wiliam, 1998; Wiliam, 2007). Hausarbeiten als Lernerfolgskontrollen werden unterschiedlich bewertet. Dabei gilt nicht nur zu bedenken, wie oft sie von den Schülern eingereicht werden, sondern auch, ob sie ihren individuellen Lernbedürfnissen entgegenkommen.

Wichtig

Interessant ist, dass Hausaufgaben für Schüler mit Problemen nicht effektiv sind.

Viele Schüler, die ohnehin schon Schwierigkeiten mit dem Stoff haben, werden durch die Hausaufgaben noch darin bestärkt, dass sie nicht für sich lernen und den Stoff nicht verstehen. Sie werden dadurch zusätzlich demotiviert und können sich falsche Routinen und Strategien angewöhnen. Dadurch stabilisieren sich uneffektive Lerngewohnheiten (vgl. Hattie, 2009, S. 235).

Benotete Lernerfolgskontrollen stoßen bei Experten auf unterschiedliche und widersprüchliche Meinungen. Im Idealfall sollte die Lernarbeit unterstützt, nicht beurteilt werden. Folglich ist eine Benotung nicht unbedingt erforderlich. So weisen einige Untersuchungen darauf hin, dass eine Benotung von dem Lernen ablenkt, das eigentlich als Ergebnis einer Lernerfolgskontrolle und den Rückmeldungen erfolgen sollte (Butler, 1988; Hattie, 2007; O'Connor, 2002). Eine Benotung ist dann akzeptabel, wenn die Schüler eine andere Gelegenheit erhalten, auf ihre Fehler einzugehen oder ihre Arbeit zu korrigieren; jeder Fortschritt sollte dann in der abschließenden Note berücksichtigt werden – ohne Abstriche und ohne Punktabzüge. Wenn Schüler ihr Wissen und Verständnis nachweisen, sollte mit den aktuellsten Punktzahlen die Note ermittelt werden (O'Connor, 2002).

Schlechte Note = schlechtes Selbstwertgefühl?

Eine negative Selbstwahrnehmung kann die Lernarbeit und das Engagement eines Schülers zutiefst beeinflussen. Diese kaum sichtbare Realität hat signifikante Konsequenzen für die Effektivität der vom Lehrer eingesetzten Methoden. Wenn ein Schüler beispielsweise für eine Arbeit die Note *mangelhaft* bekommt, weiß er dann, was diese Benotung hinsichtlich seiner Lernarbeit bedeutet? Weiß er dann, wie er seine Punktezahl verbessern kann oder wie er mehr lernen soll? Lautet die Antwort auf eine oder beide Frage *nein*, wird er dieses *mangelhaft* auf sich beziehen und sich selbst womöglich für dumm halten oder für einen „schlechten" Schüler, der Mathe nie kapiert oder nie richtig schreiben lernen wird.

Der Mangel an Selbstwertgefühl kann sich auf vielerlei Weise ausdrücken. Die Schüler bekommen eine Aufgabe und sagen sich dann oft:

- „Der Lehrer glaubt wohl, er kann mich dazu zwingen, das zu machen."
- „Wenn ich das mache, ist das überhaupt nicht cool. Die anderen werden mich auslachen."

- „Ich bin sauer, heute mache ich gar nichts."
- „Mir ist so langweilig und diese Aufgabe ist einfach nur blöde."
- „Ich bin frustriert, ich verstehe gar nichts."
- „Der Lehrer glaubt sowieso nicht, dass ich das schaffe. Also mache ich es auch nicht."

Ein Schüler, der sich als Versager fühlt, wird sich bei den meisten Aktivitäten und Aufgaben nicht engagieren. Niemand will immer wieder scheitern oder andere enttäuschen. In diesem Fall vermittelt eine schlechte Note keine Zuversicht. Sie gibt auch keinen Hinweis darauf, wie der Schüler erfolgreicher sein könnte. Sinnvolle Lernerfolgskontrollen aber machen die Schüler optimistisch, sie erkennen, woran sie noch arbeiten müssen. Zusammen mit Ihnen korrigieren Ihre Schüler ihre Fehler und räumen Verständnisprobleme aus. Wenn Schüler also den Stoff noch nicht beherrschen, bekommen sie weitere Gelegenheiten, sich zu verbessern – ohne durch eine schlechte Note benachteiligt zu werden. In Strategie 20 (S. 202 ff.) wird näher auf das Analysieren von Fehlern eingegangen.

Die richtigen Aufgaben zusammenstellen

Das richtige Verhältnis zwischen Lernzielen, Lernerfolgskontrollen, Unterricht und summativer Evaluation (Klassenarbeiten) liegt im Kern darin, die richtige Aufgabe zur richtigen Zeit zu stellen. Die Lernziele sind maßgeblich für die Evaluation und für den Unterricht. Nehmen wir an, Lehrer planen nach Unterrichtseinheiten. Die summative Evaluation reflektiert die Essenz der nach Priorität geordneten Kompetenzen, die in einer Einheit behandelt werden. Ein summativer Leistungsnachweis ist die Arbeit des Schülers, mit der er belegt, dass er Kompetenzen erworben hat. Soll ein Schüler einen solchen Nachweis erfolgreich erbringen, sollten Sie auf dem Weg dorthin Übungsmöglichkeiten und Lernerfolgskontrollen strategisch einplanen. Wenn Kompetenzen aufgeschlüsselt sind, werden die Lernziele – die kleineren Teile des Standards – identifiziert. Diese Lernziele werden in schülerfreundliche „Ich kann"-Aussagen gefasst (siehe Strategie 5, S. 80 ff.). Lernerfolgskontrollen beziehen sich auf diese Lernziele. Gewöhnlich sind das kleinere Aufgaben oder Tests, die zur weiteren Planung des Unterrichts dienen.

Beispiel

Bei einem kleineren Test könnten die Lernziele lauten: „Ich kann die fünf Klimazonen der Erde benennen" und „Ich kann einen Zusammenhang zwischen den Klimazonen und dem Landschaftsbild von Raumbeispielen herstellen". Am Tag darauf werden die Schüler dann in Gruppen aufgeteilt, je nachdem, was sie im Test noch falsch gemacht haben. Die Gruppen arbeiten zusammen, um ihre Fehler zu korrigieren; danach schreiben sie einen kurzen Absatz darüber, was sie jetzt besser verstehen. Dieser kleine Test ist formativ, weil Lehrer und Schüler die Informationen verwenden, um mehr zu lernen. Der Unterricht ist so geplant, dass die Testergebnisse miteinbezogen wurden.

Sinnvolle Aufgaben haben einige Gemeinsamkeiten:

- Die Aufgabe hat ein klares Lernziel.
- Die Aufgabe hat eine klare Ausrichtung auf die von den Kompetenzen abgeleiteten Lernziele.
- Die Aufgabe hat einen klaren Zweck, z. B.:
  - ⇨ Die Aufgabe ist so gestaltet, dass die Schüler eine Fähigkeit üben, ihr Verständnis überprüfen oder Fähigkeiten für eine Aktivität am nächsten Tag trainieren können. Dabei handelt es sich um eine formative Aufgabe.
  - ⇨ Die Aufgabe ist so gestaltet, dass der Umfang des zu einem bestimmten Zeitpunkt Gelernten festgestellt werden kann; die Beurteilung erfolgt anhand von Bemerkungen, Punkten oder Noten. Dies wäre ein summativer Test,
- Die Aufgabe hat ein zu bewältigenden Umfang mit Zielen, die auf einen bestimmten Zweck ausgerichtet sind.
- Die Aufgabe ist in Teilschritte gegliedert. So können die Schüler an den Teilschritten arbeiten. Leistungsschwächere Schüler werden vom Umfang der gesamten Aufgabe nicht eingeschüchtert.
- Die Aufgabe ist sinnvoll und herausfordernd und stellt keine Fleißaufgabe dar.
- Die Aufgabe zeigt ihr Verantwortungsbewusstsein, weil sie sinnvoll und herausfordernd ist und auf die Lernbedürfnisse der Schüler eingeht.
- Die Aufgabe lohnt die Mühe, sie hilft den Schülern beim Lernen und es wird erkennbar, was die Schüler wissen oder nicht wissen; so lässt sich eine Verbesserung planen.
- Die Aufgabe fordert das Verständnis der Schüler heraus, um einen möglichst komplexen Teil des Gesamtzusammenhangs zu erfassen.
- Schüler, bei denen es nötig ist, bekommen mehr Zeit und Hilfe.

Planen Sie die Evaluationen nach Möglichkeit vor einer Unterrichtseinheit, einem Kurs oder einem Schuljahr. So können Sie sicherstellen, dass das intendierte Lernergebnis sowohl in der Beschreibung als auch im Endprodukt klar ist. Gehen Sie nach diesen drei Schritten vor:

1. Bestimmen Sie die Form der Evaluation, in der die Schüler das Erreichen der Lernziele nachweisen können. Werden das Verständnis der Schüler und das Beherrschen der Kompetenzen gemessen? Kommt das Wesentliche des Gesamtzusammenhangs zum Ausdruck – nicht unbedingt jedes Detail?

2. Planen Sie Lernerfolgskontrollen. Wenn die Schüler beim summativen Test erfolgreich sein sollen, was müssen sie dann bis dahin einüben? Diese Lernerfolgskontrollen sollten regelmäßig durchgeführt werden und das Verständnis der wichtigsten Lernziele strategisch überprüfen. Diese sind die Voraussetzung, um bei den Standards erfolgreich zu sein. Lassen Sie in Ihrem Zeitplan genügend Raum, um mit den Schülern die Ergebnisse zu besprechen. Sie sollen ihre Stärken und Schwächen erkennen und schließlich den Stoff beherrschen.

3. Achten Sie bei der Planung der Lernerfolgskontrollen darauf, dass die Schüler die Lernziele einüben können, die in der summativen Evaluation (Klassenarbeit) enthalten sein werden. Im Unterricht sollte das Denken und Argumentieren geübt werden, das in der summativen Evaluation verlangt wird. Lernerfolgskontrollen sollten Möglichkeiten zur Überarbeitung einschließen, um das Endprodukt zu verbessern.

■ Auf einen Blick

Entwerfen Sie Lernerfolgskontrollen mit leichten, mittleren und schwierigeren Aufgaben. Die Interpretation der Ergebnisse und die Ausrichtung des Unterrichts werden dann viel effizienter, denn die einzelnen Schüler können so entsprechend ihres Leistungsstandes gefördert werden.
Achten Sie auf die Selbstbotschaften und nonverbalen Äußerungen der Schüler. Sie geben Hinweise auf deren Selbstvertrauen. Dieses wiederum beeinflusst ihre Motivation, die Bearbeitung der Aufgaben zu versuchen, Fehler zu korrigieren und selbstständiger zu lernen.
Würden Schüler niemals Fehler machen, bräuchten sie nicht zur Schule zu gehen. Fehler können Anlässe zum Nachdenken und zum Diskutieren liefern. Analysieren Sie die Fehler und die Gründe, warum ein Schüler Schwierigkeiten hat oder etwas nicht versteht. Nutzen Sie diese Informationen für die Unterrichtsplanung. Wenn Schüler üben, werden Lernprobleme sichtbar und der nächste Schritt zur Verbesserung kann folgen (siehe Strategie 20, S. 202 ff.).

Stellen Sie keine Aufgaben, um Zeit rumzukriegen. Nur anhand sinnvoller und überlegter Aufgaben können die Schüler zeigen, was sie können bzw. wo noch Lücken sind. Überdenken Sie bei jeder Aufgabe genau:

- Welchen Zweck hat sie?
- Haben die Schüler Interesse an der Erledigung?
- Werden sie motiviert bei der Sache sein?

Außerdem ist wichtig, welche Rückschlüsse für den Unterricht möglich sind. Wenn eine Aufgabe diese Kriterien nicht erfüllt, dann ersetzen Sie sie durch eine andere.

In die Praxis umsetzen

Planen Sie, ausgehend von den Lernzielen, formative und summative Evaluationen. Wenn Schüler Gelegenheiten zum Üben haben, ihre Fehler korrigieren und es noch mal versuchen können, dann wächst ihr Selbstvertrauen – und damit auch ihre Leistung (Guskey, 2009; Wiliam, 2007; Hattie und Timperley, 2007).

Im folgenden Beispiel bestimmte eine Gruppe Englischlehrer die Lernziele aus den Standards, die im Mittelpunkt der nächsten Unterrichtseinheit stehen sollten. Dazu plante das Team zwei Lernerfolgskontrollen, um die Schüler bei ihrer Lernarbeit unterstützen zu können. Eine geplante summative Evaluation hatte den Zweck, die Fortschritte der Schüler zu belegen. Diese Fortschritte sollten sich aus den Lernerfolgskontrollen und dem Unterricht ergeben (in einem Unterrichtsbeispiel von Miller, Hogue und Rey, 2009).

Als Erstes bestimmte das Team die Lernziele. Nachdem die Lehrer den Lehrplan ihrer Schule zurate gezogen hatten, formulierten sie die Lernziele in schülerfreundlichen „Ich kann"-Aussagen:

1. Ich kann die Fakten und Ereignisse in einem Text *benennen*.
2. Ich kann die Zusammenhänge zwischen den Fakten und Ereignissen, also Ursache und Wirkung, *erkennen*.
3. Ich kann aus den Fakten und Ereignissen in einem Text *Schlussfolgerungen ziehen*.

Die Komplexität der Lernziele sollte gesteigert werden. Die erste Aussage enthält den Operator *benennen*, was auf ein einfaches Ziel hinweist. Es geht lediglich darum, die Ereignisse in einem Text wörtlich zu erfassen. In dieser Situation ist Leseverständnis gefragt. Im zweiten Lernziel erscheint der Operator *erkennen*, womit ein komplexeres Ziel angesprochen wird: Die Schüler sollen nach den Zusammenhängen der Ereignisse suchen und deren Ursachen und Wirkung verstehen. Das dritte Lernziel ist am komplexesten, denn es geht um *Schlussfolgerungen*. Die Schüler sollen also mithilfe dessen, was sie aus dem Text und über die Zusammenhänge der Ereignisse wissen, dem Gelesenen einen Sinn abgewinnen. Einerseits kann der Text Hinweise auf die Schlussfolgerungen enthalten, andererseits können die Schüler auch ihre eigenen Gedanken entwickeln.

Danach diskutierte das Team darüber, wie ein Test oder eine Hausarbeit aussehen könnte, wenn die Schüler diese Lernziele erreicht haben. Schließlich sollten die Schüler einen kurzen Text lesen und dann als Lernerfolgskontrolle einen Test über drei Lernziele machen. Zuerst wurden drei Multiple-Choice-Fragen formuliert, anhand derer festgestellt werden konnte, ob die Schüler die Kernaussagen in einem Text erkennen. Dann beantworteten sie drei Richtig/Falsch-Fragen; dabei sollten sie erklären, warum sie die vorgegebenen Antworten für falsch oder richtig hielten und wie darin der Zusammenhang von Ursache und Wirkung dargestellt wurde. Wenn die Aussage falsch war, erklärten sie, wie sie korrigiert werden musste, damit sie richtig wird. Schließlich sollten die Schüler eine Frage in freier Formulierung beantworten und ausgehend vom Text Schlussfolgerungen ziehen.

Nachdem sich das Team auf dieses Testformat festgelegt hatte, wurden drei Texte ausgewählt. Im ersten Text ging es um körperliche Gewalt, im zweiten um Eichhörnchen und im dritten um Trauer. Die folgende Abbildung zeigt, wie diese Lernerfolgskontrolle am Beispiel des Textes zur körperlichen Gewalt aussah.

■ Beispiel für eine Lernerfolgskontrolle

Name: _____

Lernziel 1: Ich kann die Kernaussagen in einem Text erkennen.   (__/3)

1. Was solltest du machen, bevor du einen der Selbstverteidigungstipps einsetzt?
   A. körperliche Gewalt anwenden
   B. überlegen, ob Kämpfen die einzige Option ist
   C. deine natürlichen Waffen einsetzen
   D. überlegen, ob der Weg in die Sicherheit blockiert ist

2. Was solltest du machen, wenn du von hinten angegriffen wirst?
   A. dem Angreifer mit dem Absatz auf den Fuß treten
   B. dem Angreifer gegen das Schienbein treten oder ins Gesicht schlagen
   C. dich mit deinen Beinen wehren
   D. deine Stimme einsetzen

3. Was solltest du machen, wenn du *angemacht* wirst?
    A. dem Angreifer mit dem Absatz auf den Fuß treten
    B. dem Angreifer gegen das Schienbein treten oder ins Gesicht schlagen
    C. dich mit deinen Beinen wehren
    D. deine Stimme einsetzen

Lernziel 2: Ich kann die Zusammenhänge zwischen Ereignissen, also Ursache und Wirkung, erkennen. (___/3)

4. Richtig oder falsch: Wenn du von vorne angegriffen wirst, dann tritt dem Angreifer gegen das Schienbein. Erkläre, warum dieser Satz ein Beispiel für Ursache und Wirkung ist.

5. Richtig oder falsch: Laut Text solltest du versuchen, aus einer Gefahrenzone zu entkommen und dich in Sicherheit zu bringen. Was ist also die Wirkung, wenn du dich aus einer Gefahrensituation entfernst?

6. Richtig oder falsch: Der Text nennt zumindest zwei Gründe für den Einsatz körperlicher Gewalt zur Selbstverteidigung. Wenn das stimmt, dann nenne diese zwei Gründe.

    1. _____

    2. _____

Lernziel 3: Ich kann anhand der Kernaussagen in einem Text Schlussfolgerungen ziehen.

Der Text beschreibt bestimmte Gründe für den Einsatz körperlicher Gewalt. Gehe von diesen Gründen und den möglichen negativen und positiven Wirkungen aus und lies folgendes Szenario:

Du hast den Bus genommen und willst dich mit Freunden treffen. Als du um die Ecke biegst, ganz in der Nähe eures Treffpunkts, kommen ein paar ältere Jugendliche auf dich zu. Du hast das Gefühl, dass sie Ärger machen wollen.
Wie würdest du in dieser Situation reagieren? Beachte die folgenden Punkte bei deiner Antwort:

- Drücke klar aus, wie du reagieren würdest (Schlussfolgerung).

- Erkläre deutlich, warum du auf diese Weise reagieren würdest.

- Verwende für deine Begründung Argumente aus dem Text.

Anhand der Lernziele gestaltete das Team eine Datentabelle, in der die Punkte der einzelnen Schüler von jeder Aufgabe aus zwei Lernerfolgskontrollen und einem summativen Test eingetragen wurden. Die zweite Lernerfolgskontrolle war im Hinblick auf die Lernziele identisch mit der ersten; Grundlage war aber ein Text über Eichhörnchen.

■ Datentabelle zur Lernerfolgskontrolle

Schüler	Lernzielkontrolle zur Lektüre Körperliche Gewalt			Lernzielkontrolle zur Lektüre Eichhörnchen			Abschlusstest Lektürethema: Trauer
	Lernziel 1	Lernziel 2	Lernziel 3	Lernziel 1	Lernziel 2	Lernziel 3	

Nach Analyse der ersten Lernerfolgskontrolle entschieden die Lehrer, welche Schüler noch weiter daran arbeiten sollten, Ereignisse oder Fakten in einem Text zu erkennen, Ursache und Wirkung zu bestimmen oder Schlussfolgerungen zu ziehen. An einigen Tagen wurde im Unterricht auf die Missverständnisse eingegangen, die offensichtlich geworden waren. Mit dem folgenden Planungsschema wurden drei entsprechende Lernstationen eingerichtet. Die erste Zeile enthält die „Ich kann"-Aussagen aus dem Test. In der zweiten Zeile trugen die Lehrer die Namen der Schüler ein, die in dem entsprechenden Lernziel noch Nachholbedarf hatten. Die Schüler bildeten danach Gruppen. Wenn ein Schüler in mehr als einem Bereich arbeiten sollte, legten die Lehrer fest, womit er anfangen sollte. In die dritte Zeile wurden die geplanten Maßnahmen für jede Gruppe eingetragen. Das Ganze dient dazu, die Verständnislücken bei den Schülern zu schließen. Sie selbst können auch eine ähnliche Tabelle verwenden, um ihre Fehler zu analysieren und das zu notieren, was sie zu deren Behebung unternehmen wollen.

◼ Datentabelle zur Fehleranalyse

Ich kann Kernaussagen in einem Text benennen.	Ich kann die Zusammenhänge zwischen Ereignissen, also Ursache und Wirkung, erkennen.	Ich kann anhand der Kernaussagen in einem Text Schlussfolgerungen ziehen.
Schüler	Schüler	Schüler
Aktivität	Aktivität	Aktivität

Nach der zweiten Lernerfolgskontrolle konnten die Lehrer die Veränderungen in den Leistungen erkennen. Sie planten den Unterricht unter Berücksichtigung der gewonnenen Informationen und die Schüler arbeiteten an den Lernzielen, bei denen sie die meisten Lücken zeigten. Diejenigen, die die Lernziele geschafft hatten, arbeiteten an einer Aktivität zur Vertiefung. Sie schrieben beispielsweise einen eigenen Beitrag oder suchten nach weiteren interessanten Artikeln. In Strategie 24 (s. S. 223 ff.) finden Sie weitere Beispiele, wie Sie auf Informationen aus Lernerfolgskontrolle eingehen können. Von diesem Verfahren profitierten besonders die Typen „Der Unwissende", „Der Uninteressierte", „Der „Miesepeter" und „Der Abgelenkte" (s. S. 23 ff.). In einer schülerzentrierten Aktivität wie dieser arbeiten die Schüler eher in Bereichen, die ihren Bedürfnissen entgegenkommen. Bei Aktivitäten mit der ganzen Klasse muss das nicht immer der Fall sein. Rührt der Mangel an Motivation von Verwirrung oder unzureichenden Kenntnissen bezüglich der Inhalte her, können auch diese Schüler mit einer solchen Unterrichtsstruktur erreicht werden. Nachdem nun der Unterricht an den Ergebnissen der beiden Lernerfolgskontrollen ausgerichtet worden war, kam es zum abschließenden summativen Test. Die Punkte wurden in der „Datentabelle zur Lernerfolgskontrolle" unter „Abschlusstest" eingetragen. Durch die genaue Beschreibung und Planung der Lernarbeit und durch die Kontrollen hatten Lehrer und Schüler eine klare Vorstellung von der Wirkung des Unterrichts auf die Lernarbeit.

Strategie 7: Sorgen Sie für herausfordernde Lerngelegenheiten

„Langweilig!" Dieses Wort kommt Schülern in jedem Alter nur allzu leicht über die Lippen. Manche wenden es sehr schnell auf jede (schulische) Aktivität an. Allgemein aber bezeichnen Schüler Aktivitäten und Inhalte aus folgenden Gründen als langweilig:

- „Ich habe kein Interesse daran."
- „Es ist nicht spannend."
- „Es ist mir nicht wichtig."
- „Ich weiß nicht, wo und wie ich anfangen soll.", denn es scheint einfacher, „langweilig!" zu rufen, als zuzugeben, dass man noch nicht genau Bescheid weiß – das gilt besonders für Leistungsstarke.
- „Das haben wir letztes Jahr schon gemacht!" oder „Das wissen wir schon längst!" bei Wiederholungen.

Fragen Sie einzelne Schüler oder die ganze Klasse danach, wie sehr sie sich in ihrem Schulalltag herausgefordert fühlen:

- „Fühlst du dich in der Schule gefordert?"
- „Verstehst du immer, warum du etwas lernen sollst?"
- „Ist dir langweilig? Wann? Nenne ein Beispiel."
- „Bist du enttäuscht? Warum?"
- „Glaubst du, dass du schon alles weißt? Bekommst du immer alles ohne Probleme auf die Reihe, ohne viel zu lernen?"
- „Wird dir das, was du in der Schule lernst, in Zukunft nützen? Gibt es Lernstoff, von dem du glaubst, dass er dir künftig nichts bringen wird?"

Mit den Antworten können Sie abklären, ob Sie mit herausfordernden Aufgaben Ihre Schüler erreichen und motivieren. Solche Aufgaben weisen bestimmte Eigenschaften auf. Die Schüler sind engagiert und voller Energie, wenn Sie durch abwechslungsreiche Zugänge und Methoden den Unterricht interessant gestalten und der Stoff vernetzt in einem größeren Zusammenhang steht. Herausfordernde Aufgaben benötigen mehr Zeit, verlangen Entschlossenheit und stellen hohe Ansprüche (vgl. Ames und Archer, 1988). Die folgenden Abschnitte gehen näher darauf ein.

Herausforderungen regen an

Vermeiden Sie Langeweile und negative Einstellungen. Wie? Bieten Sie Ihren Schülern herausfordernde Aktivitäten, Aufgaben und Tests. Manche werden zwar anfangs nicht vor Freude in die Luft springen, besonders wenn sie nicht an schwierige Aufgaben gewöhnt sind. Da ist Nachdenken gefragt und die Antworten fallen ihnen nicht gleich im Bruchteil einer Sekunde ein. Womöglich müssen es die Schüler immer wieder versuchen. Wenn etwas nicht funktioniert, muss nach einer besseren Lösung gesucht werden. Aber im Endeffekt werden sie energievoller, sie gewinnen mehr Interesse an dem, was sie tun. Die Motivation wächst.

Herausfordernde Aufgaben sind relevant

Betten Sie den Lernstoff in reale Probleme ein, damit das Lernen für alle Schüler sinnvoll und interessant wird. Sie lernen, indem sie Verbindungen zu ihrer Welt herstellen. Lassen Sie ihnen also Zeit, diese Zusammenhänge durch Nachdenken und schülerzentrierte Aktivitäten zu erkennen. Authentisches Lernen bedeutet, das Gelernte auch außerhalb der Schule anzuwenden. Schulen müssen die Schüler auf die Welt von morgen vorbereiten. Halten Sie sich auf dem Laufenden und verwenden Sie neue Informationsquellen. Dieses zukunftsorientierte Denken ist herausfordernd und regt das Interesse der Schüler an (Strong, Silver und Perini, 2001).

Herausfordernde Aufgaben sind zeitaufwändig

Schüler brauchen Zeit zum Nachdenken, Berechnen, Probieren, Austesten, Problemlösen und Entscheiden. Zeit ist eine wertvolle Ressource. Einen bereits überfrachteten Lehrplan noch mit herausfordernden Aufgaben zu ergänzen, mag vielleicht nach Luxus klingen. In manchen Fällen spüren Lehrer den Druck, den Lernstoff auf Kosten eines richtigen Verständnisses durchzupauken oder wichtige Lernziele zu kappen. Reeves (2001) weist darauf hin, wie wichtig es ist, Prioritäten zu setzen. Nachhaltigkeit ist dabei ein entscheidendes Kriterium: Welcher Lernstoff hat Relevanz über den nächsten Test hinaus? Wenn Schüler mehr Zeit auf die Inhalte verwenden und sich diese tiefschürfender erarbeiten, steigt ihr Interesse und sie behalten das Gelernte auch nach einem Test und dem Abschluss der Unterrichtsreihe im Gedächtnis.

Herausforderungen verlangen Entschlossenheit

Entschlossenheit spielt eine große Rolle, will man sich einer Herausforderung stellen. Es darf nur nicht zu frustrierend werden. Ein Gärtner beispielsweise kann entschlossen sein, eine öde Gartenfläche in einen blühenden, ins Auge springenden Fleck Erde zu verwandeln. Nachdem er vergeblich diverse Pflanzen ausprobiert hat, versucht es mancher Gärtner immer weiter. Er verbessert den Boden oder holt sich Rat von einem Experten, bis er endlich widerstandsfähige, schöne Pflanzen gefunden hat, die den Gegebenheiten standhalten. Andere Gärtner hingegen geben schnell auf und bedecken den Fleck Erde mit Steinen oder Beton. Wollen Sie Ihren Unterricht mit herausfordernden Lerngelegenheiten anreichern, können Sie nach folgenden Schritten vorgehen:

1. Bestimmen Sie das Lernziel bzw. den Schwerpunkt der Unterrichtsstunde, des Tests oder der Aktivität.

2. Legen Sie sich auf eine Aufgabe oder ein Projekt fest. Verwenden Sie die Operatoren der komplexeren Lernziele, um sich eine entsprechende Aufgabe auszudenken.

3. Besprechen Sie mit den Schülern, welche Ansprüche an die Qualität realistisch sind. Geben Sie Beispiele, um die Unterhaltung anzuregen und sinnvolle Antworten zu bekommen.

4. Besprechen Sie danach die Aktivität oder die Aufgabe. Dabei können Sie unterstreichen, dass gründliches Nachdenken Zeit erfordert und dass sich die richtigen Antworten nicht von selbst aufdrängen. Die besten Lösungen kommen dann, wenn man Ausdauer zeigt und Neues ausprobiert. Die Schüler könnten für sich die folgenden Fragen beantworten:
   - „Was hat geklappt?"
   - „Was war schwierig?"
   - „Was hat dich überrascht?"
   - „Was war spannend?"
   - „Wolltest du irgendwann aufgeben? Bei welcher Gelegenheit? Wie hast du es trotzdem geschafft?"

■ Auf einen Blick

Gründliches Nachdenken bei schwierigen Aufgaben nimmt Zeit in Anspruch. Achten Sie darauf, dass Sie genügend Zeit einplanen, den Zweck der Übung und das Was und Wie erklären. Auch sollten Sie darauf eingehen, wie das Ergebnis aussehen sollte. Und die Schüler brauchen Zeit, um zu überlegen, Schwierigkeiten zu bewältigen und ihre Aufgaben zu beenden.

Erwähnen Sie, dass gründliches Nachdenken Mühe machen kann. Schüler wollen oft schnelle Antworten und Lösungen. Schwierigere Aufgaben aber stiften manchmal erst Verwirrung, bevor ihnen klar wird, wie sie vorgehen müssen. Bleiben Sie auch zeitlich flexibel, wenn Sie sehen, dass die Schüler noch in ihre Arbeit vertieft sind. Gehen Sie also nicht zum nächsten Punkt über, nur weil es so geplant war. Das würde Aufregung verursachen und eine negative Botschaft über die Arbeit im Unterricht aussenden.

Halten Sie immer einige Aufgaben parat, mit denen Sie Ihre Schüler bei Gelegenheit herausfordern können.

Vergeben Sie für eine schwierige Frage keine Extra-Punkte. Konzentrieren Sie sich auf das, was die Schüler in ihrem Lernen machen sollen und worüber sie nachdenken sollen. Achten Sie darauf, dass eine herausfordernde Aufgabe auf einer Linie mit den Kompetenzen liegt, die gefordert sind. Beispielsweise ist es ein Unterschied, ob die Schüler ein wissenschaftliches Experiment *erklären* oder ob sie es *durchführen* sollen. Ebenso unterscheidet sich eine Literaturanalyse vom Verfassen eines literarischen Textes.

Beispiel

Die Bestimmung der Hauptpersonen, der Motive und der literarischen Elemente in verschiedenen Erzählungen kann anfangs herausfordernd erscheinen. Wenn Sie aber beim <u>Erkennen</u> stehen bleiben, geht die Herausforderung verloren. Machen Sie weiter. Lassen Sie die Schüler ein alternatives Ende verfassen oder darüber diskutieren, welche Aktualität ein Thema heute noch hat.

Lassen Sie unpassende Passagen in den Schulbüchern aus. Suchen Sie in anderen Quellen nach interessanteren Materialien und herausfordernden Aufgaben. Laden Sie Personen ins Klassenzimmer ein, die in ihrem Berufsleben vor großen Herausforderungen stehen. Diese Personen können beschreiben, was genau sie in ihrem Berufsalltag tun. Diese Beispiele können Sie dann in Aktivitäten für die Schüler einfließen lassen. Die Schüler können z. B. gemeinsam über mögliche Lösungen für Probleme nachdenken, mit denen die Person in ihrem Berufsalltag konfrontiert ist.

Sollen sich die Schüler an die Lösung schwierigerer Probleme machen, müssen sie auch wissen, wie sie sich die nötigen Informationen dafür beschaffen können. Machen sich die Schüler unvorbereitet daran, bleiben die Ergebnisse nur an der Oberfläche.

■ In die Praxis umsetzen

Stellen Sie sich die Frage, wie eine herausfordernde Aufgabe Ihre Schüler erreicht und zu Lernerfolgen führen kann. Überlegen Sie sich beispielsweise, warum ein bestimmter Schüler unmotiviert ist. Was interessiert ihn, was macht er außerhalb der Schule? Wenn Sie feststellen, dass er sich für Autos interessiert, weil er heimlich eine Autozeitschrift gelesen hat, können Sie ihn einen Brief an einen Autokonzern schreiben lassen – mit Empfehlungen für gewisse Änderungen an der Karosserie. Regen Sie die Interessen Ihrer Schüler an. Verknüpfen Sie damit die herausfordernden Aufgaben und die Lernziele.

Im Folgenden werden zwei Lernziele aus der Mathematik unter die Lupe genommen und umgestaltet, sodass sie für die Schüler herausfordernder und motivierender werden.

Mehr als nur Arbeitsblätter

Bei dem Lernziel „Ich kann die Steigung und den y-Achsenabschnitt darstellen" können die Schüler aus einer Reihe der folgenden Optionen wählen, die herausfordernder und spannender sind als das Abarbeiten einer Liste mit Gleichungen:

- Überlege dir mehrere Gleichungen, die bei der Übertragung ins Koordinatensystem ein Muster ergeben.
- Schreibe die Gleichungen zu einigen Punkten eines bereits eingezeichneten Musters auf.
- Tausche das Muster oder die Gleichungen mit einem Partner aus; jeder soll sich dann das Problem des anderen überlegen.
- Suche nach Beispielen für die Bedeutung der Steigung in der Architektur oder in anderen Fachgebieten.

Lernziele mit Interessen verknüpfen

Versuchen Sie bei dem Lernziel „Ich kann Grafen in unterschiedlichen Situationen interpretieren, beschreiben und zeichnen" folgende Aktivität:

1. Überlegen Sie sich zusammen mit den Schülern einige Themen, die für sie von Interesse sind, z. B. Handys, Videospiele, Filme, Autofahren, Spielen im Freien etc.

2. Stellen Sie eine Liste von Fragen zusammen, worüber die Schüler zum gewählten Thema mehr erfahren wollen, z. B.: „Wie viele Schüler in unserem Alter haben ein Handy?", „Wie viel Zeit nutzen wir täglich unser Handy?", „Wozu nutzen Schüler ihr Handy?"

3. Lassen Sie einzelne Schüler oder Gruppen die Antworten ermitteln. Sie können dazu ihre eigenen Fragebögen entwerfen und damit die Mitschüler an der Schule befragen. Sie können auch online nachforschen.

4. Dann bereiten die Schüler ihre Ergebnisse zu Grafen oder anderen visuellen Darstellungen auf. Dabei setzen sie die Verfahren ein, die zu diesem Thema im Mathematikunterricht durchgenommen wurden.

5. Regen Sie die Schüler dazu an, aus ihren Ergebnissen Schlussfolgerungen zu ziehen. Beginnen Sie mit einem Einleitungssatz wie: „Was sagen uns diese Ergebnisse über den Gebrauch von Handys?"

6. Außerdem können die Schüler Prognosen wagen und sich weitere Fragen ausdenken, z. B.:
   - ⊙ „Welchen Einfluss hat der Gebrauch von Handys auf unsere Noten?"
   - ⊙ „Wie viel Zeit diskutieren wir mit unseren Eltern über den Gebrauch von Handys?"
   - ⊙ „Was wäre, wenn ich eine Woche lang kein Handy hätte?"
   - ⊙ „Wie fühlen sich Kinder und Jugendliche, die kein Handy haben? Wollen sie eins? Warum, warum nicht?"
   - ⊙ „Gibt es Unterschiede darin, wie und wie oft Kinder und Jugendliche mit bzw. ohne Handy mit ihren Freunden kommunizieren?"

Strategie 8: Stellen Sie Zusammenhänge her

Unser Gehirn versucht, neue Informationen mit bereits Gelerntem und gemachten Erfahrungen zu verknüpfen. Wenn wir diese Verknüpfungen finden und die neuen Inhalte Bedeutung gewinnen, lernen wir mehr und können uns besser erinnern (Wolfe, 2001; Jensen, 2001; Sousa, 2006).

Jeder hat andere Erfahrungen und einen anderen Hintergrund. Wenn wir etwas Neues lernen, sucht unser Gehirn die innere Ablage nach einer Übereinstimmung ab, damit das Neue ins Gedächtnis gelangt. Das Gehirn will für das neue Informationsstückchen einen passenden Ort finden. Wenn keine Verknüpfung zwischen der neuen Information und dem bereits vorhandenen Wissen hergestellt wird, bleibt das Neue im Kurzzeitgedächtnis – es gelangt also nicht ins Langzeitgedächtnis.

Lernen ist individuell

Ein Schema ist im Grunde ein Abdruck des Gehirns, vergleichbar mit einem Fingerabdruck oder einer Blaupause. Das Schema und die Fingerabdrücke eines jeden Individuums sind verschieden, deshalb sind auch Verknüpfungen individuell. Viele Informationen werden schnell vergessen werden, weil keine Verbindung zu unserem persönlichen Schema besteht. Lernen geschieht am besten, wenn auf ein Vorwissen aufgebaut werden kann, wenn Verknüpfungen zu bereits verstandenen Inhalten und wichtigen, interessanten Erfahrungen bestehen. Lernen ist also eine sehr persönliche und individuelle Erfahrung. Kann eine Verbindung zu einem neuen Inhalt hergestellt werden, kann einem „ein Licht aufgehen". Der Lerner erfasst den Inhalt, versteht eine Fähigkeit und bemerkt:

- „Ich habe es kapiert.“
- „Ich erkenne die Notwendigkeit.“
- „Ich sehe die Relevanz.“
- „Ich erkenne die Verbindung.“
- „Ich weiß jetzt, wie ich es verwenden kann.“

Geben Sie Ihren Schülern Zeit zum Überlegen, zum Besprechen und zum Verarbeiten. Zeigen Sie ihnen, wie sie persönliche Zusammenhänge erkennen können. Finden sie keine Zusammenhänge, dann lenken Sie die Schüler auf neue Denkwege, damit sich Verknüpfungen ergeben. Haben Sie schon mal einen Roman gelesen, bei dem die Geschichte keinen Sinn ergibt? Meistens liest man dann nicht weiter. Ähnlich ist es bei Schülern. Wenn sie keine Verbindungen herstellen können, schalten sie ab, geben auf oder verhalten sich sogar störend.

Die Schüler brauchen einen wichtigen persönlichen Grund, um eine bestimmte Information zu lernen. Sie fragen sich: „Was habe ich davon? Werde ich das in Zukunft brauchen können? Wie passt das zu dem, was ich schon weiß und erlebt habe?“ Fallen die Antworten negativ aus oder sind sie den Lehrern und Schülern nicht klar, besteht wenig Hoffnung, dass sich die Schüler engagieren oder dass sie das Gelernte für die Zukunft behalten. Sehen die Schüler aber einen persönlichen Nutzen und Zusammenhang, sind sie eher bereit, sich beim Lernen zu engagieren.

Zusammenhänge treten in verschiedenen Kontexten auf. Sie können Zusammenhänge herstellten, um das Lernen auf vielfältige Weise zu unterstützen.

1. Verweisen Sie auf persönliche Erfahrungen.
   - Diese können helfen, einem Inhalt Relevanz zu verleihen oder ihn zu erklären.
   - Bei eingeleiteten Fragen mit „Hast du schon einmal …?“ können die Schüler ihre eigenen Erfahrungen mit einem Thema in Verbindung bringen.

2. Stellen Sie Verknüpfungen zu den Interessen der Schüler her.
   - Beschreiben Sie den Schülern ein Szenario (z. B. Einkaufengehen), verweisen Sie auf einen Film oder ein Lied mit Parallelen zum Lernstoff. Die Schüler können dann in Einzel- oder Gruppenarbeit vergleichen und kontrastieren.
   - Nach der Lektüre eines fiktionalen oder nichtfiktionalen Textes können Sie die Schüler fragen, welches Lied eine passende Einleitungsmusik für den Text wäre.

3. Stellen Sie Analogien her oder lassen Sie die Schüler über Analogien nachdenken, um sich einen Inhalt zu merken.

4. Stellen Sie Verbindungen zu anderen Medien, Menschen, Orten oder
   Zeiten her.
   - „Woran musst du bei dieser Musik denken?"
   - „Warum wurde wohl dieses Lied für diesen Film ausgesucht?"
   - „In welchen Städten und Ländern bist du schon gewesen?"
   - „Was wäre diese Person vermutlich in einer anderen Epoche?"
   - „Wenn diese Person eine Lieblings-TV-Serie auswählen müsste,
     welche wäre das und warum?"
   - „Wenn diese historische Persönlichkeit heute leben würde, welchen
     Beruf hätte sie dann?"

Schüler können neue Inhalte auch mit sich selbst oder mit ihrer näheren
Umgebung in Verbindung bringen.

Verbindung zu sich selbst: Wenn Sie den Schülern neue Lerngelegenheiten
anbieten, stellen Sie folgende Fragen und binden Sie die Antworten in den
Unterricht und in die Tests ein, um die Verknüpfung zu strukturieren:
- „Warum ist das wichtig?"
- „Was hat dieses Thema mit der Arbeit, mit unserer Gemeinde und
  mit uns selbst zu tun?"
- „Hast du so etwas oder etwas Ähnliches schon einmal erlebt?
  Beschreibe und erkläre es."

Verbindungen zur näheren Umgebung: Wichtige Ideen beeinflussen
Schulen, Gesellschaften und die ganze Welt. Lassen Sie die Schüler über
Folgendes nachdenken:
- „Wie beeinflussen diese Ideen und Lernziele andere Länder?
  Unsere Beziehungen zu anderen Ländern? Unsere Rolle in der Welt?
   Die naturwissenschaftliche und mathematische Forschung?
- „Was haben diese Ideen mit unserer Gemeinde zu tun?
  Warum wäre es wichtig, diese Gedanken zu verstehen?"
- „Gibt es Möglichkeiten, diese Ideen an unserer Schule umzusetzen?"
  Das Bewusstsein für die Umwelt beispielsweise hat manche Schulen
  veranlasst, Müll zu trennen.

■ Auf einen Blick

Besonders bei einem schwierigen Lernstoff kann es den Schülern helfen, wenn
Sie eine Verbindung oder einen Zusammenhang zur heutigen Welt herstellen.
Aber auch ein so vermittelter Inhalt kann wieder vergessen werden, wenn die
Schüler ihn nicht verwenden. Kommen Sie also im Laufe mehrerer Unterrichts-
stunden immer wieder darauf zurück. So können Sie Enttäuschungen oder
Resignation vorbeugen.

Vermeiden Sie gleichzeitig Wiederholungen und Überflüssiges. Ausgetretene Pfade führen dazu, dass die Schüler abschalten. Das kann im ungünstigen Fall so ablaufen: Im Unterricht wurde ein Sachverhalt erklärt und es wurden auch Zusammenhänge hergestellt, was zu einem Lernerfolg geführt hat. Sie fahren aber danach mit Erklärungen und Aktivitäten auf demselben Niveau fort – immer wieder ähnliche Übungen, Arbeitsblätter oder Hausaufgaben. Den Schülern wird dabei natürlich langweilig. Sie schalten ab, wenn es nichts Neues gibt. Fordern Sie ihren Verstand mit Aufgaben auf einem zunehmenden, anspruchsvolleren Niveau immer weiter heraus.

Wichtig

Achten Sie darauf, dass alle Schüler Verbindungen herstellen. Achten Sie also im Unterricht auf Differenzierung: Gehen Sie bei denen, die es begriffen haben, einen Schritt weiter. Und versuchen Sie einen anderen Ansatz mit denen, die noch nicht so weit sind und noch keinen Zusammenhang herstellen konnten. Bei der Menge an Unterrichtsstoff sehen Sie sich sicherlich oft gezwungen, einfach weiterzumachen. Wählen Sie also das Wesentliche aus und nehmen Sie sich Zeit zum Differenzieren.

Verknüpfen Sie neu eingeführte Fachbegriffe mit dem bekannten Wortschatz. Die Schüler sind auf verlorenem Posten, wenn Sie zur Erklärung nicht auch auf ihre Erfahrungen und vertrauten Ausdrucksweisen zurückgreifen. Helfen Sie den Schülern, eine Brücke zum neuen Vokabular zu schlagen. Verwenden Sie bei der Einführung neuer Begriffe verschiedene Beispiele, die sich dem Gegenstand auf unterschiedliche Weise annähern, z. B. Definitionen, Beispiele, Synonyme und Antonyme, damit die Schüler auch wirklich alles verstehen (vgl. Chapman und King, 2009b).
Berücksichtigen Sie das Alter Ihrer Schüler: Wie denken sie und was können sie wissen? Die Zusammenhänge, die Sie herstellen, sollten altersgemäß sein. Bringen Sie beispielsweise ein Lied aus den 1950er-Jahren, werden Ihre Schüler nicht viel damit anfangen können.
Fächerübergreifende Stunden eröffnen gute Gelegenheiten, Zusammenhänge über ein Einzelthema hinaus herzustellen. Arrangieren Sie nach Möglichkeit Kurse oder Stunden so, dass Themen und Inhalte gleichzeitig angesprochen werden. Suchen Sie in den komplexen Lernzielen einzelner Fächer nach Übereinstimmungen. Schlussfolgerungen werden beispielsweise sowohl in den Naturwissenschaft und der Mathematik als auch in sozialwissenschaftlichen Fächern und im Deutschunterricht gezogen.

■ In die Praxis umsetzen

Filme und Romane, Kindergeschichten und fächerübergreifender Unterricht können den Schülern dabei helfen, Zugang zum Unterrichtsstoff zu finden und engagiert zu bleiben.

Filme und Romane

Filme und Romane können eine Verbindung zur Vergangenheit herstellen. Die Motive aus klassischen Geschichten haben ihre Aktualität nicht verloren. So weisen z. B. die *West Side Story* und *Romeo und Julia* von Shakespeare Parallelen auf. Wählen Sie einen Filmausschnitt oder eine Passage aus einem Roman, anhand derer die Schüler einen Inhalt über ein attraktiveres Medium besser verstehen können. Nehmen Sie sich vielleicht auch die Zeit, mit den Schülern täglich ein Kapitel aus einem Roman zu lesen, der mit dem Unterrichtsthema zu tun hat.

Kindergeschichten

Lassen Sie Ihre Schüler Kindergeschichten suchen und vorstellen, die ihrer Meinung nach etwas mit dem Unterricht zu tun haben. Erarbeiten Sie dafür gemeinsam Kriterien, damit das Vorstellen auch bewertet werden kann. Seien Sie gespannt auf die Ideen und Ergebnisse Ihrer Schüler.

Fächerübergreifender Unterricht

Fächerübergreifende Unterrichtsstunden bieten zahlreiche Zusammenhänge, Relevanz, Authentizität und Herausforderungen. Im folgenden Beispiel geht es um ein interdisziplinäres Projekt. Etwas Ähnliches könnten Sie vielleicht auch mit Ihren Klassen machen.

Beispiel

*In der Sekundarstufe beschäftigen sich die Schüler in verschiedenen Fächern mit dem Thema Wasserqualität. Im **Biologieunterricht** führen sie neun verschiedene Tests zur Wasserqualität in verschiedenen Gewässern durch. Sie analysieren die Ergebnisse und ziehen Schlussfolgerungen über die Einflüsse, z. B. das Trinkwasser. Im **Matheunterricht** stellen sie den Flussgrund grafisch dar und verwenden diese Informationen für die Entnahme von Boden- und Wasserproben zur Bestimmung von Flora und Fauna, was ebenfalls Hinweise zur Wasserqualität liefert. Im **Deutschunterricht** verfassen sie Briefe an die Stadt, an Unternehmen und an gemeinnützige Organisationen. Darin beschreiben sie die Ergebnisse und formulieren Vorschläge zur Verbesserung der Wasserqualität.*

Schaffen Sie Verknüpfungen über die einzelnen Fächer hinaus. Manchmal müssen Sie dabei auf die Reihenfolge der Inhalte achten und sie in eine sinnvolle Ordnung bringen. Die in den Schulbüchern vorgegebene Abfolge kann dabei durchbrochen werden. In verschiedenen Fächern können Inhalte verknüpft werden, wenn sie um Standards und Lernziele angeordnet werden. Wird z. B. im Geschichtsunterricht der Zweite Weltkrieg durchgenommen, kann im Deutschunterricht eine Kurzgeschichte über oder aus dieser Zeit gelesen werden. Eine andere Möglichkeit zur Integration des Curriculums besteht darin, eine bestimmte Fähigkeit herauszugreifen und sie in den verschiedenen Fächern zu behandeln. Beispielsweise lässt sich das Erkennen von Ursache und Wirkung in den unterschiedlichsten fachlichen Kontexten demonstrieren. Lassen Sie dazu vielleicht in jedem Fach kurze Erörterungen schreiben.

Strategie 9: Erarbeiten Sie gemeinsam Kriterien und Aktivitäten

Die bisher in diesem Kapitel beschriebenen Strategien zeigten, wie wichtig klare Lernziele für das Lernen der Schüler sind. Das Lernziel mündlich nennen, es im Klassenzimmer gut sichtbar aushängen und es auf Arbeitsblättern notieren – das sind gute erste Schritte. Die Erwartungen sollten dann klar sein. Allerdings ist es eine andere Sache, wie die Schüler diese Lernziele interpretieren. Sie bilden sich ihre eigene Meinung – egal ob wir sie dazu auffordern oder nicht. Wenn Sie mit den Schülern gemeinsam erarbeiten, wie gute Arbeit und Erfolg aussehen, bekommen sie ein klares Bild von den Lernzielen und dem Weg dorthin. Und wenn Sie sich gemeinsam mit den Schülern Aktivitäten überlegen, bekommen sie Übung darin, über ihre eigene Lernarbeit nachzudenken (siehe Strategie 23, S. 217ff.).

Diese Form der Partnerschaft mit den Schülern macht aus der Verantwortung fürs Unterrichten und Lernen eine gemeinsame Anstrengung. Es ist dann nicht mehr nur eine Beziehung, in der Sie als Lehrer etwas planen und die Lernarbeit dann Sache der Schüler ist.

Im Folgenden finden Sie Ideen und Strategien, mit denen Sie die Schüler bei der Erarbeitung von Aktivitäten und Kriterien einbeziehen können. Die Schüler übernehmen dabei Verantwortung für ihr Lernen, was sich wiederum positiv auf ihre Motivation auswirkt.

Gemeinsames Erarbeiten von Aktivitäten

Das Potenzial an Kreativität und Energie der Schüler bleibt oft ungenutzt.
Sie haben ihre eigenen Interessen und Erfahrungen, die sie in die Aktivitäten
der Klasse einbringen können. Nicht nur ihr Engagement wird dann größer
werden. Bei der Planung einer Aktivität werden sie auch mehr lernen.
Vor der gemeinsamen Planung sollten Sie ein Lernziel bestimmen und einen
Zeitrahmen für die Aktivität festlegen. Gehen Sie in folgenden Schritten vor:

1. Lassen Sie die Schüler das Lernziel mit eigenen Worten formulieren.
   Einigen Sie sich auf eine gemeinsame Definition oder Beschreibung.

2. Überlegen Sie sich gemeinsam die Inhalte, die zum Erreichen des Ziels
   gelernt werden sollten (besonders dann, wenn das Ziel ein Prozess oder
   eine Fähigkeit ist, z. B. einen Text lesen und erschließen, Probleme lösen
   oder eine Erörterung schreiben).

3. Überlegen Sie sich gemeinsam Aktivitäten oder Aufgaben, mit deren Hilfe
   die Schüler das Lernziel erreichen können.

4. Greifen Sie die Ideen aus dem Schülergespräch auf und führen weiter Regie.
   Alternativ können Sie die Aktivitäten an kleine Gruppen oder einzelne
   Schüler verteilen. Die Schüler planen und gestalten dann diese Aktivitäten.
   In dieser Rolle unterstützen und organisieren Sie das Lernen durch das ge-
   meinsam Erarbeitete.

Gemeinsames Erarbeiten von Kriterien

Wenn die Schüler die Erfolgskriterien bei einem Test, bei einer Projektarbeit
oder bei einer Aktivität genau verstehen, werden sie viel wahrscheinlicher auch
erfolgreich sein (Hattie, 2009). Eine Möglichkeit besteht darin, den Schülern
eine Liste mit den Kriterien auszuhändigen, die bei der Beurteilung eine Rolle
spielen. Wenn Sie aber die Kriterien zusammen mit den Schülern festlegen,
trägt das zu ihrer Selbstständigkeit bei. Die Schüler verstehen die einzelnen
Teile des Prozesses besser und sehen, wie Erfolg aussehen wird. Gehen Sie
in folgenden Schritten vor:

1. Wählen Sie die Lernziele für ein Projekt, eine schriftliche Arbeit, eine
   Präsentation etc. aus.

2. Wenn Sie Beispiele aus einer anderen Klasse zur Verfügung haben, dann
   zeigen Sie exemplarisch sechs bis acht dieser Schülerarbeiten.

3. Lassen Sie die Schüler die Beispiele anschauen und nach der folgenden
   Tabelle bewerten. Jeder Schüler soll seine Beurteilung kurz begründen.

Aufgabenbeschreibung

 Geben Sie den Schüler drei bis acht Beispiele von Schülerarbeiten (Problemlösungen, Aufsätze, Thesenpapiere, Protokolle etc.). Lassen die Schüler jede einzelne Arbeit mit der folgenden Skala bewerten:

Ausgezeichnet ⟶ *Gut* ⟶ *In Ordnung* ⟶ *Überarbeiten!*

Rangliste der Arbeiten   **Begründung der Rangfolge**

1.

2.

3.

...

Die Schüler könnten in kleinen Gruppen oder im Klassengespräch die Rangfolge diskutieren und versuchen, zu einer Einigung zu kommen.

4. Dann besprechen die Schüler ihre Beurteilungen mit der Klasse:
   - Befestigen Sie an der Wand Symbole für die Bewertungen *ausgezeichnet, gut, in Ordnung, überarbeiten*. Rufen Sie die Beispielarbeiten nacheinander auf. Die Schüler gehen zu dem Symbol, das ihrer Meinung nach auf die ausgerufene Arbeit zutrifft.
   - In einem Klassengespräch diskutieren dann die Schüler ihre Bewertungen. Zuvor könnten sie in kleinen Gruppen ihre Begründungen festlegen.
   - Zählen Sie die Beurteilungen zusammen. Die Ergebnisse könnten mit einem Diagramm an der Tafel veranschaulicht werden.

5. Legen Sie drei oder vier Kriterien fest, die sich aus dem Klassengespräch ergeben haben. Die Schüler könnten zuerst für sich überlegen und sich dann in kleinen Gruppen über die Kriterien einigen. Zu den Kriterien für eine schriftliche Arbeit könnten Aufbau, Rechtschreibung und Grammatik sowie Wortschatz zählen.

6. Lassen Sie die Schüler beschreiben, was jedes Kriterium bedeutet und wie es aussieht. Sie können in den Schülerarbeiten nach Beispielen auf jedem Leistungsniveau suchen. Das Bewertungsschema kann einige Phrasen enthalten, um die Kriterien wie auch die Beispiele aus den Schülerarbeiten zu beschreiben.

Beispiel

Mit der folgenden Tabelle können die Schüler ihre Fortschritte anhand der für eine Aufgabe gemeinsam festgelegten Kriterien einschätzen. Die Ausgangsfrage war: „Was ist eine gute Erlebniserzählung?" Die Schüler wählten mehrere Kriterien aus und beschrieben die verschiedenen Abstufungen.

Kriterien	Ausgezeichnet!	Insgesamt in Ordnung!	Fortschritte erkennbar!	Ein Anfang!
Aufbau	Mein Aufsatz hat eine Einleitung, die den Leser neugierig macht. Der Hauptteil baut auf die Einleitung auf. Der Schluss bringt den Leser zum Nachdenken.	Mein Aufsatz hat eine Einleitung, einen Hauptteil und einen Schluss. Der Leser kann alles verstehen.	Mein Aufsatz hat eine Einleitung. Aber im Hauptteil und am Schluss fehlen einige Details. Es wird nicht ganz klar, wie alles zusammenpasst.	Mein Aufsatz enthält einige Ideen. Aber er muss noch richtig gegliedert werden, damit der Leser alles versteht.
Wortschatz	Ich verwende viele Adjektive, damit sich der Leser ein klares Bild machen kann.	Mein Aufsatz enthält Adjektive und Beschreibungen, die zum Text passen.	Mein Aufsatz enthält Adjektive, die nicht das ausdrücken, was ich eigentlich sagen will.	Ich verwende nur ganz einfache Wörter.

◼ Auf einen Blick

Steigern Sie das Engagement Ihrer Schüler, indem Sie sie zu aktiven Teilnehmern am Unterricht machen. Beziehen Sie die Schüler auch bei der Auswahl der vorrangigen Standards mit ein. Beginnen Sie klein und formulieren Sie Lernziele, bei denen Abstufungen der Leistungen möglich sind.

Unterscheiden Sie zwischen Phasen, bei denen Ideen gesammelt, und solchen, bei denen Entscheidungen für oder gegen diese Ideen getroffen werden. Lassen Sie die Schüler Ideen zusammentragen, ohne dass diese gleich beurteilt werden. Dann fühlen sie sich freier und machen sich weniger Sorgen darum, ob sie gerade etwas Richtiges sagen. Sie denken dann auch weniger darüber nach, was Sie als Lehrer wohl gern von ihnen hören möchten. Ganz egal wie durchführbar, interessant oder wichtig die Ideen gerade sind – oft entstehen daraus weitere Gedanken und überraschende Erkenntnisse. Beim Brainstorming ist es der Prozess, der zählt.

Wenn die Schüler Aktivitäten planen, sind Hinweise zur Qualität der Arbeit wichtig. Die Schüler müssen eine Menge nachdenken und probieren, bis sie auf gute Ideen kommen. Ohne diese Mühe wären diese Aktivitäten nur oberflächlich. Es käme nicht zu vertiefendem Lernen und es blieben womöglich Lücken. Manche Schüler hätten dann vielleicht keine Lust mehr und könnten aufgeben. Bewahren Sie anonymisierte Schülerarbeiten aus vergangenen Jahren als Beispiele auf, damit Sie eine Auswahl an guten und schwachen Arbeiten für den Unterricht zur Verfügung haben.

◼ In die Praxis umsetzen

Es folgt ein Beispiel gemeinsam erarbeiteter Aktivitäten und Kriterien für das Formulieren der Kriterien für eine Erörterung an einer weiterführenden Schule für den 8. Jahrgang.

Die Auswahl eines Erörterungsthemas und die Formulierung von Kriterien
Englischlehrer einer 8. Jahrgangsstufe diskutierten darüber, wie die Schüler die wichtigsten Elemente einer Erörterung wiederholen könnten. Das Team erarbeitete eine Reihe von Fragen, mit denen die Schüler ein interessantes Thema für eine schriftliche Arbeit bestimmen konnten (nach Conn, Spencer-Burks, Eilers, Johnson und Bell, 2009). Nachstehend finden Sie den Plan für die Gestaltung einer Aktivität, den Sie in Ihren Klassen für das Lernziel „Ich kann die Merkmale einer Erörterung nennen" verwenden können.

Plan für die Gestaltung einer Aktivität

1. Beginnen Sie mit der Frage: „Was ist eine Erörterung?" Die Schüler schreiben auf, was sie wissen und was sie erfahren wollen.

2. Geben Sie den Schülern drei Passagen aus Erörterungen. In Einzelarbeit bestimmen sie dann die Pro- und Kontra-Argumente jeder Passage. Dann arbeiten die Schüler in Paaren weiter:
   - Sie besprechen, was eine gute Erörterung ausmacht.
   - Sie beurteilen jede Passage anhand eines Bewertungsschemas. Bringen Sie dieses an der Wand an; die Schüler sollen sich zu ihrer Bewertung stellen. Besprechen Sie mit den Schülern jede Passage und einigen Sie sich auf eine Beurteilung für jede Passage.

3. Fragen Sie: „Was sind die einzelnen Teile einer guten Erörterung?".
   Verwenden Sie den Vergleich mit einem dreibeinigen Stuhl:
   - **Nimm einen Standpunkt ein.** Nenne deine Position (die Sitzfläche).
   - **Gib ihm drei Beine.** Nenne kurz drei Gründe für deine Position.
     Führe für jedes Bein Details an.
   - **Überprüfe die Details.** Details wie Strohhalme sind zu
     schwach, der Stuhl bleibt nicht stehen. Details wie Pfeifenreini-
     ger sind ein bisschen stärker, aber jeder Wind (jedes Gegen-
     argument) wird den Stuhl umwerfen. Hölzerne Beine sind
     starke Erklärungen, die einem Argument Kraft geben.

   Erklären Sie, wie die Details die Sitzfläche (die eigene Meinung)
   stützen, wenn man die richtigen Schreibtechniken verwendet.

4. Überlegen Sie sich gemeinsam Themen.

5. Besprechen Sie mit den Schülern, an wen die Erörterung gerichtet
   sein könnte.
   - „An wen richtet sich euer Schreiben?"
   - „Zu welchem Zweck?"
   - „Was sollen die Empfänger mit den Informationen anfangen?"
   - „Was erhoffst du dir von deinem Schreiben?"

6. Beschreiben Sie am Ende dieser Aktivität die wichtigsten Teile einer
   Erörterung.

Reflexion

In diesem Kapitel wurden Strategien vorgestellt, mit denen Sie das Lernen
planen können. Denken Sie an Ihre eigenen Erfahrungen. Wie konnten Sie
Schülern helfen, die Lernziele zu verstehen und ihr eigenes Lernen selbst in
die Hand zu nehmen? Besprechen Sie die folgenden Fragen und Aktivitäten
mit Ihren Kollegen oder bearbeiten Sie diese für sich:

1. Wie klar sind Ihre Lernziele? Spiegeln sich in ihnen die wichtigsten Ideen
   der Standards wider?

2. Wie vermitteln Sie Ihren Schülern diese Lernziele? Erscheinen sie auf den
   Aktivitäten, Arbeitsblättern, Hausaufgaben und Tests? Sind sie im Klassenzimmer sichtbar angebracht?

3. Was können Sie machen, dass die Schüler verstehen, was sie lernen?

4. Woher wissen die Schüler, was von ihnen bei Tests, bei schriftlichen Arbeiten oder beim Problemlösen erwartet wird? Wie können Sie den Schülern sonst noch zeigen, was Sie von ihnen erwarten?

5. Wie genau stimmen Ihre Tests mit den Lernzielen überein? Sind Sie sicher, dass das, was Sie prüfen, den unterrichteten Standards entspricht?

6. Wie viel können die Schüler vor einem Test oder einem Projekt üben? Stehen beim Üben die Lernziele im Mittelpunkt, die die Schüler für ein erfolgreiches Abschneiden bei den Tests brauchen?

7. Gehen die Schüler mit Selbstvertrauen in die Prüfungen? Woher wissen Sie das?

8. Fragen Sie die Schüler, was sie ihrer Meinung nach gerade lernen. Durch die Antworten werden Sie aufschlussreiche Einblicke in die Wahrnehmung der Schüler gewinnen.

9. Verwenden Sie den „Plan zur Motivation von Schülern" (3.02) ⬇D auf der folgenden Seite, um die Bedürfnisse einzelner unmotivierter Schüler zu erkennen und entsprechende Maßnahmen zu planen.

3.02

In heterogenen Klassen alle erreichen

Strategien für motivierenden Unterricht und nachhaltigen Lernerfolg

Plan zur Motivation von Schülern

Strategie	Namen der unmotivierten Schüler, für die die Strategie vorgesehen ist	Hinter welcher Maske steckt der Schüler?	Verhaltensweisen, Gewohnheiten und Eigenschaften	Aktion, um auf das Bedürfnis einzugehen	Überlegungen zur Umsetzung	Weitere Anmerkungen
6. Verdeutlichen Sie den Lernstoff.						
7. Bringen Sie den Unterricht durch Tests voran.						
8. Sorgen Sie für herausfordernde Lerngelegenheiten.						
9. Stellen Sie Zusammenhänge her.						
10. Erarbeiten Sie gemeinsam Kriterien und Aktivitäten.						

4

Das Lernabenteuer suchen

Beispiel

Alisa war eine kreative und aktive Siebtklässlerin. Meistens ging sie gern zur Schule und ihr gefielen besonders die neuartigeren Projekte. Dies wurde besonders deutlich, als im Erdkundeunterricht die Landschafts- und Klimazonen auf dem Programm standen. Jeder Schüler sollte eine Klimazone erforschen und seine Erkenntnisse auf irgendeine Weise präsentieren. Alisa sammelte unermüdlich Informationen und bereitete eine PowerPoint-Präsentation mit den ausgesuchten Farben, Bildern und Texten vor. Staunend beobachteten die Eltern ihr Engagement und ihr selbstständiges Arbeiten für dieses Projekt. Sicher, Alisa hatte sich bislang auch um die Schule und die anstehenden Aufgaben gekümmert. Aber mit einer derartigen Konzentration war sie noch nie zu Werke gegangen. Sie hatte zwar immer ihre Aufgaben erledigt, sich aber nie sonderlich dafür interessiert, was sie eigentlich gerade lernte.

Die Schülerin Alisa war durch die Möglichkeit, an einem Thema in einem vorgegebenen Rahmen frei und selbstständig arbeiten zu können, sehr begeistert und völlig motiviert. Kennen Sie solche Momente auch bei Ihren Schülern? Wie können Sie im Klassenzimmer für diese Momente sorgen, in denen die Schüler so engagiert sind, dass sie sich voller Tatendrang ans Werk machen? Begeisterung für einen Inhalt oder ein Thema ist die Grundvoraussetzung für das Erleben eines „Lernabenteuers", also einer Lernsituation, die als heraus-, aber nicht überfordernd und als erfüllend erlebt wird und bei der sich ein Lernzuwachs einstellt. Wenn Ihre Schüler von einem Thema fasziniert sind und bei ihrer Beschäftigung auch erkennen, warum andere Menschen sich ebenfalls dafür interessieren und daran arbeiten, ist die Wahrscheinlichkeit hoch, dass sich eine erfüllende Lernsituation einstellt. Das Lernabenteuer geht weiter, wenn die Schüler sich eigenständig dem Thema annähern und selbst Zusammenhänge und Verknüpfungen herstellen, weil sie mehr erfahren und lernen wollen. Während der Beschäftigung können sie eigene Schwerpunkte in der Bearbeitung setzen und dadurch einen Zusammenhang zu ihrer Lebenswelt herstellen. Bei all den Standards und Klassenarbeiten, dem Berichtswesen, der Notengebung, der Unterrichtsplanung und den vielen anderen Pflichten vergisst man leicht, wie wichtig aufregende und erfüllende Lernerfahrungen für die Schüler sind. Ihre eigene Begeisterung als Lehrer für ein bestimmtes Thema ist ein erster Schritt, um Ihre Schüler neugierig zu machen. Wenn Sie selbst aber keine Begeisterung spüren oder vermitteln, werden auch die Schüler nur schwerlich zu begeistern sein. Die Schüler greifen Ihre Signale auf – weil Motivation und Engagement als ansteckend erlebt werden. Ohne Enthusiasmus werden die Schüler den Unterricht nur als Vorbereitung auf den nächsten Test betrachten, als eine unliebsame Pflichtaufgabe, die es zu erledigen gilt, ohne Sinn und Nutzen darin erkennen zu können. Versuchen Sie, das Lernen interessant und erstrebenswert zu machen. Zeigen Sie deutlich die Wichtigkeit der Inhalte durch faszinierende Menschen, Geschichten und Fakten.

Tipp

 Wecken Sie Begeisterung – aber bleiben Sie authentisch und beschränken Sie Ihren Elan auf schulische Themen. Sie sind und bleiben eine Autoritätsperson und sollten Ihre privaten Interessen und Hobbys nicht übermäßig im Unterricht thematisieren.

Interesse zu wecken und Ihre unterschiedlichen Schüler zu motivieren, bedeutet nicht, die Schüler einfach nur zu unterhalten. Geht man ins Kino, ist das ein passives Vergnügen. Sie haben aber die Möglichkeit, aktiv eine Verbindung zu den Schülern herzustellen und sie zum Lernen zu motivieren. Die in diesem Kapitel vorgeschlagenen Lernabenteuer sollen die Interaktionen fördern und die Schüler dazu anregen, sich für ihre Lernarbeit zu begeistern. Dabei wird wieder darauf geachtet, verschiedene Ideen und Anregungen zu liefern, damit Sie für Ihre unterschiedlichen Schüler eine große Auswahlmöglichkeit haben. So kann Lernen für alle ein spannender und positiver Prozess werden.

Strategie 10: Gestalten Sie fesselnde Einstiege und geschickte Abschlüsse
Strategie 11: Gehen Sie online
Strategie 12: Nutzen Sie Spiele zum Lernen und Wiederholen
Strategie 13: Bringen Sie Abwechslung in den Unterricht
Strategie 14: Sorgen Sie für Optimismus und loben Sie

Strategie 10: Gestalten Sie fesselnde Einstiege und geschickte Abschlüsse

Wenn Sie zu Beginn und am Ende des Unterrichts Ihre Schüler zum Staunen oder zum Lachen bringen, Fragen stellen oder Verknüpfungen zu ihrem jetzigen oder künftigen Leben herstellen, schaffen Sie einen Sinn für das Neuartige mit der Absicht, die Schüler zu aktivieren. Das Neuartige aktiviert das Gehirn und spornt die Schüler an, neue Inhalte zu erforschen und mit dem Vorwissen zu verbinden. Dies wirkt sich positiv auf die Lernbereitschaft der Schüler aus (vgl. Wolfe, 2001).

Beispiel

Es gibt einen Grund, warum sich Menschen über Monate eine Fernseh-serie mit einer fortlaufenden Handlung wie süchtig anschauen. Am Ende einer jeden Episode bleibt der Zuschauer zurück und will wissen, wie es weitergeht. Erreicht wird dies durch sogenannte <u>Cliffhangers</u> (die Handlung bricht im spannendsten Augenblick ab) oder durch eine kurze Vor-schau auf die nächste Folge. Das sind also geschickte Abschlüsse – denn der Zuschauer ist jetzt neugierig und will mehr wissen.

Der Zuschauer ist neugierig auf die Fortsetzung – und Sie können Ihre Schüler dabei unterstützen, mithilfe der folgenden Strategie in den Unterrichtsthemen oder Lernzielen das Erstaunliche und Interessante zu finden. Die Strategie eignet sich bestens für die Unterrichtsplanung mit dem Ziel, die ganze Klasse mitzunehmen. Wenn Sie die Lernschwierigkeiten und Probleme Ihrer Schüler bereits kennen, können Sie den Einstieg nach deren Interessen, Vorwissen und Erfahrungen planen.

Wie setze ich es um?

Suchen Sie nach einem Einstieg, der die Schüler aktiviert und sie aufs Thema neugierig macht. Sie erkennen dann die Möglichkeiten, den Spaß und die Spannung beim Lernen – in den Fragen, Beispielen und Geschichten. Für abwechslungsreiche Einstiege sorgen die folgenden Beispiele:

- **In eine Rolle schlüpfen.** Spielen Sie eine Person aus dem Lektüretext und beginnen Sie so ein Gespräch über Personencharakterisierung.
- **Bewegungen mit Begriffen verknüpfen.** Denken Sie sich Bewegungen aus, um Begriffe zu veranschaulichen, z. B. kleine, schnelle Schritte, um im Musikunterricht den Begriff Stakkato zu verdeutlichen oder rückwärts durch das Klassenzimmer gehen, um die negativen Zahlen zu veranschaulichen.
- **Visualisierungen.** Zeichnen Sie eine Skizze oder schreiben Sie ein Wort an die Tafel, dessen Sinn die Schüler erraten sollen. Geben Sie mit einer Zeich-nung Hinweise auf eine Definition, Regel oder einen wichtigen Inhalt. Überlegen Sie sich vorher genau, was dargestellt werden soll (Inhalt) und welchen Zweck die Darstellung verfolgt (Ziel).
- **Redeanlässe schaffen.** Schreiben Sie zu Beginn ein Wort, eine Regel oder einen Satz an die Tafel und lassen Sie die Schüler über die Bedeutung oder den Zusammenhang diskutieren.
- **Vorab Interesse wecken.** Hängen Sie ein Wort, einen Sachverhalt oder eine Frage gut sichtbar im Klassenraum aus, und zwar einige Tage, bevor die Thematisierung im Unterricht ansteht. Die Schüler sollen die Bedeutung

herausfinden, zusätzliche Informationen beschaffen, nach Zusammenhängen suchen oder mögliche Antworten vorschlagen.

○ **Bekanntes auf Neues anwenden.** Stellen Sie ein Problem zur Diskussion,
bei dem die Schüler auf bereits Durchgenommenes zurückgreifen müssen.
Wenn die Schüler beispielsweise gerade etwas über die Weltwirtschaft lernen, können Sie ein Szenario vorgeben, etwa einen Börsenkrach oder eine
Naturkatastrophe. Die Schüler können dann Vorhersagen über die Folgen
auf die Wirtschaft machen.

○ **Fragetechniken anwenden.** Stellen Sie verschiedene Fragen. Bringen Sie
die Schüler am Anfang mit Warum- oder Wie-Fragen zum Nachdenken.
Beschreiben Sie eine Situation mit Bezug zum Unterrichtsthema und lassen
Sie die Schüler Fragen beantworten, z. B. „Was würdest du machen?" oder
„Was würdest du antworten, wenn du die Verantwortung hättest?"

○ **Neugier wecken.** Geben Sie nur Hinweise und Tipps statt fertiger Antworten. Das regt Ihre Schüler zum Rätseln und Nachdenken an.

○ **Zusammenhänge finden lassen.** Zeigen Sie einen Gegenstand, der mit
dem Unterrichtsthema zu tun hat. Lassen Sie die Schüler eine Verbindung
zwischen Gegenstand und Thema herstellen.

○ **Relevanz herstellen.** Lassen Sie die Schüler überlegen, warum die anste-
hende Aufgabe wichtig ist und was sie damit anfangen können. Denn echtes Lernen findet nur statt, wenn es als sinnvoll erlebt wird. Das verlangt von
Ihnen, sich bei der Planung genaue Gedanken zu Inhalt und Relevanz des
Lernstoffes zu machen.

Und am Ende der Stunde?

Bei einem geschickten Abschluss wird der Unterricht so beendet, dass die Klasse
sich über das Erreichte freut und einen Ausblick auf die nächste Stunde gewinnt.
Nachstehend finden Sie einige Beispiele für Abschlüsse des Unterrichts:

○ **Rituale.** Feiern Sie den Abschluss des Schultages mit einem Ritual, z. B.
einem kleinen Spiel oder einer Aktivierungsübung.

○ **„Ausgangstickets".** Sammeln Sie von den Schülern beim Verlassen des
Zimmers „Tickets" mit ihren Antworten zum Lernziel des Tages ein. Lassen
Sie die Schüler am Ende des Tages oder einer Stunde einige Minuten auf die
Beantwortung einer speziellen Frage verwenden, z. B. „Warum können wir
mithilfe von Adjektiven besser schreiben?" Bieten Sie auch hier verschiedene
Möglichkeiten an: Die Schüler können etwas, das sie gelernt haben,
zeichnen oder darüber schreiben. Außerdem könnten sie über eine noch
offene Frage schreiben. Auf den „Tickets" steht dann für die Schüler wie
auch für Sie, was die Schüler aus der Stunde mitnehmen.

- **Lerntagebuch.** Die Schüler schreiben in ihr Lerntagebuch Einträge darüber, was sie gelernt, bei welchen Aktivitäten sie mitgemacht oder welche Fortschritte sie gemacht haben.
- **Gruppengespräch.** Die Schüler besprechen mit einem Partner oder in kleinen Gruppen die wichtigsten Punkte einer Unterrichtsstunde oder einen Gedanken/eine Erkenntnis aus dem Unterricht.
- **Notizzettel.** Die Schüler schreiben auf Haftnotizzetteln über den Höhepunkt des Tages; die Zettel können sie an einem besonderen Platz anbringen – auf einem Blatt Papier oder auch gut sichtbar im Klassenraum. Alternativ können die Schüler versuchen, die Höhepunkte gemeinsam zu ordnen und über die Effektivität der Stunde sprechen. Auch hier werden als Grundlage die beschriebenen Notizzettel genommen.
- **Symbole finden.** Die Schüler arbeiten in kleinen Gruppen oder paarweise zusammen und überlegen sich ein Symbol für den wichtigsten Gedanken des Tages.
- **Beispiele finden.** Die Schüler suchen in Zeitungen oder an Orten außerhalb der Schule nach Beispielen für einen Unterrichtsinhalt. Sie merken so, dass sich die Unterrichtsinhalte sehr wohl mit dem realen Leben verbinden lassen.
- **Lösungsmöglichkeiten suchen.** Geben Sie den Schülern ein interessantes Problem zum Lösen. Was wäre, wenn eine Figur in einer Erzählung etwas anderes gemacht hätte, als der Autor geschrieben hat? Alternativ könnten sich die Schüler mit einem realen Problem aus den Nachrichten befassen und eine Lösung vorschlagen.
- **Passende Gegenstände.** Geben Sie einen interessanten Gegenstand herum. Derjenige, der ihn in der Hand hält, kann sprechen. Bei dieser Aktivität können sich die Schüler äußern und sicher sein, dass alle zuhören.
  - ⇨ Nennen Sie eine tolle Idee und halten Sie eine Glühbirne in der Hand.
  - ⇨ Gehen Sie mit einem Zauberstab herum und tragen Sie so zu einem „geistreichen Lern-Zauberkreis" bei.
  - ⇨ Lassen Sie einen Gegenstand herumgehen, der einen Lerninhalt repräsentiert. Jeder Schüler nennt dazu etwas, was er im Unterricht gelernt hat.

Um die Unterrichtsstunde durch fesselnde Einstiege und geschickte Abschlüsse zu einem Erlebnis für Ihre Schüler zu machen, können Sie nach folgenden vier Schritten vorgehen:

1. Legen Sie das Thema und das Lernziel der Stunde fest. Überlegen Sie sich dann die folgenden Fragen:
   - Wozu hilft den Schülern dieses Thema im Laufe des Schuljahres oder in ihrem Leben?
   - Warum sind diese Inhalte bzw. diese Fähigkeiten wichtig?

- Welche Rolle spielen sie in- und außerhalb der Schule, im Internet, in der Familie oder im Geschäftsleben?
- Wer verwendet sie in seinem Berufsleben? Wie?
- Was wäre, wenn jemand diese Kenntnisse oder diese Fähigkeit nicht hätte? Was würde passieren?

2. Mit der Vorlage zur „Planung fesselnder Einstiege und geschickter Abschlüsse" (4.01) ⇩D können Sie den Zweck einer Aktivität bestimmen und mögliche Ideen für den Einstieg und den Abschluss notieren.

4.01

⇩Download

In heterogenen Klassen alle erreichen
Strategien für motivierenden Unterricht und nachhaltigen Lernerfolg

Planung fesselnder Einstiege

und geschickter Abschlüsse

Bestimmen Sie den Zweck einer Aktivität und notieren Sie Ideen für einen entsprechenden Einstieg bzw. Abschluss.

Zweck	Beschreibung	Ideen für Einstieg bzw. Abschluss
Zusammenhänge herstellen	Verknüpfen Sie das Thema mit etwas, das die Schüler bereits wissen, mit Erfahrungen, mit einer früheren Stunde oder einem Lernziel oder den Hintergründen der Schüler.	
Spannung wecken	Führen Sie eine Aktivität durch oder regen Sie ein Gespräch an, um bei den Schülern Spannung auf das anstehende Thema zu wecken.	
Erfolge anerkennen	Erkennen Sie erfolgreiches Lernen und engagiertes Mitmachen an.	
Ins Gedächtnis rufen	Aktivieren Sie mit Übungen und Erklärungen das Wissen der Schüler und helfen Sie ihnen, sich zu erinnern.	

3. Wählen Sie die passende Methode für den Einstieg oder den Abschluss für unterschiedliche Sozialformen:
   - für die ganze Klasse
   - für kleine Gruppen, Paare oder Trios
   - im Stehen oder im Sitzen
   - im Kreis, in Reihen oder Gruppen

4. Gruppieren Sie die Schüler zwischendurch auch nach dem Zufallsprinzip. So können Sie für eine Durchmischung sorgen und es den Schülern, denen es sonst schwerfällt, sich einer Gruppe anzuschließen, einfacher machen.
   - Zählen Sie die Schüler durch, sodass in jede Gruppe etwa drei Schüler kommen. Sind in der Klasse beispielsweise dreißig Schüler, dann können Sie von eins bis zehn durchzählen. Aller Einsen gehen dann an eine Stelle im Klassenzimmer, alle Zweien an eine andere etc.
   - Lassen Sie jeden Schüler eine Karte vom Stapel ziehen. Je nach der gewünschten Stärke können sich dann anhand der Farben oder Bilder Gruppen finden.

▨ Auf einen Blick

Werden bestimmte Einstiege und Abschlüsse zu oft eingesetzt, verlieren sie an Reiz und Wirkung. Sorgen Sie also für Abwechslung.

Ein zu einfacher und offensichtlicher Einstieg oder Abschluss fällt bei den Schülern durch. Wenig Sinn hat es auch, wenn der Zusammenhang zum Unterricht nur lose oder zu weit hergeholt ist. Dann sind die Schüler schnell demotiviert. Ein schlechter Einstieg kann unerwünschte Effekte haben, wenn die Zusammenhänge nicht klar sind und die Schüler das Gespräch vom Thema weglenken. Verwenden Sie die Fragen und Antworten auf den „Tickets" als Einstieg in der nächsten Stunde, damit die Erwartungen der Schüler befriedigt werden.

▨ In die Praxis umsetzen

Werfen wir nun einen Blick auf ein paar Beispiele für fesselnde Aufhänger und geschickte Abschlüsse. Zitate, „Ich wundere mich"-Aussagen, Musik, kurze Texte, Humor und Voraussagen sind Möglichkeiten, die Schüler zum Nachdenken aufzufordern und zum Mitmachen zu motivieren.

Zitate

Steht im Geschichtsunterricht z. B. der Erste Weltkrieg auf dem Lehrplan, können Sie etwa mit folgenden Zitaten ins Thema einsteigen:

- *„Jeder Krieg ist auf Täuschung gegründet."* – Sun Tzu (Sunzi)
- *„Ein ungerechter Frieden ist besser als ein gerechter Krieg."* – Marcus Tullius Cicero

Vor einer Mathematikstunde zum Themenbereich Geometrie können Sie folgende Zitate anführen:

- *„Wer die Geometrie begreift, vermag in dieser Welt alles zu verstehen."* – Galileo Galilei
- *„Im großen Garten der Geometrie kann sich jeder nach seinem Geschmack einen Strauß pflücken."* – David Hilbert

Gehen Sie für Ihre Stunde auf die Suche nach passenden Zitaten. Lassen Sie die Schüler darüber sprechen, zeichnen oder schreiben, was diese Zitate wohl mit dem Unterrichtsthema zu tun haben.

Sie können auch den Schülern vorab das Thema nennen und sie darum bitten, ein für sie passendes Zitat auszuwählen und mitzubringen. Einige Schüler können ihr Zitat vorstellen und begründen, warum sie sich für dieses entschieden haben.

„Ich wundere mich"-Aussagen (mit Variante „Mich würde interessieren, …")

Nennen Sie den Schülern das Thema. Dann können diese eine Top Ten mit „Ich wundere mich"-Aussagen aufstellen. Wenn diese Methode noch nicht vertraut ist, können Sie den Schülern beispielhaft zeigen, wie diese Statements lauten könnten. Nachstehend finden Sie einige Beispiele, wenn im Unterricht z. B. über Pflanzen gesprochen wird:

- Ich wundere mich, wie lange es Pflanzen ohne Wasser aushalten.
- Ich wundere mich, welche Pflanzen in Polen wachsen.
- Mich würde interessieren, was passiert, wenn ich meine Pflanzen mit Apfelsaft gieße.
- Mich würde interessieren, ob Pflanzen Leute zum Lachen bringen können.
- Ich wundere mich, wie Pflanzen unter einer Schneedecke überleben.

Nun einige Beispiele, wenn im Unterricht das Thema Sterne behandelt wird:

- Ich wundere mich, wie viele Sterne es am Himmel gibt.
- Mich würde interessieren, ob die Sterne auch tagsüber am Himmel sind.
- Mich würde interessieren, ob Sterne heiß sind.
- Mich würde interessieren, ob Sterne jemals auf die Erde kommen können.
- Ich würde gern wissen, wie es ist, als Astronaut in den Weltraum zu fliegen.
- Ich würde gern wissen, wie es ist, in einem Haus mit Sonnenenergie zu leben.

Diese Aktivität eignet sich sowohl für den Anfang als auch für das Ende einer Stunde. Es werden sicherlich ganz unterschiedliche Aussagen zusammenkommen. Lassen Sie die Aussagen in einer Gruppe oder im Klassenverband vorstellen: So können die Schüler gemeinsame Interessen wahrnehmen und bekommen Einblick in die Überlegungen ihrer Mitschüler. Im weiteren Verlauf der Unterrichtseinheit kann auf die Aussagen der Schüler immer wieder zurückgekommen werden – beziehen Sie diese in Ihre weitere Planung mit ein. So können Sie eine Verknüpfung zwischen den individuellen Interessen und dem Unterrichtsstoff herstellen.

Musik

Stellen Sie mithilfe von Musik eine Stimmung, ein Gefühl oder eine Szene dar. Suchen Sie nach einem Lied, das die Schüler kennen. Die Klasse soll sich dann überlegen, wie das Lied mit der Unterrichtsstunde zusammenhängt oder warum Sie es ausgewählt haben. Stellen Sie das Thema der Stunde vor und fragen Sie die Schüler nach Vorschlägen, welche Musik nach ihrem Geschmack dazu passen würde. Sie können die Lieder vorspielen oder aber nur aufzählen lassen. Am nächsten Tag können die Schüler dann darüber diskutieren, wie ihre Musikauswahl und das Unterrichtsthema zusammengepasst haben. Spielen Sie eine Musikauswahl, die zum Lernstoff des Tages passt; bezeichnen Sie die Auswahl als „Soundtrack der Stunde".

Kurze Texte

Lesen Sie als Einstieg in den Unterricht einen Zeitungsartikel oder eine Passage daraus, eine Kindergeschichte oder einen anderen passenden Text. Stellen Sie durch die dabei unterschiedlichen aufkommenden Gefühle oder den Inhalt einen Übergang zum Lernstoff und dem aktuellen Unterrichtsthema her. Lassen Sie die Schüler selbst im Internet oder in Printprodukten nach thematisch passenden Zeitungsartikeln suchen. Die mitgebrachten Beiträge können zu anregenden Gesprächen im Klassenverband führen.

Humor

Humor kann für ein emotionales Erlebnis sorgen, das die Schüler motiviert , und ihnen hilft, sich zu erinnern. Gemeinsames Lachen schweißt eine Klasse zusammen. Vermeiden Sie Sarkasmus und Ironie und fordern Sie das auch von den Schülern ein. Wenn Humor die Grenze zum Sarkasmus überschreitet, auch wenn es unabsichtlich geschieht, kann die Stimmung in der Klasse umschlagen. Dies wirkt sich negativ auf das Vertrauen und folglich auch auf das Lernen aus.

Für guten Humor findet sich oft eine Gelegenheit:

- Erzählen Sie eine lustige Geschichte aus Ihrem Leben.
- Zeigen Sie eine Karikatur, erzählen Sie einen Witz oder geben Sie ein Rätsel auf. Eine Verbindung zum Unterrichtsthema sollte natürlich erkennbar sein.
- Machen Sie etwas Verrücktes oder Unerwartetes.

Beispiel

Ein Mathelehrer ging einmal die ersten fünf Minuten des Unterrichts rückwärts im Zimmer herum. Die Schüler wussten nicht, was das sollte, sie kicherten und wunderten sich. Nachdem alle Formalitäten des Unterrichtsbeginns abgehandelt waren, enthüllte der Lehrer seinen Schülern, dass heute die negativen Zahlen auf dem Programm stünden. Sie mussten lachen, als sie den Zusammenhang zwischen der Gangart des Lehrers und den negativen Zahlen begriffen. An diese Begebenheit werden sie sich immer erinnern, wenn sie es mit negativen Zahlen zu tun bekommen.

Voraussagen

Wenn Sie einen fiktionalen Text im Unterricht behandeln, lassen Sie die Schüler Voraussagen aufschreiben oder diskutieren. Bei nichtfiktionalen Texten können Sie Fragen stellen, wie: „Was glaubt ihr: Wie wird sich dieses Ereignis auf unsere Wirtschaft auswirken? Auf Familien mit Kindern? Auf Obdachlose?" So regen Sie die Fantasie und Kreativität Ihrer Schüler an. Bieten Sie auch hier neben dem Schreiben und Sprechen weitere Möglichkeiten an, z. B. das Aufführen eines kurzen Sketches oder eine pantomimische Darstellung.

Strategie 11: Gehen Sie online

Für die meisten Schüler bedeutet die Zeit, die sie ohne digitale Medien verbringen, einen großen Kontrast zu der Zeit außerhalb der Schule. Machen Sie sich bewusst, dass dies für die meisten Schüler eine große Herausforderung darstellt, und versuchen Sie, wenigstens temporär digitale Medien in Ihrem Unterricht einzusetzen. Denn diese gehören untrennbar zur Lebenswelt Ihrer Schüler. Die Schüler in Ihrer Klasse werden sich mit einigen technischen Geräten besser auskennen als Sie. Versuchen Sie, dieses Wissen der Schüler für den Unterricht zu nutzen, und bieten Sie Gelegenheiten, in denen dieses Wissen eingesetzt und präsentiert werden kann. Außerdem bieten digitale Medien viele Chancen, sich einem Thema auf unterschiedlichen Wegen zu nähern, und eröffnen dadurch gerade im heterogenen Klassenzimmer die Möglichkeit, alle zu beteiligen.

Tipp

Auf folgenden Internetseiten finden Sie Informationen und Tipps rund um das Thema digitale Medien im Unterricht und in der Schule:

www.juuuport.de
www.mpfs.de
www.sicher-im-netz.de
www.klicksafe.de

Der Einsatz von digitalen Medien im Klassenzimmer ist allerdings auch eine Herausforderung. Oft fehlen die technischen Mittel oder sind völlig veraltet. Diese Probleme können Sie allein natürlich nicht lösen. Versuchen Sie, pragmatisch mit den vorhandenen Gegebenheiten zu arbeiten und das Beste aus der Situation zu machen. Einiges können Sie auch ohne großes technisches Know-how oder teure Anschaffungen umsetzen. Eine Integration der digitalen Medien in den Unterricht wird viele Vorteile mit sich bringen – angesichts der Tatsache, wie die Generation @ (laut Duden die Bezeichnung für Menschen der Altersgruppe, die mit dem Internet aufgewachsen und damit sehr gut vertraut sind) heutzutage wie selbstverständlich damit kommuniziert und interagiert: Sie …

- ziehen die Aufmerksamkeit der Schüler an,
- helfen beim Vermitteln schwieriger Kenntnisse,
- schaffen Gelegenheiten zum Entdecken und Forschen,
- bieten Zugang zu Ressourcen sowie Kontakt zu Menschen und
- eröffnen auf einzigartige und interaktive Weise das Potenzial für Kommunikation.

Versuchen Sie, zu begreifen, wie Ihre Schüler außerhalb der Schule die digitalen Medien benutzen, wie sie auf ihre Art der Kommunikation, auf ihre Bedürfnisse und auf ihre Interessen einwirken. Die Frage lautet: Wie können Sie mit Ihrer Klasse online gehen und aus dem Einfluss der Medien auf die Schüler für Schule und Unterricht Vorteile ziehen? Setzen Sie Technologie dafür ein, alle Schüler der Generation @ zu motivieren.

Tipp

Viele Schulen regeln den Umgang mit digitalen Medien im Unterricht und auf dem gesamten Schulgelände sehr restriktiv. Hier sollten Sie sich vorab informieren, um nicht gegen geltende Regeln zu verstoßen. Einigen Sie sich mit der Schulleitung und Ihren Kollegen auf eine einheitliche Vorgehensweise.

Der Aufbau einer Lernplattform

Ein Online-Angebot für Ihre Klasse verschafft den Schülern jederzeit Zugang zu Inhalten des Unterrichts. Die Lernplattform bietet ihnen einen Ort, wo sie Informationen, Links und Medien finden, die von den Lehrern ausgewählt oder von anderen Schülern zur Verfügung gestellt werden. Es lassen sich Aufgaben überprüfen oder die Kriterien für eine Projektarbeit nachlesen. Ebenso lassen sich Podcasts einer Unterrichtsstunde oder einer Diskussion einstellen. Die Lernplattform ermöglicht es den Schülern, vor und nach dem Unterricht zu lernen, sich auszutauschen und zu diskutieren. Web-2.0-Tools können das Internet für den Unterricht nutzbar machen und so das Lernen zu den Schülern bringen.

Tipp

Viele Schulen haben noch Schwierigkeiten damit, wie sie Zugang zur Technologie bekommen und wie sie damit das Lernen effektiv unterstützen können. Manche haben bereits Zugriff auf eine kostenpflichtige Software zur Unterrichtsgestaltung. Es gibt auch eine große Anzahl an kostenlosen Alternativen: Moodle ist eine Open-Source-Anwendung mit großen Marktanteilen. Ähnliche Produkte sind Blackboard oder die Lernplattform WebCT. Im Großen und Ganzen ähneln sich diese Programme. Vielleicht setzen einige Ihrer Kollegen bereits Lernplattformen ein. Erkundigen Sie sich und fragen Sie technikaffine Kollegen um Rat.

Der Einsatz eines Online-Lernprogramms in Verbindung mit dem normalen Unterricht ermöglicht den Schülern, sowohl Web-2.0-Tools als auch bestimmte Inhalte zu lernen. Jeder Schüler hat seinen eigenen Zugang und sein eigenes Passwort. So bleibt der Zugang auf die Schüler einer Klasse beschränkt. Als Erstes sollten Sie sich nach den zur Verfügung stehenden technischen Ressourcen erkundigen. Die entsprechenden Ressourcen zu beschaffen und eine Lernplattform aufzubauen, beansprucht Zeit.

▓ Auf einen Blick

Überprüfen Sie die Kapazitäten der für die Klasse zur Verfügung stehenden Möglichkeiten: Welche Hard- und Software gibt es? Sind die Verbindungsgeschwindigkeiten ausreichend? Haben alle Schüler die Möglichkeit, auch außerschulisch auf die Lernplattform zuzugreifen?
Manchmal haben Schüler zu Hause keinen Internetzugang oder nicht die erforderlichen Geräte. Das kann dazu führen, dass manche schnell demotiviert sind, weil sie sich abgehängt und benachteiligt fühlen. Achten Sie darauf, dass allen Schülern der Zugang ermöglicht wird. Denken Sie an Alternativen, wie

PCs mit Internetzugang in Stadt- oder Universitätsbibliotheken. Ermuntern Sie Ihre Schüler, Lerntandems zu bilden. Dabei kann ein Schüler, der einen frei zugänglichen Internetzugang hat, mit einem Schüler zusammenarbeiten, der diesen zu Hause nicht vorfindet.

Wichtig

Ein Online-Treffen mit den Schülern ist keine lockere Zusammenkunft, sondern ein Ort, der für schulische Zwecke vorgesehen ist. Verhalten Sie sich also auch online so professionell, als würden Sie vor der Klasse stehen. Klären Sie in diesem Zusammenhang ggf. auch, wie Sie (und die Schule) sich gegenüber sozialen Netzwerken positionieren wollen. In einigen Bundesländern gibt es dazu bereits rechtliche Vorgaben: So ist es beispielsweise Lehrern in Rheinland-Pfalz untersagt, Facebook zum dienstlichen Kontakt mit Schülern zu nutzen, da das Ministerium Datenmissbrauch befürchtet (Stand: Oktober 2013). Halten Sie auch hier Rücksprache mit Ihrer Schulleitung bzw. erkundigen Sie sich nach den geltenden rechtlichen Vorgaben in Ihrem Bundesland.

◼ In die Praxis umsetzen

Der Einsatz technischer Hilfsmittel ist eine sinnvolle Möglichkeit, allen Schülern einen abwechslungsreichen und lebensnahen Zugang zum Lernstoff zu ermöglichen. Eröffnen Sie Ihren Schülern dadurch den Zugang über technische Möglichkeiten und nutzen Sie die Leidenschaft für Videospiele. Der Einsatz verschiedener digitaler Medien kann gerade im heterogenen Klassenzimmer die Kooperation und Kommunikation verbessern. Ebenfalls können sie für die gezielte Förderung sowohl von Leistungsschwachen und Leistungsstarken eingesetzt werden.

Testen Sie eine Lernplattform

Unterrichten mithilfe einer Lernplattform ermöglicht den Schüler einen außerschulischen Zugriff auf alle Websites, Videolinks, Online-Schulbüchern und Videos, die für sie und von ihnen zu einem Kurs oder Thema erstellt wurden. Sie können …

- Gespräche weiterführen, die im Unterricht begonnen wurden,
- ihre Meinung äußern und an Abstimmungen teilnehmen,
- Begriffe für ein Glossar definieren, die nächsten Aufgaben abrufen und
- Unterrichtsthemen weiter vertiefen.

Unterrichten im 21. Jahrhundert ohne Online-Unterstützung würde bedeuten, den Unterrichtsstoff eindimensional und leblos zu vermitteln. Online-Tools können den Unterricht durch Differenzierung, Beschleunigung, Interventionen und Förderung verbessern.

Durch Online-Tools neue Zugänge zum Unterrichtsinhalt schaffen

Schüler, die auf anderem Wege schwierig zu begeistern sind, können möglicherweise mit der Verwendung eines Online-Tools wieder motiviert werden. Technisch bewanderte Schüler, die Probleme mit dem Unterrichtsstoff haben, können mit Web-2.0-Tools ihre Ideen sammeln, um den Inhalten Sinn abzugewinnen. Noch dazu hat alles, was ein einzelner Schüler sich ausdenkt, das Potenzial, den anderen das Verständnis zu erleichtern. Interaktive Präsentationen, Thesenpapiere etc. können als Grundlage für Unterrichtsgespräche oder als Anregungen für andere Schüler verwendet werden.

Geben Sie den Schülern differenzierte Aufgaben: Sie könnten eine Website aufbauen, einen Blog starten oder eine Twitter-Seite verwenden. Versuchen Sie, mehr über die bevorzugten Tools dieser Schüler herauszufinden, um sie damit zu motivieren:

- Sie könnten einen Blog über den Unterrichtsinhalt starten. Übertragen Sie auf die Schüler die Verantwortung dafür, die wichtigsten Punkte des Unterrichtsgesprächs zu posten oder die Fragen der Klasse zu einem Problem oder einer Aufgabe zu sammeln.
- Wer mit dem Inhalt zurechtkommt, könnte beispielsweise eine PowerPoint-Präsentation oder ein Video erstellen und damit seinen Mitschülern die unterrichteten Sachverhalte erklären.
- Zudem könnten mit einer geeigneten Software die Schüler ihre persönlichen Fortschritte verfolgen. Sie könnten beispielsweise mit dem Computer ihre Leseflüssigkeit überprüfen.

Machen Sie sich die Begeisterung für Videospiele zunutze

Sehr viele Schüler sind von interaktiven Videospielen völlig fasziniert. Was ist dran an diesen Spielen? Warum sind sie so beliebt, dass manche Spieler sogar süchtig werden? Wäre es nicht toll, wenn Ihre Schüler beim Lernen genauso beharrlich und ausdauernd wären? Vielleicht lassen sich einige Elemente der Spiele auch auf den Unterricht übertragen. Vielleicht kann so der Zugang erleichtert und das Interesse geweckt werden. Nachfolgend finden Sie die wichtigsten Elemente, die in Videospielen ihre Anwendung finden:

- **Klares Ziel, klare Anweisungen:** Videospiele haben klare Ziele: Entweder das nächste Level erreichen oder das vorherige Ergebnis übertreffen.

- **Sofortige Rückmeldungen:** Wenn ein Spieler einen Fehler macht, liefern die Spiele sofort Informationen darüber, was passiert ist. Gewöhnlich hat man so viele Versuche, wie man braucht oder will.
- **Auswahlmöglichkeiten und Wettkampfcharakter:** Einerseits können die Spieler einen Schwierigkeitsgrad auswählen. Andererseits können sie gegen sich selbst oder online gegen andere spielen.
- **Multimedial:** Die Spiele enthalten Bilder, Videos, Musik und Texte. Über all diese Kanäle erhalten die Spieler Hinweise oder Meldungen über Fehler.

Prüfen Sie, ob und wie Sie diese für Ihre Unterrichtsplanung nutzen können. Die beste Informationsquelle für Videospiele sind sicher Ihre Schüler selbst. Fragen Sie sie nach den Namen der beliebtesten Spiele. Sprechen Sie mit ihnen darüber, wie diese Spiele, z. B. in abgewandelter Form, für den Unterricht eingesetzt werden könnten.

Strategie 12: Nutzen Sie Spiele zum Lernen und Wiederholen

Mit Spielen und Lernspielzeug können neue Inhalte eingeführt und Gelerntes kann wiederholt werden. Spiele sorgen aber nicht nur für Spaß, sie können auch zu besseren Leistungen beitragen. Zudem bieten sie Abwechslung und aktivieren auf unterschiedliche Art und Weise. Sie bieten abwechslungsreiche Möglichkeiten, sich mit dem Unterrichtsinhalt auseinanderzusetzen.
Wenn Spiele von Lehrern zielgerichtet und umsichtig eingesetzt werden, können sie einen signifikanten Effekt auf die Leistungen der Schüler haben (Marzano, 2010, S. 71).
Den meisten Einfluss auf die Leistungen von Schülern haben laut Marzano die folgenden vier Komponenten:

1. Schaffen Sie eine Wettkampfsituation mit nur geringem Risiko. Kein Schüler soll Angst vor Blamage haben und kein Team soll am Ende enttäuscht sein, wenn das Spiel verloren wurde.
2. Zielen Sie auf wesentliche schulische Inhalte ab. Das Spiel soll nicht um des Spielens willen stattfinden, sondern Unterrichtsinhalte auffrischen, festigen oder überprüfen.
3. Reflektieren Sie gemeinsam mit den Schülern, was gelernt wurde oder welche neuen Fragen auftauchten. Offene Fragen sollten spätestens in der nächsten Unterrichtsstunde geklärt werden.

4. Lassen Sie die Schüler hinterher ihre Notizen durchschauen. So kann das im Spiel Gehörte und Gesagte mit den eigenen Mitschriften verglichen und ggf. um einige Anmerkungen ergänzt werden.

Diese entscheidenden Faktoren beziehen sich auf die Nachbesprechung und aufs Nachdenken mit dem Ziel, die Lernfähigkeiten und das Verständnis der Schüler zu erweitern. Am Ende des Spiels können die Schüler gemeinsam über neue Erkenntnisse, den Zweck und die nächsten Schritte nachdenken. Vernachlässigen Sie diese Reflexionsphase nicht, denn sie ist für das Lernen wesentlich. Achten Sie darauf, dass am Ende der Stunde noch Zeit für die Reflexion ist, denn beim Spielen kann die Zeit wie im Flug vergehen.

Wie bereite ich ein Lernspiel vor?

Orientieren Sie sich an folgenden Planungsschritten, wenn Sie im Unterricht auf Lernspiele zurückgreifen wollen:
1. Bestimmen Sie den Zweck des Spiels, z. B. Inhalte wiederholen oder lernen, Übungen zu vorangegangenen Unterrichtsstunden.
2. Wählen Sie die Lernziele für das Spiel aus. Finden Sie heraus, was die Schüler bereits verstehen und wissen und was sie noch üben sollten.
3. Suchen Sie die praktikabelste Aktivität heraus. Denken Sie an die Lernstile der Schüler, an den Zweck und das angestrebte Lernziel.
4. Die Schüler können allein, mit einem Partner oder in kleinen Gruppen spielen. Sie können die Klasse auch in zwei Teams einteilen.
5. Bereiten Sie die Fragen und Fakten vor. Schülerantworten aus schriftlichen Arbeiten oder aus dem Unterrichtsgespräch, Probleme aus einem vorangegangenen Test oder Beispiele aus früheren Schuljahren können das Spiel sinnvoller und effektiver machen. Nehmen Sie Bezug auf das, was vorher im Unterricht besprochen wurde. Mithilfe des Spiels können Missverständnisse und Unklarheiten behoben werden.
6. Planen Sie den Ablauf des Spiels. Überlegen Sie z. B., wie Teams gebildet oder wann die Antworten der Schüler besprochen werden.
7. Bestimmen Sie die günstigste Zeit zum Spielen. Wie passt das Spiel am besten in den Unterrichtsablauf? Welchen Zeitaufwand erfordert es?
8. Erklären Sie den Schülern den Spielzweck, den Ablauf und die Regeln.
9. Spielen Sie das Spiel. Überlegen Sie dabei, wie Sie alle Schüler integrieren können. Verteilen Sie verschiedene Ämter, wie Punktestand notieren und auf die Spielzeit achten.
10. Geben Sie den Schülern Zeit zum Nachdenken. Lassen Sie sie über die Fakten und Inhalte sprechen, die sie sich merken sollten.

■ Auf einen Blick

Bestimmen Sie das Lernziel und wählen Sie dann ein Spiel aus, um Standards, Fähigkeiten oder Inhalte zu vertiefen oder zu wiederholen. Achten Sie darauf, dass das Spiel wirklich einen Zweck hat. Lückenfüller zur Abwechslung bei der schulischen Routine können zwar Spaß machen, aber sie haben oft keinen Sinn in Bezug auf die zu unterrichtenden Standards. Wenn aber eine Stunde besonders intensiv war, können sich Schüler auch mit einem Lückenfüller (Dehn- oder Bewegungsübung, zu einem Lied tanzen, eine lustige Geschichte erzählen, einen Gegenstand zeigen und beschreiben, frische Luft schnappen etc.) wieder etwas erholen.

Wenn Sie relativ bekannte Spiele einsetzen, z. B.

- Galgenmännchen,
- Boggle®,
- Scrabble®,
- Kreuzworträtsel,
- Wettrennen,
- Jeopardy®,
- Glücksrad® oder
- Pictionary®,

sparen Sie sich die Zeit für lange Erklärungen der Regeln. Die Klasse kann länger spielen und die wichtigen Inhalte besser lernen oder wiederholen. Sie können dasselbe Spiel in Zukunft immer wieder mit wechselnden Inhalten spielen lassen.

Beispiel

Es spricht natürlich nichts dagegen, gemeinsam mit der Klasse die bekannten Regeln abzuändern oder durch neue zu ersetzen. Schüler sind oft sensibel und haben einen hohen Gerechtigkeitssinn: Damit alle beim Spielen integriert werden können, haben einige sicher gute Ideen, wie dies mit veränderten Regeln gelingen kann. Seien Sie offen für Vorschläge und diskutieren Sie diese, bevor Sie sich dem Spielen zuwenden. Beziehen Sie die Schüler bei der Spielplanung mit ein. Kleine Gruppen könnten sich dabei Aufgaben oder Fragen ausdenken. Die Vorbereitung und die Ausgestaltung des Spiels kann die Motivation genauso anregen wie das Spielen selbst.

Wenn Sie ein Spiel mit der ganzen Klasse gespielt haben, stellen Sie das Zubehör bei Bedarf darüber hinaus an einer bestimmten Stelle im Klassenzimmer für

Kleingruppen oder Partnerarbeit zur Verfügung. Einige Schüler haben vielleicht die gewünschten Lernziele noch nicht erreicht. Sie können zu einem passenden Zeitpunkt im selben Spielformat weitermachen.

◼ In die Praxis umsetzen

Nun folgen einige Beispiele für motivierende und effektive Lernspiele: Jeopardy®, von Schülern selbst erfundene Spiele und Geheimnisse enthüllen.

Jeopardy® fürs Klassenzimmer

Jeopardy® können Sie zur Wiederholung von Lerninhalten verwenden. Ähnlich wie bei der bekannten Fernsehshow wird der Lerninhalt in sechs Kategorien eingeteilt. Jede Kategorie enthält eine Liste von Antworten, die sich hinter bestimmten Euro-Beträgen verbergen – je höher der Betrag, desto schwieriger die Lösung. Einzelne Schüler oder Teams nennen nacheinander eine Kategorie und einen Schwierig-keitsgrad. Dann wird eine Antwort aufgedeckt und die Spieler müssen dazu die entsprechende Frage formulieren. Der Lehrer bzw. der Spielleiter entscheidet, ob die Frage richtig war. Wenn sie richtig war, darf das Team mit einer anderen Kate-gorie weitermachen. Kategorien können z.B. Kontinente, Deutschland, Politiker, Sportler und Mannschaften, Flüsse, Europa und Flaggen sein.

Beispiel

In einer Mathematikstunde kam das Spiel Geopardy zum Einsatz, da die Klasse sich gerade mit Geometrie beschäftigte. Der Stoff für die anste-hende Prüfung sollte so wiederholt und gefestigt werden. Viele Schüler, die sich ansonsten nicht viel am Unterricht beteiligten, wurden durch diese andere Zugangsweise motiviert. Sie zeigten Interesse und äußerten sich positiv. Manche hatten durch das Spiel Sachverhalte verstanden, die ihnen in den vorigen Stunden noch unklar gewesen waren.

Schüler erfinden Spiele

Motivieren Sie Ihre Schüler für den Unterrichtsstoff und lassen Sie sie ihre eige-nen Lernspiele für die ganze Klasse entwerfen. Sie können dabei allein oder in kleinen Gruppen arbeiten. Jede Gruppe konzentriert sich auf ein anderes Lernziel. Hier können Sie den Schülern vorformulierte Lernziele als Hilfe zur Verfügung stellen. Ebenfalls können die Schüler „Ich kann"-Aussagen nutzen, um den Inhalt und den Zweck des Spiels daran auszurichten. Für die Aufgabe „Erfindet ein Spiel" (4.02) ⬇D können Sie den Schülern die folgenden vier Schritte als Anleitung nennen bzw. verteilen:

4.02

Erfindet ein Spiel!

1. Wählt ein Lernziel aus.

2. Welche Fragen wollt ihr stellen? Achtet darauf, dass die Fragen etwas mit dem Lernziel zu tun haben.
   Überlegt euch Fragen oder Aufgaben, bei denen eure Mitschüler Folgendes tun sollen:
   - Fakten über wichtige Ereignisse oder Persönlichkeiten in Erinnerung rufen
   - wichtige Persönlichkeiten bzw. Hauptfiguren beschreiben
   - Probleme lösen
   - die richtige Antwort auswählen

3. .Wenn es ein Brettspiel werden soll, müsst ihr Folgendes beachten:
   - Entwerft ein Spielbrett mit Start und Ziel.
   - Entwerft Spielsteine oder sucht nach geeigneten.
   - Entwerft oder sucht nach geeigneten Spielwürfeln, Kreiseln oder anderen Möglichkeiten,
     mit deren Hilfe man die Spielsteine auf dem Brett bewegen kann.
   - Entwerft Frage- und Antwortkarten.
   - Denkt euch Aufgaben aus.
   - Listet Aktionen auf, die ausgeführt werden müssen.
   - Bildet Objekte, Symbole oder Figuren aus Knetmasse oder zeichnet welche.

4. Überlegt euch den Ablauf des Spiels:
   - Legt die Anzahl der Mitspieler fest.
   - Spielen Einzelspieler oder werden Teams gebildet?
   - Bestimmt das Ziel des Spiels.
   - Legt fest, was die Mitspieler machen sollen.
   - Schreibt die Regeln auf.

Beispiel

An einer Realschule analysierten die Mathematiklehrer die Testdaten der 7. Klassen. Ausgehend von den falschen Antworten, gruppierten sie die Schüler nach der Art des Problems, an dem sie noch arbeiten sollten. Zwei Gruppen mussten noch üben, wie man Gleichungen mit einer Unbekannten mit einer bzw. mit zwei Rechenoperationen löst. Die dritte Gruppe musste noch üben, wie man Gleichungen aufstellt. In einer Unterrichtsaktivität arbeiteten die Gruppen daran, ihre im Test gezeigten Probleme zu beheben. Danach erhielten sie den Arbeitsauftrag, sich einige Aufgaben für die ganze Klasse auszudenken. Jede Gruppe präsentierte ihre Beispiele den anderen Mitschülern.

Geheimnisse enthüllen

Geben Sie dem Lernen von Zeit zu Zeit etwas Geheimnisvolles. Sie können sich dabei ganz auf die natürliche Neugierde der Schüler verlassen. Schauen Sie sich die folgenden Beispiele an oder denken Sie sich selbst ein Spiel aus, mit dem Sie Spannung erzeugen und alle Schüler zum Lernen anregen können:

- Geben Sie den Schülern einige Hinweise, z. B. Fakten, Eigenschaften oder statistische Angaben, mit deren Hilfe sie den geheimnisvollen Gegenstand, ein seltsames Tier etc. herausfinden können.
- Spielen Sie einen Privatdetektiv oder lassen Sie die Schüler in die Rolle des Detektives schlüpfen, der die wichtigsten Fakten eines Themas, eines historischen Ereignisses oder einer wissenschaftlichen Entdeckung enthüllt.
- Gehen Sie mit den Schülern auf Schnitzeljagd, um die Lösungen für Probleme zu finden:
  - ⇨ Legen Sie fest, was die Schüler lernen sollen.
  - ⇨ Bestimmen Sie das Spielfeld der Schnitzeljagd: Texte, Websites, Bücher, das Schulgelände, das Klassenzimmer oder sogar eine Wanderung in der Natur nach der Schule.
  - ⇨ Erklären Sie den Schülern, wonach sie suchen, und schicken Sie sie paarweise oder in kleinen Gruppen los.
  - ⇨ Wenn die Schüler wieder zusammenkommen, sollen sie Schlüsse ziehen und dabei Beweise oder Belege von ihrer Schnitzeljagd anführen.

Strategie 13: Bringen Sie Abwechslung in den Unterricht

Gestalten Sie Ihren Unterricht abwechslungsreich – zu Beginn, während oder am Ende einer Aktivität. Dadurch können Sie den Schülern helfen, die Inhalte in Erinnerung zu behalten, interessiert zu bleiben oder neugierig zu werden. Vielfältigkeit können Sie durch den Einsatz von neuen Methoden, unterschiedlichen Formen der Zusammenarbeit, dem Sammeln von Informationen und dem Lösen von Problemen erreichen. Die Schüler müssen Gelegenheiten haben, kreativ sein zu können. Damit ist nicht gemeint, dass alle frei ausprobieren können und keine Regeln gelten. Vielmehr braucht auch kreatives Handeln einen Rahmen, in dem Probleme auf verschiedene Art und Weise, und wenn nötig unter Anleitung, gelöst werden können.

Sie bringen Abwechslung in den Unterricht, wenn Sie das Banale und Langweilige in etwas Herausforderndes und Spannendes verwandeln. Geben Sie dem Unterricht und den Themen überraschende Wendungen, um das Interesse der Schüler in Gang zu setzen.

■ Auf einen Blick

Achten Sie bereits bei der Unterrichtsplanung darauf, welche langweiligen Passagen verzichtbar sind. Unterrichten Sie auf eine Weise, welche die Schüler heraus-, aber nicht über- bzw. unterfordert und sie in ihrer Entwicklung unterstützt. Die folgenden Methoden sind Beispiele dafür, wie sich Aufgaben abwandeln und verbessern lassen, um auf dem einen oder anderen Weg allen Schülern ein anregendes Lernen zu ermöglichen:.

- ◉ Mit Videoclips, Zitaten, Songtexten oder Fernsehshows können Sie ein Thema einleiten.
- ◉ Die Schüler überlegen sich den Zusammenhang zwischen Inhalten oder Fähigkeiten und einem Video, einer Musik oder dergleichen.
- ◉ Beziehen Sie die Interessen der Schüler ein (siehe Kapitel 3, S. 77–117).
- ◉ Planen Sie Aktivitäten für flexible Gruppen. Bilden Sie kleine Gruppen, große Gruppen, Paare oder lassen Aufgaben in Einzelarbeit erledigen (siehe Kapitel 3, S. 77–117).
- ◉ Planen Sie – soweit möglich – neue Technologien, wie E-Books, Networking, interaktive Schwarze Bretter, Internetrecherchen, Online-Portfolios und Blogs, ein (siehe Strategie 11, S. 127).
- ◉ Die Schüler können sich selbst etwas einfallen lassen und eine abwechslungsreiche Unterrichtsstunde präsentieren. Sie lernen dabei und sind gleichzeitig motiviert.

Denken Sie daran: Abwechslungsreichen Unterricht gestalten heißt nicht, ihn mit Belanglosigkeiten aufblähen. Oberflächliche Unterrichtsstunden regen den Verstand nicht an. Vielleicht sind sie zunächst ganz interessant, aber sie sind zu flüchtig und die Energie verpufft. Die Schüler und Sie selbst haben keine Zeit für Belanglosigkeiten.

Zum Lernen und Üben sollten allen Schülern anregende Aktivitäten angeboten werden. Wenn Sie motivierende Aktivitäten nur als Belohnung einsetzen, teilen Sie Ihren Schülern mit, dass es Spaß lediglich nach dem Lernen gibt. Besser ist es natürlich, wenn Sie vermitteln, dass Lernen selbst Spaß macht.

Banale Zeitfüller und Arbeitsblätter ohne klaren Zweck langweilen die Schüler. Sie empfangen die falschen Botschaften über den Sinn der Schule, über den Wert ihrer Zeit und die Wichtigkeit des Lernens. Lehrer sehen in Arbeitsblättern manchmal eine sinnvolle Übung. Schüler hingegen sehen darin oft nur etwas, das mit ihrem Lernen nichts zu tun hat, und schalten ab. Verzichten Sie auf Fleißaufgaben, langweilige Arbeitsblätter und Vorträge. Ein Arbeitsblatt muss einen klaren Zweck und ein klar definiertes Lernziel haben. Untergliedern Sie es nach Schwierigkeitsgraden oder visualisieren Sie diese z.B. durch Sterne oder andere grafische Elemente, damit es für die verschiedenen Schüler machbar ist.

Tipp

Durch das Bereitstellen von differenziertem Material entlasten Sie auch sich. Sicherlich wird es am Anfang Zeit kosten, die Materialien zusammenzustellen, und auch Ihre Schüler werden sich an die Öffnung des Unterrichts gewöhnen müssen. Hat sich aber erst einmal etwas Routine eingestellt und sind die Abläufe geübt, werden Sie eine positive Veränderung bemerken können. Sie haben mehr Zeit, sich gezielt um Schüler mit Rückfragen und Schwächen zu kümmern. Und Ihre Schüler können sich Aufgaben gemäß ihrem Leistungsstand zusammenstellen.

◼ In die Praxis umsetzen

Bringen Sie Abwechslung in den Unterricht und bieten Sie Ihren Schülern mit effektiven Erklärungen und lebendigen Arbeitsblättern verschiedene Zugänge an.

Effektive Erklärungen statt uneffektiver Vorträge

Für richtiges Engagement, das zum Lernen führt, müssen die Schüler erkennen, welchen persönlichen Wert der Unterricht für sie und ihren künftigen Erfolg hat. Sie müssen sich für den Inhalt, so wie er präsentiert wird, interessieren. Langatmige Lehrervorträge können uneffektiv und langweilig sein – besonders dann, wenn kein Bezug zur Lebenswelt der Schüler besteht. Die Schüler verharren in ihrer passiven Position, wenn Sie einen Text vorlesen oder nach dem Buch vorgehen. Geben Sie dem Stoff besser einen persönlichen Bezug, den die Schüler nachvollziehen können. Auch wenn sie selbst einen Text lesen oder eine Aufgabe laut lösen, verarbeiten sie dabei gewöhnlich den Lernstoff nicht sofort und erkennen auch nicht automatisch die wichtigen Aspekte ihrer Lernarbeit. Wenn der Gong ertönt oder der Text fertig gelesen ist, endet auch der Unterricht – egal ob die Schüler jetzt alles verstanden haben oder nicht. Das kommt Ihnen bekannt vor? Die Alternative wäre, wenn Sie mit kurzen, motivierenden Beiträgen Inhalte einführen und den Schülern Hilfestellung geben, den Lernstoff selbst zu erarbeiten. Kurzbeiträge halten die Balance zwischen Ihren Erklärungen und der selbstständigen Denkarbeit der Schüler. Die folgende „Checkliste zur Planung von Kurzbeiträgen" (4.03) [⇩D] unterstützt Sie bei der Vorbereitung von Beiträgen für Ihren Unterricht.

4.03

In heterogenen Klassen alle erreichen
Strategien für motivierenden Unterricht und nachhaltigen Lernerfolg

Checkliste zur Planung von Kurzbeiträgen

Die nachstehende Checkliste dient zur Planung, Umsetzung und Bewertung effektiver, kürzerer Lehrerbeiträge für den Unterricht. Lesen Sie jeden Hinweis durch und haken Sie ihn nach Erledigung ab.

Vor dem Vortrag: Planung

- ○ Legen Sie die Standards, Fähigkeiten und/oder Inhalte fest, die angesprochen werden sollen.
- ○ Erkundigen Sie sich vorab über das Wissen und die Interessen der Schüler.
- ○ Verwenden Sie diese Informationen für Ihre Planung.
- ○ Gliedern Sie den Inhalt in überschaubare Teile.

Während des Vortrags: Inhalte erklären und unterrichten

- ○ Schreiben Sie die Standards, Ziele oder Stichpunkte an die Tafel.
- ○ Leiten Sie kreativ und überraschend ein.
- ○ Erklären Sie jeweils nur einen überschaubaren Teil des Lernstoffs.
- ○ Unterstützen Sie, dass die Schüler aktiv mitmachen und sich mit dem Inhalt auseinandersetzen.
- ○ Streuen Sie persönliche Geschichten oder Erfahrungen ein; sie sollten altersgerecht sein und zum Kontext bzw. Inhalt passen.
- ○ Erklären Sie die wichtigen Elemente in einem sinnvollen Zusammenhang.
- ○ Fördern Sie mit verschiedenen Strategien die Interaktionen der Schüler.
- ○ Bauen Sie für Anmerkungen und für das Verarbeiten der Informationen Unterbrechungen ein.
- ○ Gehen Sie im Raum herum.
- ○ Achten Sie darauf, dass sich die Schüler die Inhalte durch angeleitetes Üben aneignen können.
- ○ Beenden Sie den Beitrag mit einem sinnvollen Hinweis zum Nachdenken über das Gelernte. Weisen Sie darauf hin, was die Schüler aus Ihrem Beitrag mitnehmen können.

Nach dem Vortrag: Verarbeiten und lernen

- ○ Planen Sie Aktivitäten für die Schüler, bei denen sie mit dem neuen Lernstoff arbeiten können.
- ○ Geben Sie schülerzentrierte, variable Aufgaben, um auf den unterschiedlichen Leistungsstand eingehen zu können.
- ○ Legen Sie fest, ob die Schüler allein, mit Partnern oder in kleinen Gruppen arbeiten.
- ○ Beschäftigen Sie sich mit Schülern, bei denen eine Intervention erforderlich ist (entweder einzeln oder in kleinen Gruppen).
- ○ Überprüfen Sie den Lernfortschritt, um den nächsten Schritt zu bestimmen.

Arbeitsblattreform

Beispiel

Sonja kam eines Tages von der Schule nach Hause, setzte sich neben ihre Mutter und wollte mit ihren Hausaufgaben anfangen. Als diese vor ihr lagen, brach sie unvermittelt in Tränen aus. Sie hatte keine Ahnung, was sie machen sollte. Sie sagte nur noch: „Die bringen uns nichts bei. Die geben uns nur Arbeitsblätter und sagen, dass wir das machen sollen. Wir sollen uns wohl selbst unterrichten."

Wie sehen vernünftige Arbeitsblätter aus, die allen Schülern wirklich etwas (bei)bringen? Gerade im heterogenen Klassenzimmer benötigen Sie differenzierte Materialien, auch wenn Sie zielgleich unterrichten. Denn auch dann müssen die Arbeitsblätter auf das unterschiedliche Tempo und die Herangehens- und Arbeitsweise der unterschiedlichen Lerner abgestimmt sein. Aber können Sie tatsächlich für jede Stunde 30 verschiedene Arbeitsblätter entwerfen? Dies ist sicher nicht zu leisten. Aber Sie können sich durch einige zu beachtende Dinge die Vorbereitung einfacher und den Nutzen für Ihre Schüler größer machen. Mit den folgenden Fragen können Sie die Planung und Gestaltung Ihrer Arbeitsblätter im Vorhinein angemessen angehen:

- Welche Lernziele sollen mit dem Arbeitsblatt angesprochen werden?
- Was ist der Zweck des Arbeitsblattes?
  - ⇨ Üben?
  - ⇨ Interesse wecken?
  - ⇨ Wissen und Verständnis testen?
  - ⇨ Ein Zusatzangebot für Schüler, die mit einer Aufgabe fertig sind?
- Wie können Sie ein Arbeitsblatt gestalten, damit es sich für die ganze Klasse eignet? Sollten Sie je nach Leistungsstand der Schüler verschiedene Optionen anbieten? Wenn sich beispielsweise einige Schüler schon mit Nomen auskennen, ist es wenig sinnvoll, sie noch weiter in einem Text danach suchen zu lassen. Besser wäre es, wenn diese Schüler einen kurzen Absatz darüber schreiben würden, was sie über Nomen wissen. Durch verschiedene Auswahlmöglichkeiten je nach Vorwissen und Leistungsstand der Schüler können Sie differenzierte Arbeitsblätter anbieten und so den unterschiedlichen Bedürfnissen besser gerecht werden.
- Was können Sie hinzufügen, um die Schüler weiter zu fordern?

Geben Sie den Schülern nur Arbeitsblätter, die wirklich sinnvoll sind und einem ganz bestimmten Zweck dienen. Schauen Sie sich die folgenden Strategien an, mit denen Sie den Umgang mit den Arbeitsblättern abwechslungsreicher gestalten können:

- Zerschneiden Sie ein Arbeitsblatt in Streifen oder Stücke. Kleinere Segmente können besonders motivierend auf Schüler mit Problemen wirken. Denn sie erkennen schneller einen Fortschritt, wenn sie wieder mit einem Stückchen fertig geworden sind. Sie fühlen sich dann eher dazu in der Lage, die ganze Arbeit erledigen zu können. Und dies wiederum erhöht ihr Selbstvertrauen.
- Es ist besser, wenn jeder Schüler ein oder zwei Fragen beantwortet, anstatt eine lange Liste abzuarbeiten. Wenn sie mit ihren Fragen fertig sind, können sie sich ihre Überlegungen und Antworten gegenseitig mitteilen.
- Die Schüler können sich in einen Kreis setzen und ein Arbeitsblatt gemeinsam bearbeiten. Der erste beantwortet die erste Frage und gibt das Blatt dann weiter. Fordern Sie die Schüler auf, sich die vorhergehenden Antworten noch mal anzuschauen. Abhängig von der Art der Fragen können sie dann Folgendes machen:
  - ⇨ einen Satz mit weiteren Details oder einer anderen Perspektive hinzufügen
  - ⇨ die Antwort überprüfen und dazu einen interessanten oder passenden Gedanken schreiben
  - ⇨ zur Antwort eine weitere Frage schreiben
  - ⇨ die Überlegung des anderen Schülers nachvollziehen: Wie ist er auf seine Antwort gekommen?
  - ⇨ eine Antwort mit eigenen Worten zusammenfassen

Strategie 14: Sorgen Sie für Optimismus und loben Sie

Alle Schüler brauchen Erfolgserlebnisse, um weiterhin motiviert zu sein und Freude am Lernen zu haben. Planen Sie jede Lerngelegenheit so, dass die Schüler zu einem Erfolgserlebnis kommen. Schenken Sie kleinen und großen Leistungen Anerkennung. Aber seien Sie genau in Bezug auf das, was Sie anerkennen und loben. Die Schüler sollten zwischen dem, was sie machen, und dem, was sie lernen, einen Zusammenhang herstellen. Lob ist eine Bestätigung für Erfolg und beeinflusst die emotionalen Reaktionen auf die eigenen Leistungen. Dadurch entwickelt sich das Selbstvertrauen (vgl. Linnenbrink und Pintrich, 2003).

Wichtig

 Manche Lehrer meinen, dass die Zeit einfach nicht ausreicht, um die Schüler zu loben und ihre Erfolge zu thematisieren. Ehrlich gesagt: Es ist keine Zeit dafür, die Erfolge *nicht* zu thematisieren und die Fortschritte *nicht* zu loben. Für die Schüler ist es ganz wichtig, Erfolge zu erkennen und zu verinnerlichen. Zu loben und Erfolge anzuerkennen, heißt nichts anderes, als Zuversicht und Selbstvertrauen zu wecken. Wenn die Schüler ihre kleinen Erfolge selbst erkennen, entwickeln sie Selbstvertrauen. Und mit diesem Selbstvertrauen trauen sie sich, mehr Risiken einzugehen, machen Fehler – und lernen mehr!

Lob schafft auch ein gutes Verhältnis zwischen Ihnen und Ihren Schülern. Erkennen Sie die Erfolge Ihrer Schüler an und zeigen Sie ihnen damit Ihr Interesse, dass Sie für sie da sind und sich um sie kümmern. Kommunizieren Sie diese Fortschritte und Erfolge durch Rückmeldungen. Das kann ein anerkennender Satz oder Blick sein – es muss nicht immer eine wortreiche Rückmeldung sein.

Es ist einfach, sich auf das zu konzentrieren, was die Schüler nicht richtig machen – sei es in ihren Leistungen und Arbeiten, sei es in ihrem Verhalten. Das Problem bei dieser defizitorientierten Sichtweise hat zweierlei Auswirkung: Zum einen sind die Schüler überfordert mit der schieren Menge an negativen Rückmeldungen und wissen schließlich nicht mehr, wo sie anfangen sollen, etwas zu verändern. Zum anderen enthalten negative Kommentare oft keine Hinweise, woraus die Schüler entnehmen könnten, wie sie einen Fehler oder ein Missverständnis ausräumen oder ein Verhalten korrigieren könnten. Wenn Schüler nicht wissen, was sie als Nächstes machen sollen, resultieren daraus oft Rückzug und ein Verlust der Anstrengungsbereitschaft. Dies wiederum kann sich in störendem Verhalten, Herumalbern oder Untätigkeit äußern. Noch problematischer sind wahrscheinlich die unsichtbaren Folgen. Manche Schüler glauben womöglich, dass an ihnen selbst etwas falsch sei und dass sie überhaupt nichts tun könnten, um etwas zu verändern und vorwärtszukommen (Hattie und Timperly, 2007). Einige resignieren und sagen sich: „Mir ist alles egal!", „Das ist doch doof." oder „Ich gebe auf." Diese Gefühle führen zu Scham und Verzweiflung. Was geschieht mit einem Schüler, der einen Tag, eine Woche, einen Monat, ein ganzes Jahr oder womöglich die ganze Schullaufbahn nur sehr wenige „Aha-Erlebnisse" hat? Er kommt sicher zu der Überzeugung, dass die Schule nicht der richtige Ort für ihn ist. Er mag zwar körperlich in der Klasse anwesend sein, aber mental und emotional hat er sich bereits verabschiedet.

Gehen Sie von den Stärken aus und arbeiten Sie sich in die Problembereiche vor. Finden Sie heraus, was der Schüler weiß. Fragen Sie sich selbst: Baue ich auf den Stärken auf oder konzentriere ich mich auf die Schwächen und Probleme? Erfolg ist ansteckend. Wenn ein Schüler etwas begreift oder ihm ein Aha-Erlebnis widerfährt, ist dies bestätigend und bestärkend für das weitere Lernen. Und zwar nicht nur für den Schüler – ein solches Erlebnis zählt zu den Höhepunkten des Lehrerdaseins.

Auf einen Blick

Heben Sie gute Gespräche und erfolgreich beendete Aktivitäten der ganzen Klasse genauso lobend hervor wie individuelle Leistungen. Lassen Sie die Schüler bei der Planung und Vorbereitung der Belohnung von guten Leistungen mitwirken. Beispielsweise könnten sie sich Urkunden oder Vorlagen zur Rückmeldung ausdenken, auf denen die Leistungen der einzelnen Schüler genau beschrieben werden. Vermeiden Sie Lob und Kommentare, die keinen triftigen Grund haben.

In die Praxis umsetzen

Bringen Sie von Zeit zu Zeit etwas Abwechslungsreiches oder Geheimnisvolles in die Klasse, erkennen Sie Erfolge an und verbreiten Sie Optimismus.

Schilder und Bilder

Lassen Sie von den Schülern Hinweise oder Slogans auf Postern mit Symbolen und Bildern kombinieren, die z. B. auf den „Geist der Schule" oder die Schulumgebung verweisen. Die Schüler können bei der Gestaltung mitgebrachte Bilder und Fotos verwenden. Außerdem könnten sie sich für die Poster ihre eigenen Slogans ausdenken, beispielsweise zu den Zielen, zur Lernarbeit oder zur Ausdauer beim Lernen. Hier einige Beispiele für Slogans zum Thema Ziele:
- Glaub an dich!
- Die Zukunft hat den Schlüssel zu deinen Träumen.
- Hör niemals auf, zu träumen.
- Die heutigen Ziele sind die morgigen Erfolge.
- Alles ist möglich.
- Wage, zu träumen.

Einige Beispiele zum Lernen und Durchhalten:
- Stell dich der Herausforderung!
- Du kannst es schaffen!
- Du bist gut und du wirst jeden Tag besser!
- Gib dein Bestes!

Reflexion

In diesem Kapitel wurden Strategien behandelt, mit denen das Lernen etwas abenteuerlicher gestaltet werden kann. Wie sind Ihre eigenen Erfahrungen? Was hat bei Ihnen funktioniert, sodass Ihre Schüler das Lernen als etwas Spannendes empfanden, das auch noch Spaß machen kann? Besprechen Sie die folgenden Fragen und Aktivitäten mit Kollegen oder bearbeiten Sie diese für sich.

1. An welches Erlebnis im Unterricht aus Ihrer eigenen Zeit als Schüler erinnern Sie sich am liebsten? Beschreiben Sie es.
   - Was haben Sie gemacht?
   - Was hat der Lehrer gemacht?
   - Wie haben Sie sich dabei gefühlt?
   - Wie könnten Sie diese Erfahrung auf Ihren Unterricht übertragen?

2. Wie würden Sie sich wünschen, dass Ihre Schüler Ihren Unterricht beschreiben? Mit welchen Strategien könnten Sie dies in Ihrem Klassenzimmer Wirklichkeit werden lassen?

3. Testen Sie eine der Strategien in diesem Kapitel an einem Schüler oder der ganzen Klasse. Besprechen Sie dann mit den Kollegen Ihre Erfahrungen:
   - Konnten Sie das gewünschte Ergebnis – sei es im Verhalten, sei es bei einer Aufgabe – erreichen?
   - Wie hat sich die Haltung der Schüler geändert?
   - Haben die Schüler die gestellte Aufgabe geschafft? Warum, warum nicht?
   - Was hat funktioniert? Woher wissen Sie das?
   - Was hat nicht funktioniert? Warum?
   - Wie könnten Sie die Strategie modifizieren, um sie beim nächsten Mal effektiver zu machen?

4. Auf welche Weise erkennen Sie derzeit die Erfolge Ihrer Schüler an?

5. Listen Sie Lernerfolge auf, die Sie als Gelegenheit zum Anerkennen und Loben nutzen können.

6. Listen Sie mithilfe der Vorlage auf S. 146 diverse „Regeln und Maßnahmen" (4.04) ⬇D in Ihrem Klassenzimmer auf. Wie vermitteln Sie damit Ihren Schülern Zuversicht und Machbarkeit? Könnten Sie Ihre Maßnahmen dahingehend überdenken, dass Ihre Schüler Vertrauen in ihre eigenen Fähigkeiten gewinnen?

7. Verwenden Sie die Vorlage „Plan zur Motivation von Schülern" (4.05) ⬇D auf S. 147, um die Bedürfnisse einzelner unmotivierter Schüler zu erkennen und entsprechende Lernabenteuer zu planen.

4.04

In heterogenen Klassen alle erreichen
Strategien für motivierenden Unterricht und nachhaltigen Lernerfolg

Regeln und Maßnahmen

Listen Sie die Regeln und Maßnahmen in Ihrem Klassenzimmer auf. Wie vermitteln Sie damit Ihren Schülern Zuversicht und Machbarkeit? Könnten Sie Ihre Maßnahmen dahingehend überdenken, dass Ihre Schüler Vertrauen in ihre eigenen Fähigkeiten gewinnen?

Regeln und Maßnahmen	Explizite oder implizite Botschaft an die Schüler	Änderungen, um Hoffnung und Selbstvertrauen zu vermitteln
Verspätete Abgabe einer Arbeit		
Zuspätkommen		
Loben und Ermutigen		
Hausaufgaben		
Benotung		
Unterrichtsgespräch		
Störende Bemerkungen oder Verhalten		

© der Originalausgabe: Verlag an der Ruhr | Autoren: Carolyn Chapman, Nicole Vagle | ISBN 978-3-8346-2615-8 | www.verlagruhr.de

4.05

⇩ Download

In heterogenen Klassen alle erreichen

Strategien für motivierenden Unterricht und nachhaltigen Lernerfolg

Plan zur Motivation von Schülern

Strategie	Namen der unmotivierten Schüler, für die die Strategie vorgesehen ist	Hinter welcher Maske steckt der Schüler?	Verhaltensweisen, Gewohnheiten und Eigenschaften	Aktion, um auf das Bedürfnis einzugehen	Überlegungen zur Umsetzung	Weitere Anmerkungen
11. Gestalten Sie fesselnde Einstiege und kluge Abschlüsse.						
12. Gehen Sie online.						
13. Nutzen Sie Spiele zum Lernen und Wiederholen.						
14. Bringen Sie Abwechslung in den Unterricht.						
15. Sorgen Sie für Optimismus und loben Sie.						

5

Wahlmöglichkeiten und Einflussnahme zulassen

Beispiel

Andreas war ein ruhiger, zurückhaltender Zehntklässler. Sowohl bei der Arbeit in kleinen Gruppen als auch beim Unterrichtsgespräch blieb er meistens still. Eines Tages fiel seinem Lehrer auf, dass seine Hefte voll waren mit komplizierten, aber schönen Zeichnungen von Ereignissen, die im Unterricht behandelt worden waren, von Begebenheiten unter den Mitschülern, von Worten und Sätzen aus dem Unterricht. Er bat Andreas, seine Zeichnungen zu zeigen und zu erklären, wie sie mit dem Lernstoff zusammenhingen. 28 Schüler saßen gebannt da und hörten zu, wie der sonst schweigsame Schüler tiefe Einsichten in die Auswirkungen des Zweiten Weltkriegs auf das Leben einer Familie auf dem Land darbot. Der Lehrer ließ den Schülern nun öfter die Wahl, wie sie den Lernstoff aufbereiten und präsentieren wollten.

Bei Andreas zeigt sich, dass er sehr wohl am Unterrichtsgeschehen teilnahm und sich seine eigenen Gedanken zu dem Thema machte – allerdings hatte er bisher noch keine Chance bekommen, dies zu zeigen. Welche Möglichkeiten haben Ihre Schüler, über ihr Lernen zu entscheiden und es selbst zu steuern? Im Vergleich zur Schule ist das Leben außerhalb von ihr voller Wahlmöglichkeiten. Unsere täglichen Entscheidungen machen uns zu dem, wer wir sind: Wir suchen uns unsere Freunde aus, wir verbringen Zeit mit einem bestimmten Hobby, wir entscheiden uns für eine Karriere. Was ein Schüler vor oder nach der Schule erlebt, liegt außerhalb Ihrer Einflussnahme. Auf das, was während der Schulzeit im Unterricht passiert, haben Sie Einfluss. Das Klassenzimmer ist also der Ort, an dem Sie als Lehrer die Chance haben, auf die Motivation und das Engagement Ihrer Schüler einzuwirken.

In vielen Klassen gibt es für die Schüler keine Gelegenheiten, selbst Entscheidungen zu treffen. In der Folge rebellieren sie oft, weil sie keinen Einfluss nehmen können. Eine Aufgabe nicht zu erledigen oder einfach nicht mitzumachen, ist so ziemlich die einzige Entscheidungsfreiheit, die einem Schüler bleibt. Wenn Sie als Lehrer jedoch Wahlmöglichkeiten anbieten, übernimmt der Schüler ein Stück weit die Entscheidung über seine individuellen Lernwege. So kann es beispielsweise schon reichen, wenn er darüber entscheiden kann, wie er eine Aufgabe angeht. Möchte er einen einführenden Informationstext lesen, sich aus bereitgestellter Literatur selbstständig informieren oder eine kurze Videosequenz über den Sachverhalt anschauen? Wenn Sie oder Ihre Schüler zu sehr mit Dingen beschäftigt sind, die außerhalb ihrer Kontrolle liegen, sinkt die Moral, wackelt das Selbstvertrauen und verpufft die Motivation. Wenn ein kleiner Teil der Zeit auf Dinge außerhalb jedweder Einflussnahme verwendet wird, der Großteil aber auf Dinge, auf die man Einfluss nehmen kann, dann steigt die Moral. Sowohl Sie als auch Ihre Schüler erkennen Möglichkeiten und die Begeisterung wächst. Werden Sie sich mithilfe der „Befragung zum Thema Einflussnahme" (5.01)  über Dinge, die inner- und außerhalb Ihrer Kontrolle liegen, klar. Vielleicht finden Sie es sinnvoll, die Ergebnisse mit Kollegen zu besprechen.

5.01

⇩ Download

In heterogenen Klassen alle erreichen
Strategien für motivierenden Unterricht und nachhaltigen Lernerfolg

Befragung zum Thema Einflussnahme

1. Liste die Dinge auf, die außerhalb deiner Kontrolle liegen.

2. Liste die Dinge auf, die du unter Kontrolle hast.

3. Überlege, wie viel Zeit du jeweils für die beiden Kategorien mit Reden, Nachdenken und Arbeiten verbringst. Schreibe die beiden Prozentzahlen in die Lücken.

_____ % meiner Zeit entfallen auf Dinge, die ich nicht unter Kontrolle habe.
_____ % meiner Zeit entfallen auf Dinge, die ich unter Kontrolle habe.

4. Denke für dich darüber nach oder rede mit Partnern darüber:
Wie schaut deine Bilanz aus zwischen der Zeit, die du für Dinge unter deiner Kontrolle verwendest, und der Zeit, die du für Dinge außerhalb deiner Kontrolle aufwendest?

5. Verwendest du zu viel Zeit auf Dinge, die außerhalb deiner Kontrolle liegen?
Wenn ja, was sind die möglichen Auswirkungen auf deine Arbeit?

6. Wie produktiv bist du in der Zeit, die du für Dinge aufwendest, die du unter Kontrolle hast?

Das Bemühen, die Schüler zu motivieren, beginnt in dem Bereich, auf den Sie Einfluss nehmen können. Es eröffnen sich Möglichkeiten, wenn Sie mit ihnen darüber sprechen und gemeinsam planen, wie man vorwärtskommt oder wie man Dinge anders machen kann, um das Lernen und die Motivation positiv zu steuern.

Auch die Schüler können mit der „Befragung zum Thema Einflussnahme" die Dinge auflisten, die innerhalb und außerhalb ihrer Beeinflussung liegen. Diese Übung kann einen wertvollen Schritt hin zu mehr Entscheidungsfreiheit in ihrem Schulleben darstellen. Sie kann den Schülern dabei helfen, herausfordernde Situationen zu bewältigen, indem sie nicht mehr so viel Energie darauf verwenden, auf Situationen außerhalb ihrer Einflussnahme zu reagieren, sondern Aktionen zu erkennen, die zum gewünschten Ergebnis führen.

Wenn sich Schüler machtlos fühlen, schalten sie womöglich ab, beschweren sich, werden wütend oder geben auf. Wenn Sie den Schülern Gelegenheiten geben, auszuwählen und selbst zu entscheiden, regt das nicht nur das Interesse für die Lerninhalte oder Aufgaben an. Sie akzeptieren dann auch ihre Verantwortung, setzen sich intensiver mit dem Unterrichtsinhalt auseinander und sind eher bereit, ihre Aufgaben zu erledigen. Wie Erwachsene können auch Schüler aus unbefriedigenden und schwierigen Situationen lernen. Wenn sie sich ohnmächtig fühlen, ist das ein Zeichen, dass sie mit irgendetwas Probleme haben. Sie brauchen dann den Lehrer, mit dessen Hilfe sie den nächsten Schritt auf dem Weg zum Erfolg erkennen können.

Wenn Schüler selbstbestimmter sind, erkennen sie auch besser, was nicht funktioniert, und machen einen neuen Plan. Zu diesem Plan kann gehören, dass sie Mitschüler, Eltern oder Lehrer einbeziehen, die ihnen bei ihren Lernbestrebungen helfen können. Selbstbestimmte Lerner sind ausdauernd und arbeiten sich durch ihre Herausforderungen, um dabei mehr zu lernen. Schüler mit einem solchen Verhalten zeigen mehr Motivation und bessere Leistungen (Zimmermann, 2008).

Die Strategien in diesem Kapitel zeigen Möglichkeiten für mehr Einflussnahme und Entscheidungen auf, damit Ihre Schüler die Lernarbeit stärker selbst in die Hand nehmen und erfolgreicher sein können.

Strategie 15: Geben Sie sinnvollen Entscheidungsspielraum
Strategie 16: Setzen Sie ein Ziel, treffen Sie eine Vereinbarung
Strategie 17: Nutzen Sie Kunst und Musik als Hilfsmittel

Strategie 15: Geben Sie sinnvollen Entscheidungsspielraum

Alle Schüler arbeiten mit – eine schöne Vorstellung, aber nicht unbedingt die Realität im Klassenzimmer. Manche Schüler weigern sich, eine Aufgabe zu machen. Das kann natürlich zu größeren Konflikten mit Ihnen führen. Die Gründe für eine solche Verweigerung sind unterschiedlich. Sie sollten nicht die Schlussfolgerung ziehen, dass es eine absichtliche Respektlosigkeit gegenüber Ihrer Autorität darstellt. Die Suche nach den tieferen Ursachen für das fehlende Engagement kann zu einem gegenseitigen Verständnis beitragen.

Wenn Sie Auswahlmöglichkeiten anbieten, können die Schüler ihre Energie für die Erledigung selbst gewählter Aufgaben aufwenden – und nicht für einen Konflikt mit Ihnen. Die Schüler gewinnen eine gewisse Einflussnahme auf ihr Lernen. Entscheidungen, die im schulischen Rahmen getroffen werden können, beziehen sich auf sehr unterschiedliche Bereiche. Entscheidungsmöglichkeiten, z. B. im Hinblick auf die Aufgabenauswahl oder den Ort, an dem gearbeitet werden kann, eröffnen ihnen Chancen, ihr Können und Wissen zu zeigen und sich mit herausfordernden Aufgaben zu beschäftigen. Wenn Sie Wahlmöglichkeiten anbieten, signalisieren Sie Vertrauen und Respekt: „Ich vertraue darauf, dass ihr die Entscheidung trefft, die am besten für euch ist. Ich verstehe, dass ihr unterschiedlich lernt und alle auf eine andere Art und Weise vorgehen wollen." Selbstbestimmtheit bei schulischen Aktivitäten wirkt motivierend und ist nötig, da es in einem Klassenzimmer mit vielen unterschiedlichen Schülern sehr unwahrscheinlich ist, alle im gleichen Tempo mitzunehmen.

Wenn Sie Wahlmöglichkeiten für eine bestimmte Aufgabe anbieten, überdenken Sie für jede Option, ob sie auch eine sinnvolle Alternative darstellt.

Bei der Planung sollten Sie auf Folgendes achten:

- Geben Sie genaue Hinweise, was die Schüler tun müssen, um einem Standard zu entsprechen, das Ziel einer Aufgabe zu erreichen und die Erwartungen zu erfüllen. Nach der Erklärung der Arbeitsaufträge sollten die Schüler in der Lage sein, eine Wahl gemäß ihrem Leistungsstand zu treffen und die Aufgabe mit nur wenig oder gar keiner Hilfe zu erledigen.
- Planen Sie die Auswahlmöglichkeiten so, dass für jede Aufgabe in etwa derselbe Zeitaufwand nötig ist.
- Außerdem sollte bei jeder Möglichkeit dieselbe Argumentation oder Denkarbeit verlangt werden.

Beispiel

Wenn Sie vier Textfragen vorgeben und die Schüler zwei davon bearbeiten sollen, dann achten Sie darauf, dass alle Fragen dieselbe Art des Denkens verlangen. Wenn zwei Fragen wissensorientiert und zwei Fragen argumentationsorientiert sind, könnten sich die Schüler nur für die Wissensfragen entscheiden. Ihre schriftlichen Antworten werden ihre Kenntnisse aufzeigen. Aber es wird wenig von ihren Argumentationsfähigkeiten zu sehen sein, die ja ebenfalls beurteilt werden sollten. Jede Bewertung wird irreführend sein, wenn sie für die Leistung beider Bereiche interpretiert wird.

▣ Auf einen Blick

Gestalten Sie die Auswahl abwechslungsreich. Sie könnte beispielsweise in einer der folgenden Formen dargeboten werden, je nach Themen oder Aufgaben:

- ⦿ Listen Sie die Themen für eine Projektarbeit an der Tafel in einem passenden Umriss auf. Im Erdkundeunterricht können Sie die Themen z. B. auf einer Weltkugel und den eingezeichneten Kontinenten darstellen.
- ⦿ Stellen Sie die Auswahl von Lesetexten online oder im Klassenzimmer zum Aussuchen bereit.
- ⦿ Schreiben Sie die Fragen für eine Haus- oder Klassenarbeit in ein riesiges Fragezeichen.
- ⦿ Bringen Sie die Auswahlmöglichkeiten in die Form eines „Drei gewinnt"-Spiels. Die Schüler können dann drei Aufgaben aus einer senkrechten, waagrechten oder diagonalen Reihe auswählen.
- ⦿ Am Ende eines Multiple-Choice-Tests können Sie einige frei zu beantwortende Fragen zur Auswahl stellen.

▣ In die Praxis umsetzen

Beachten Sie die folgende Tabelle für Ihre Planung. Hier sind einige Aufgabenformen aufgelistet und dazu verschiedene Möglichkeiten angeführt, wie die Schüler auswählen und die Anforderungen erfüllen können.

Aufgabe	Auswahlmöglichkeiten für die Schüler
Präsentation erstellen	• etwas vorführen oder demonstrieren, Interviews durchführen, ein Poster entwerfen, etwas nachspielen, eine Power-Point-Präsentation gestalten oder eine Spielshow durchführen
Kenntnisse unter Beweis stellen	• Anschauungsmaterial einsetzen, seine Gedanken Schritt für Schritt erklären, etwas skizzieren oder vorspielen
Auswahl der Arbeitsweise	• Einzelarbeit, mit Partner oder in einer kleinen Gruppe; auf dem Boden sitzend oder am Tisch
Aufgabe oder Test	• Fragen aus einer Liste auswählen, Antworten in Form einer Zeichnung oder Illustration darstellen, durch Schreiben eines Absatzes, durch das Erstellen einer Liste oder einer Grafik seine Gedanken darstellen
Form der Antworten	• die Antworten als Liste, Gedicht, Lied, Geschichte oder Brief schreiben
Leseaufgabe	• ein Buch, einen Artikel oder eine Passage zum Vorbereiten aus einer Literaturliste auswählen
Projektarbeit	• Thema zur selbstständigen Bearbeitung aus einer Liste auswählen
Schülerzentrierte Aufgaben	• zwei Punkte aus einer Liste mit Aktivitäten für ein Projekt auswählen

Im Folgenden werden einige Möglichkeiten aufgezeigt, wie Sie in Ihren Klassen sinnvolle Auswahlmöglichkeiten anbieten können: Verwenden Sie fantasievolle Hilfsmittel, Visualisierungshilfen und Faltblätter. Richten Sie Stationenlernen ein und übertragen Sie Verantwortung auf Ihre Schüler.

Fantasievolle Hilfsmittel

Lassen Sie die Schüler die Materialien auswählen, mit denen sie eine Aufgabe erledigen wollen. Ein Test kann für einen Schüler ein recht unerfreuliches Ereignis sein. Nehmen Sie ihm etwas von seiner Furcht, indem Sie ihm beispielsweise ein kleineres Blatt geben. Psychologisch kann es den Effekt haben, dass der Schüler denkt: „Das kann ich schaffen, wenn ich nur so viel zu schreiben brauche." Sie können auch farbiges oder gemustertes Papier verteilen, um eine Aufgabe lebendiger zu gestalten. Zusätzlich können Sie verschiedene Stifte, Kugelschreiber, Farbstifte, Malkreiden und sonstige Schreibutensilien zur Verfügung stellen. Diese können Sie an verschiedenen Stellen im Klassenzimmer positionieren. Schüler haben mehr Freude beim Lernen, wenn sie sich die Utensilien selbst aussuchen dürfen. Solche Auswahlmöglichkeiten sind einfach zu organisieren und können auf Schüler, die eine Aufgabe erledigen sollen, einladend wirken.

Visualisierungshilfen

Mithilfe von verschiedenen Visualisierungshilfen, wie Bildern, Tabellen, Diagrammen etc., können Schüler ihre Gedanken organisieren und Informationen (grafisch) ordnen. Sie eignen sich um beispielsweise die Zusammenhänge von Begriffen und Inhalten oder die Abfolge historischer Ereignisse darzustellen, den Handlungsablauf einer Geschichte zu skizzieren oder den Einfluss bedeutender Persönlichkeiten zu illustrieren. Die Schüler können eigene Entwürfe erstellen oder aus einer Liste von möglichen Darstellungsformen auswählen – je nachdem, welche Erfahrungen sie bereits mit Visualisierungshilfen haben. Die folgende Liste enthält einige Beispiele von möglichen Visualisierungshilfen für verschiedene Fächer und Jahrgangsstufen:

- Schneiden Sie eine Form aus, die auf das Unterrichtsthema anspielt. Schreiben Sie in diese Form wichtige Fakten, die während des Unterrichts zur Sprache kommen.
- Mit den Sprossen einer Leiter, mit einer nummerierten Liste oder mit rechteckigen Kästen lassen sich die Einzelschritte eines Vorgangs veranschaulichen.
- Mit einer T-Tabelle (die eine Seite beinhaltet die Pro-, die andere die Kontra-Argumente) oder einem Venn-Diagramm (eine Form des Mengendiagramms, welche die Relation zwischen den betrachteten Mengen darstellt) können zwei Begriffe oder Inhalte gegenübergestellt und verglichen werden.
- Mit einer Zeitleiste oder einem Säulendiagramm lassen sich Daten, Ereignisse oder Ergebnisse darstellen und erklären.
- Lassen Sie die Schüler weitere grafische Darstellungsmöglichkeiten finden.

Faltblätter

Sie bieten Schülern vielfältige Möglichkeiten zum Organisieren, Erinnern und Wiederholen von Lerninhalten. Für das Falten brauchen die Schüler Konzentration, Neugier und Kreativität. Auch Durchhaltevermögen und Frustrationstoleranz lassen sich so trainieren. Diese Fähigkeiten werden beim Falten geschult und können sich positiv auf andere Lebensbereiche auswirken. Erklären Sie den Schülern anhand von vorbereiteten Faltblättern, wie sie ihre Blätter falten sollen. Lassen Sie für mehr Abwechslung verschiedene Größen, Farben und Muster verwenden. Die Schüler können auch eigene Muster entwerfen. Stellen Sie für jeden gefalteten Abschnitt eines Faltblattes eine Aufgabe oder eine Frage. So stellen Sie sicher, dass die Übung nicht als „Beschäftigungstherapie" missverstanden wird, sondern signalisieren, dass diese Herangehensweise eine mögliche Form des ernsthaften Übens und Vertiefens ist. Die Schüler können für ihre Antworten und Erklärungen z. B. Bilder zeichnen oder kurze schriftliche Texte verfassen. So sprechen Sie die verschiedenen Lernstile an. Hier finden Sie einige Beispiele für das konkrete Vorgehen:

- Wenn Sie einen Vorgang oder die Abfolge bestimmter Arbeitsschritte verdeutlichen wollen, können die Schüler ein Blatt Papier so unterteilen, dass die Falten eine ausreichende Zahl von Abschnitten voneinander trennen. In jeden Abschnitt wird nun ein Schritt des Vorgangs geschrieben. Geht es z. B. um das Schreiben eines Aufsatzes, wären sechs Abschnitte nötig:
  1. Stoffsammlung
  2. Gliederung
  3. Entwurf
  4. Durchlesen
  5. Korrigieren
  6. Endfassung

  Verwenden Sie zur Bezeichnung der einzelnen Schritte fachsprachliche Bezeichnungen. Danach schreiben die Schüler ihre Erklärungen dazu oder sie lassen sich verschiedene Symbole zur Kennzeichnung der sechs Schritte einfallen. Die Schüler erhalten so eine Art Merkblatt, das sie immer wieder zum Nachlesen und Wiederholen verwenden können.

- Die Schüler können das Papier auch zu Klappkarten falten und schneiden. Damit können sie beispielsweise Vokabeln lernen. Das Wort wird oben notiert, die dazugehörige Erklärung oder Bedeutung findet man, wenn man die Karte aufklappt. Mithilfe der Karten können die Schüler sich gegenseitig abfragen oder für sich selbst lernen und üben, wenn sie z. B. im Unterricht mit einer Aufgabe fertig sind und die freie Zeit überbrücken möchten, in der ihre Klassenkameraden noch arbeiten.

○ Werden die Zusammenhänge von verschiedenen Begriffen oder Sachverhalten behandelt, können die Schüler diese durch unterschiedlich gefaltete Formen darstellen. Teile der Form stellen dann Teile des Sachverhalts dar. Beispielsweise könnten sie Papierflugzeuge falten. Jeder Teil kann einen anderen Abschnitt einer Rede, die Rolle einer Person in einem literarischen Text oder die Rollen verschiedener historischer Personen bei einem wichtigen Ereignis darstellen. Lassen Sie die Schüler beim Finden eigener Formen kreativ sein. Die Idee dahinter können sie dann Ihnen und ihren Mitschülern bei einer kurzen Präsentation erklären.

Tipp

 Manchen Schülern fällt es schwer, kreativ zu werden und eigene Ideen für Faltformen zu entwickeln. Unterstützen Sie diese Schüler gezielt, indem Sie ihnen verschiedene Möglichkeiten des Faltens zeigen. Die Schüler können dann eine passende Form auswählen und darauf ihre Informationen schreiben oder zeichnen.

Lernen an Stationen

Stationenlernen eignet sich für jede Jahrgangsstufe und für jedes Fach. Sie geben Schülern damit Wahlmöglichkeiten, woran sie weiterlernen wollen oder wie sie zeigen können, was sie wissen. Mit Lernen an Stationen können Sie neue Inhalte einführen oder Gelerntes weiter vertiefen. In diesen Fällen durchlaufen die Schüler alle Stationen. Sollen die einzelnen Bereiche aber dazu dienen, je nach Lernfortschritt mehr zu lernen oder Lücken zu schließen, arbeitet jeder Schüler nur an den für ihn vorgesehenen Stationen, die Sie dann entsprechend kennzeichnen. Das ist eine nützliche Maßnahme für diejenigen, die Kenntnisse nachholen müssen bzw. die eine größere Herausforderung brauchen. Sie haben also gerade beim Stationenlernen die Möglichkeit, zu differenzieren und für die bevorzugten verschiedenen Lernstile unterschiedliche Zugänge zum Thema anzubieten.

Abgesehen davon, dass die Schüler auswählen können, eignen sich Lernstationen hervorragend, um nach den verschiedenen Bedürfnissen der Schüler zu differenzieren, indem Sie Aufgaben in unterschiedlichen Schwierigkeitsgraden zusammenstellen. Mit den schülerzentrierten Aufgaben haben Sie die Möglichkeit, auf die Standards und die zu lernenden Fähigkeiten und Inhalte einer Unterrichtsreihe einzugehen und Lerngelegenheiten anzubieten, die abwechslungsreich sind: Inhalte können neu erarbeitet, wiederholt oder auch vertieft werden. Der Einsatz verschiedener Formen (z.B. Einzel- oder Partnerarbeit) und Materialien (z.B. Texte, Bilder, Hörsequenzen) kommt den unterschiedlichen Lernweisen und -stilen entgegen. Jeder Schüler kann in seinem eigenen

Tempo die Stationen bearbeiten. Dies sorgt ebenfalls für eine Individualisierung beim Lernen.

Auch wenn für die Planung und das Einrichten sinnvoller Stationen Zeit erforderlich ist, lohnt es die Mühe. Das Sammeln, Erstellen und Auswählen von Material ist aufwändig und braucht in der Vorbereitung viel Zeit. Haben Sie diesen Arbeitsschritt jedoch bewältigt, ist während der Durchführung des Stationenlernens Zeit, sich gezielt einzelnen Schülern und ihren Problemen zuzuwenden, wobei Sie Ihre Rolle eher als Berater und Lernbegleiter verstehen und die Schüler im Idealfall die Aufgaben selbstständig lösen sollten.

Beispiel

In der folgenden Tabelle finden Sie Ideen für zweckgebundene Stationen, an denen gezielt und thematisch begrenzt bestimmte Fähig- und Fertigkeiten geübt werden sollen. Probieren Sie doch einmal diese Form des Stationenlernens aus, die sich vom oben beschriebenen „klassischen" Aufbau der Stationen unterscheidet.

▪ Ideen für zweckgebundene Stationen

Station	Zweck	Vorschläge für Materialien	alternative Bezeichnungen
Lektürezentrum	• Informationsrecherche • Lesen nach Wahl	• Nachschlagewerke • Lehrbücher • Lesestoff verschiedener Gattungen • Unterhaltungs- und Kinderliteratur	• Bücherecke • Studierecke • Für Leseratten
Schreibstation	• Geschichten und Sachtexte schreiben • Gedanken kritisch ausdrücken • kreativ schreiben	• Schreibutensilien und Papier in verschiedenen Größen, Farben und Mustern • Auswahllisten (Themen und Textsorten) • wenn vorhanden: Computer und Zubehör wie Drucker/Scanner	• Autorenecke • Schreibplatz
Station zum Nachdenken	• Einträge in Lerntagebücher schreiben • Gedanken verarbeiten • Gefühle und Emotionen ausdrücken • über Gelerntes und über Lernlücken nachdenken	• Hefte • Schreibutensilien und Papier in verschiedenen Größen, Farben und Mustern • verschiedene Visualisierungshilfen	• Grübelecke • Denkort

Station	Aktivitäten	Materialien	Alternative Namen
Technikstation	• technische Sachverhalte erforschen und lernen	• Computer für Internet-Recherchen • verschiedene Programme und Spiele zur Vertiefung von Gelerntem • Rechenmaschinen • E-Books • Kameras • Scanner etc.	• Computerecke • Technikpark
Praxisstation	• Gegenstände fürs praktische Lernen	• Spielgeld • geometrische Formen • Bauklötze • Auswahl an Aufgaben	• Bastelecke • Playstation
Nachrichten-zentrum	• Beschäftigung mit lokalen, nationalen und Weltnachrichten • Nachschlagewerke verwenden	• Thermometer • Niederschlagsmesser • Wörterbücher • Wortwände • Globen • Bauklötze • Landkarten • Reisebroschüren	• Redaktion • Info-Center
Kreativzentrum	• verschiedene Materialien aus dem Kunstbereich zum Lernen, Gestalten und Erfinden	• Bastelkisten mit alten Zeitschriften, Schreib- und Farbstifte, Büromaterialien, Schachteln etc. • Zeichenbrett • Tisch zum Experimentieren • Mal- und Zeichenbedarf	• Kreativeck • Künstlerzone • Kunstpark
Zentrum für Problemlöser	• Geheimnisse aufdecken • Vorgänge enthüllen • Daten interpretieren	• Denksportaufgaben • Visualisierungshilfen (Flussdiagramme) • Daten, Tabellen und Diagramme • Möglichkeiten zum Aufzeichnen von Entdeckungen und Punktlisten	• Denkfabrik • Ideenschmiede

Zur Differenzierung können Sie leistungsstarken Schülern die Aufgabe geben, selbst eine Station zu erstellen. Dafür können Sie Material bereitstellen. Die Schüler sollen sich sinnvolle Aufgaben für diese Station überlegen: Was ist das Ziel, was soll wiederholt, vertieft oder neu gelernt werden?

Den Schülern Verantwortung übertragen

Lernschwache Schüler erwarten womöglich gar nicht, dass ihnen Verantwortung übertragen wird. Oft fühlen sie sich in der Klasse ausgegrenzt und sehen sich selbst nicht als jemanden, der etwas beitragen kann. Wenn Sie Ihren Schülern Verantwortung übertragen, stärken Sie ihr Selbstbewusstsein und bauen Beziehungen auf. Denn Sie geben ihnen zu verstehen, dass Sie an sie glauben und sie als wertvolle Mitglieder der Klassengemeinschaft betrachten. Sie helfen allen Schülern dabei, unterschiedliche Fähigkeiten und Voraussetzungen als wertvolle Chance und nicht als Hindernis und Störung wahrzunehmen. Ziehen Sie folgende Möglichkeiten in Betracht, um Ihren Schülern Verantwortung zu übertragen und ihnen das Gefühl zu geben, dass sie ihr Lernen selbst in der Hand haben:

- Delegieren Sie organisatorische Aufgaben, z. B. Unterlagen austeilen, Hausaufgaben einsammeln, alle daran erinnern, wann die Präsentationen fertig sein sollten.
- Lassen Sie die Schüler mithilfe eines Lösungsbogens ihre Antworten selbstständig überprüfen. So ist die Kontrolle durch Sie als Lehrperson nicht zwingend notwendig und der Schüler kann erkennen, an welchen Bereichen er noch arbeiten muss. Auch eine Partnerkorrektur ist so möglich, da sich alle an dem Lösungsbogen orientieren können. Dadurch profitieren sowohl die Lernstarken, z. B. indem sie ihrem Gegenüber mit einfachen Worten etwas, was nicht verstanden wurde, noch mal erklären können. Die lernschwächeren Schüler können in dieser 1:1-Situation ihrem Mitschüler gezielt Rückfragen stellen und so ihre Verständnisprobleme beseitigen.
- Lassen Sie die Schüler ein Problem oder ein Beispiel an der Tafel demonstrieren und der Klasse ihre Gedankengänge dazu erklären. So eröffnen sich den Schülern weitere Perspektiven, da sie von neuen Lösungswegen hören, auf die sie selbst nicht gekommen sind.

Strategie 16: Setzen Sie ein Ziel, treffen Sie eine Vereinbarung

Räumen Sie den Schülern eine gewisse Einflussnahme darüber ein, wie und wann sie das Lernziel und die Zwischenziele auf dem Weg dorthin erreichen. Das Erreichen der Unterrichtsziele kann als Vereinbarung zwischen Ihnen und dem einzelnen Schüler formuliert werden. Wenn Sie Schülern nach Erledigung einer schwierigen Aufgabe etwas in Aussicht stellen, können Sie sie dazu anspornen, sich auch durch einen harten Stoff durchzubeißen.

Das Formulieren sinnvoller Ziele erfordert Planung. Dabei kann Ihnen die Vorlage „Langfristige Zielvereinbarung" (5.02) ⬇**D** helfen. Die Schüler füllen zunächst den oberen Teil aus, um ihre Ziele zu planen. Nach dem vereinbarten Stichtag wird der untere Teil der Vereinbarung ausgefüllt.

Sie können diese Vorlage für einzelne Schüler, für kleine Gruppen oder für die ganze Klasse verwenden. Im Folgenden werden einige Elemente etwas genauer betrachtet:

- **Ziel:** Legen Sie die Aufgabe oder das erwartete Verhalten fest. Z. B. können Sie mit Ihren Schülern folgende Vereinbarungen treffen:
  - ⇨ erst versuchen, eine Frage selbst zu beantworten, bevor man sich an den Lehrer wendet
  - ⇨ während des Unterrichts bei der Sache bleiben und Nebengespräche unterlassen
  - ⇨ den Bleistift nicht im falschen Moment spitzen
  - ⇨ die Hausaufgaben erledigen und sich bei der Besprechung dieser beteiligen
  - ⇨ eine schriftliche Arbeit nach den besprochenen Kriterien verbessern,
  - ⇨ miteinander respektvoll sprechen, auch wenn man zornig ist

- **Zeitrahmen:** Handelt es sich um eine einmalige Aufgabe? Oder soll ein Verhalten über einen längeren Zeitraum beobachtet werden? Legen Sie gemeinsam mit dem Schüler fest, wie viel Zeit er für eine Aufgabe hat oder bis wann er ein Verhalten ändern sollte. Ein Ziel sollte in überprüfbare Teilschritte gegliedert werden, damit ein Schüler von der Machbarkeit überzeugt wird. Auch Teilerfolge können so festgehalten und sichtbar gemacht werden.

- **Belohnung:** Legen Sie eine Belohnung für die Erledigung einer Aufgabe oder für eine konstante Verhaltensänderung fest. Manchmal ist eine äußerliche Belohnung gar nicht erforderlich. Das Erreichen des Ziels und das Lob dafür reichen aus. In der folgenden Tabelle werden einige Beispiele für einen einzelnen Schüler oder die ganze Klasse aufgeführt. Diese Belohnungen kosten kein Geld. Manchmal dürfen sich die Schüler ihre Belohnung selbst aussuchen. Setzen Sie Belohnungen mit Bedacht ein. Sie wirken manchmal nur kurze Zeit motivierend, können aber langfristig nach hinten losgehen. Die Schüler brauchen ein klares Verständnis dafür, warum sie sich ein Ziel setzen. Und sie müssen Teil des Prozesses sein, damit sie spüren, dass sie Einflussnahme über ihr eigenes Lernen und ihren Erfolg haben. Die Verknüpfung dieses Gefühls der Einflussnahme und des Erfolgs führt zu langfristiger Motivation.

5.02 ⇩ Download

In heterogenen Klassen alle erreichen
Strategien für motivierenden Unterricht und nachhaltigen Lernerfolg

Langfristige Zielvereinbarung

Name: _____ Datum: _____

Ziel (Aufgabe oder angestrebtes Verhalten): _____

Zeitrahmen: _____ Belohnung: _____ Stichtag: _____

Erforderliche Strategien zum Erreichen des Ziels:

Haben die Strategien funktioniert? Warum, warum nicht?

Was hast du gelernt? Wie ist es, sich ein Ziel zu setzen?

Nächste Schritte (falls nötig):

Anmerkungen des Schülers:

Anmerkungen des Lehrers:

Beispiele für extrinsische Belohnungen

Für einen einzelnen Schüler	Für die ganze Klasse
• ein Tag ohne Hausaufgabe • Extrazeit für Partnerarbeit • mündliches Lob • nonverbale Zeichen, Mimik und Gestik • persönliche Bemerkung des Lehrers • Vorzeigen einer Arbeit an einer besonderen Stelle • Sticker, Briefmarken, Spielzeug • Erlaubnis, Kopfhörer aufzusetzen und Musik zu hören • Auszeichnungen und Urkunden • Anruf bei den Eltern, um ihnen die Erfolge mitzuteilen • freie Zeit für die Arbeit an einem Projekt oder am Computer • freie Gesprächszeit • Möglichkeit, dem Lehrer zu helfen, Materialien zu verteilen • ein Spiel für die Klasse aussuchen • freie Platzwahl • Leitung einer Gruppe	• Hochrufe auf die Klasse oder Gruppen • Bekanntmachung am Schwarzen Brett, an der Tür oder an einer besonderen Stelle im Klassenzimmer oder auf dem Flur • Extrazeit an Lernstationen • Zeit für die Gestaltung einer Anschlagtafel • freie Wahl der Aufgaben von einer Liste • freie Wahl einer Geschichte zum Selbstlesen oder Vorlesen durch den Lehrer • freie Wahl, was für eine bestimmte Unterrichtszeit gemacht wird (ein Spiel, mit Freunden reden etc.) • kurze Extrapause • Spaziergang der ganzen Klasse durchs Schulgebäude oder im Freien • Tanzen zu einem Lieblingslied • Erzählen von Erlebnissen, die nichts mit der Schule zu tun haben • Reden über Ziele, Träume und Wünsche • Körperübungen • Aufzählen von Erfolgen

○ **Erster Stichtag:** Dieser Kontrolltermin sollte dazu dienen, Informationen für das weitere Vorgehen zu erhalten. Der Schüler äußert sich schriftlich oder in einem Gespräch. An diesem Termin wird also nochmals über das Ziel und auch über die bis dahin erlebte Effektivität der Strategie gesprochen. Der Stichtag soll den Schüler dazu motivieren, den Zeitrahmen für das Erreichen der Ziele einzuhalten und die Aufgaben zu erledigen.

○ **Strategien zum Erreichen des Ziels:** Klären Sie die einzelnen Schritte ab, mit denen der Schüler sein Ziel erreichen kann. Manchmal haben Lerner Probleme damit, etwas zu machen, weil sie nicht wissen, wie sie es machen sollen. Nicht allen Schülern fällt es leicht, ihr eigenes Lernen zu organisieren. Bisweilen fällt es ihnen auch schwer, ihre Gefühle unter Kontrolle zu halten, oder sie vermissen Optionen. Dieser Punkt dient einer konkreten Planung, damit der Schüler genau weiß, wie er eine Aufgabe erledigen oder ein Verhalten ändern kann. Durch die Verschriftlichung kann der Schüler sich die Strategien immer wieder ins Gedächtnis rufen. Er kann die Zielvereinbarung auch gut sichtbar an seinem Platz positionieren, um sie immer im Blick zu haben und sich selbst an die Vereinbarung zu erinnern.

○ **Haben die Strategien funktioniert?** Lassen Sie die Schüler die Strategien nennen, die zum Erfolg führten, bei denen sie gestolpert sind oder die verwirrend waren. Überlegen Sie gemeinsam, warum das geschah, was es leichter gemacht hätte und welche Hilfe nötig ist. Diese Überlegungen sollten dann bei der Planung der nächsten Zielvereinbarung berücksichtigt werden.

○ **Was hast du gelernt? Wie ist es, sich ein Ziel zu setzen?** Eine materielle Belohnung ist vielleicht lustig und motivierend. Aber allein schon die Tatsache, eine Sache erledigt zu haben, gibt dem Schüler ein gutes Gefühl. Mit dieser Frage kann der Schüler überlegen, wie es sich anfühlt, eine Aufgabe erledigt zu haben, und wie es seine Zukunft beeinflussen könnte.

○ **Nächste Schritte:** Wenn alles funktioniert hat, wäre jetzt eine gute Gelegenheit, ein weiteres Ziel zu bestimmen. Wenn nicht alles glattgegangen ist, sollten die Ursachen und das weitere Vorgehen geklärt werden. Ein neuer Plan sollte ein neues Ziel und/oder andere Strategien beinhalten, abhängig von den Gründen, warum der erste Plan gescheitert ist.

○ **Anmerkungen des Schülers/des Lehrers:** Hier werden Überlegungen in Bezug auf das Ziel formuliert. Die Schüler teilen ihre eigenen Gedanken mit. Sie sollten ebenfalls Ihre Beobachtungen hinzufügen und diese Option auch nutzen, um dem Schüler gezielt Rückmeldung zu geben.

Die Vorlage zur Festlegung von Zielen kann unterschiedlich und je nach Klasse und Schüler differenziert eingesetzt werden. Eine Kombination der drei Verfahren kann zunächst sinnvoll sein. Werden die Schüler bei der Planung einbezogen, haben sie sowohl Einfluss auf die Wahl der Strategie als auch auf ihren Erfolg.

○ **Lehrerzentriert:** Sie füllen die einzelnen Rubriken für einen Schüler, eine kleine Gruppe oder für die ganze Klasse aus.

○ **Lehrer-Schüler-Zusammenarbeit:** Sie sprechen sich mit einem Schüler ab, das Ziel wird gemeinsam formuliert.

○ **Schülerzentriert:** Der Schüler nennt ein persönliches Ziel, listet Strategien auf und legt einen Zeitrahmen für die Erledigung fest. Der Vorschlag wird dem Lehrer zur Bestätigung übergeben. Dann setzt der Schüler den Plan in die Tat um.

Nachfolgend finden Sie eine beispielhaft ausgefüllte Vorlage für eine langfristige Zielvereinbarung.

Name: Thomas   Datum: 28. September

Ziel (Aufgabe oder angestrebtes Verhalten):

Ich will meine Hausaufgaben pünktlich abgeben.

Zeitrahmen: zwei Wochen

Belohnung: Anruf bei den Eltern, um sie über die Erfolge zu informieren

Erster Stichtag: 5. Oktober

Erforderliche Strategien zum Erreichen des Ziels:

Es fällt mir schwer, zu Hause meine Hausaufgaben zu machen, weil ich manchmal nicht alles verstehe oder ich von anderen Dingen abgelenkt werde. Ich fange jetzt mit meinen Hausaufgaben an, bevor ich aus der Schule gehe. Dann bin ich mir sicher, was ich machen soll.

Haben die Strategien funktioniert? Warum, warum nicht?

Es hat funktioniert, mit den Hausaufgaben noch in der Schule anzufangen. Ich bin meistens sogar schon in der Schule fertig geworden. Wenn nicht, dann war es zu Hause für mich einfacher, weil ich ja schon angefangen hatte.

Was hast du gelernt? Wie ist es, sich ein Ziel zu setzen?

Wenn ich weiß, was ich tun muss, ist es einfacher, die Hausaufgaben rechtzeitig zu erledigen. Ich habe gelernt, dass ich mich nicht so gestresst fühle, wenn ich mit den Hausaufgaben schon in der Schule anfange.

Nächste Schritte (falls nötig):

Ich werde weiterhin mit den Hausaufgaben gleich nach dem Unterricht anfangen.

Anmerkungen des Schülers:

Ich glaube, der Lehrer hat gemeint, dass das funktioniert und mir nicht nur hilft, meine Hausaufgaben zu machen, sondern mich auch im Unterricht wohler zu fühlen.

Anmerkungen des Lehrers:

Ich bin stolz auf dich, Thomas. Du hast eine Strategie gefunden, mit der du deine Hausaufgaben schaffst. Wichtiger aber ist, dass du so auch mehr lernst. Ich habe beobachtet, dass du jetzt auch mehr Fragen stellst, seit du mit deinen Hausaufgaben in der Schule beginnst. Du bist dir auch immer sicherer geworden.

■ Auf einen Blick

Die Aufgaben für die Schüler müssen klar sein und zu dem passen, was sie lernen oder wie sie sich verhalten sollen. Lassen Sie vielleicht die Schüler ihre Gedanken darüber äußern, warum die Aufgabe wohl wichtig ist und wie sie ihnen helfen wird. Diese Überlegungen können sie auch unter dem Punkt „Ziel" auf ihrer Planungsvorlage schreiben. Verwenden Sie bei jüngeren und lernschwachen Schülern eventuell Bilder statt Worte, damit sie die Aufgaben und die möglichen Belohnungen besser verstehen. Unterteilen Sie die Aufgabe in verständliche Teilschritte. Wenn eine Aufgabe oder das erwünschte Verhalten zu komplex oder schwierig ist oder wenn die Schüler nicht wissen, wie sie es machen sollen, werden sie womöglich scheitern. Das hat dann nichts damit zu tun, dass sie nicht wollen – sie wissen einfach nicht, wo sie anfangen sollen. Achten Sie darauf, dass die Aufgaben machbar und dem Leistungsstand angemessen sind.

Zeitplan erarbeiten

Soll die Aufgabe innerhalb einer bestimmten Zeit erledigt werden, dann über- legen Sie gemeinsam mit den Schülern einen realistischen Zeitplan. Sie können auflisten, was für das Einhalten der Frist erforderlich ist. Der Zeitrahmen könnte dann neu festgelegt werden. Achten Sie auf sinnvolle und realistische Fristen. Bei zu wenig Zeit wird eine Veränderung schwierig. Zu viel Zeit lädt eher zum Trödeln ein. Nehmen Sie die Vorschläge der Schüler ernst, aber korrigieren Sie auch und scheuen sich nicht, einzugreifen, wenn die Planung des Schülers Ihnen unrealistisch erscheint.

Zeitnahe Belohnungen

Zögern Sie eine Belohnung nicht hinaus. Jede Verzögerung macht eine Strate- gie für die Zukunft nutzlos. Denn die Schüler verlieren das Vertrauen, dass sie die versprochene Belohnung bekommen, wenn sie eine Aufgabe erledigen. Machen Sie nie einen Plan, an den Sie sich nicht halten können.
Beziehen Sie bei der Planung der Ziele und der Ausgestaltung der Belohnungen die Schüler mit ein. Das kann für sie spannend sein, sie spüren, dass auch sie etwas zu sagen haben – und insgesamt kann es allen ein wenig Spaß machen. Wenn die Schüler bei der Planung nicht mitmachen dürfen, ist es eher unwahr- scheinlich, dass sie sich unter dem Punkt „Anmerkungen des Schülers" mit eigenen Worten äußern werden.

Reflexion

Lassen Sie Schüler nach Beendigung der Aufgabe über ihre Erfahrung und die nächsten Schritte nachdenken. Wurde das Ziel nicht erreicht, gilt es, zu überlegen, warum der Plan nicht funktioniert hat. Auch daraus lassen sich Erkenntnisse ableiten. Überlegen Sie auch für sich selbst, wie zufrieden Sie mit dem Vorgang und den Strategien sind. Wenn es nicht funktioniert hat, sollten Sie den Plan optimieren oder andere Strategien versuchen. Stellen Sie sich bei Ihrer eigenen Selbsteinschätzung die folgenden Fragen:

- War das Ziel sinnvoll? Warum, warum nicht? Kam es zur gewünschten Verhaltensänderung bzw. wurden die Aufgaben bewältigt?
- Was hat beim Formulieren des Ziels geklappt? Woher wissen Sie das?
- Was hat nicht geklappt? Woher wissen Sie das?
- Wie hat sich die Haltung des Schülers geändert?
- Wie können Sie den ganzen Vorgang abändern, damit er beim nächsten Mal effizienter wird? Können Sie bei der Bestimmung und Formulierung des Ziels etwas anders machen, z.B. eine andere Zeiteinteilung, mehr Beteiligung des Schülers oder ein frühzeitigeres Eingreifen Ihrerseits?

Zu viel Verhandeln kann dazu führen, dass die Schüler immer danach fragen, was sie dafür bekommen, wenn sie etwas machen. Schüler könnten abhängig von Motivation durch Lob und Belohnungen werden, wenn diese zu oft eingesetzt werden. Sie verlieren dann ihren Reiz. Achten Sie auf das richtige Maß und nutzen Sie die Zielvereinbarungen als Hilfe für die Schüler und sich. Nach und nach soll das gewünschte Verhalten verinnerlicht werden (vgl. Lambert, 2003).

■ In die Praxis umsetzen

Das beschriebene Verfahren der Zielvereinbarung kann für langfristige Zusammenarbeit zwischen Ihnen und Ihren Schülern eingesetzt werden. Wenn Sie aber in Bezug auf Verhalten oder Erledigung von Aufgaben eine schnelle Änderung erreichen wollen, sollten Sie die „Zielvereinbarung für eine schnelle Veränderung" verwenden (5.03) ⬇D. Wenn etwa das Ziel darin besteht, dass ein Schüler während des Unterrichts bei der Sache bleibt, könnte das Ziel so formuliert werden: „Wenn ich unruhig werde, werde ich auf ein Blatt Papier malen oder schreiben und nicht mehr mit den anderen um mich herum zu reden anfangen."

5.03

Zielvereinbarung für eine schnelle Veränderung

_____ , wenn du es schaffst, _____
Name des Schülers   vereinbartes Ziel

dann darfst du zur Belohnung _____ .
                                          Belohnung

Mach einen Kreis um das Bild, das am besten deinen Fortschritt ausdrückt.

Ich habe es geschafft!   Noch nicht ganz!   Ich habe Fragen.

Je nachdem, was du eingekreist hast: Erkläre, wie du es geschafft hast oder warum du noch nicht so weit bist. Oder notiere deine Fragen.

Schatztruhe

Mit den verschiedenen Gegenständen in einer Schatztruhe können einzelne Schüler oder kann die ganze Klasse belohnt und motiviert werden. Eine Klasse kann sich beispielsweise gemeinsam die Klassenregeln überlegen und die Dinge in der Schatztruhe als Belohnung verwenden. Vielleicht hat ein Schüler es besonders gut geschafft, die Klassenregeln zu beachten. Oder eine Schülerin, die sonst große Probleme hat, ihre Mitschüler ausreden zu lassen, hat es in dieser Woche geschafft, nicht dazwischenzurufen und zuzuhören. Die Eltern oder andere Spender können die Truhe mit einfachen Spielsachen, Stickern, Buntstiften etc. füllen. Aber auch die Schüler selbst können die Truhe füllen. Dabei eignen sich auch Alternativen zu materiellen Dingen, z. B. eine schöne Geschichte, ein tolles Bild oder andere Schülerarbeiten. Falls es ein Schüler nie schafft, etwas aus der Truhe mitzunehmen, besprechen Sie sich mit ihm und erarbeiten Sie gemeinsam, wie sich das ändern lässt.

Gemeinsame Ziele

Setzt sich eine ganze Klasse Ziele, können die Schüler ein starkes Gefühl der Zusammengehörigkeit entwickeln und gemeinsam Einfluss auf den Lernerfolg nehmen. Wenn sie überzeugt sind, dass nicht nur der Lehrer an sie glaubt, sondern dass die ganze Klasse den Lernerfolg für erreichbar hält, wächst das Selbstvertrauen. Die Klasse als Ganzes leistet Hilfestellung beim Lernen und für den Erfolg. Dabei kann das Bilden von Lerntandems nützlich sein: Je ein leistungsstärkerer und ein leistungsschwächerer Schüler bilden gemeinsam ein Lerntandem. Dieses Tandem bereichert sich gegenseitig. Der stärkere Schüler kann durch das Wiederholen und Erklären des Stoffes dem Schwächeren helfen, gezielt Wissenslücken zu füllen. Fordern Sie die Schüler auf, neben Zufallspartnerschaften auch gezielt nach einem Tandempartner zu suchen. Dabei können die Schüler überlegen, wer bisher noch nicht zusammengearbeitet oder wer die größten Wissensunterschiede hat. Dieses Bewusstmachen hilft, neben den Differenzen das soziale Miteinander zu stärken und nach gemeinsamen Lösungen im Umgang mit Heterogenität zu suchen. Zudem wird der Unterricht weniger lehrerzentriert.

Beispiel

Ein Englischlehrer ließ seine Schüler der 7. Jahrgangsstufe beschreiben, was sie lernen sollten. Gemeinsam setzte sich die Klasse das Ziel, bei der Klassenarbeit 85 Prozent oder mehr korrekte Antworten zu erreichen, und überlegte sich gemeinsam Strategien, wie jeder Schüler dieses Ziel erreichen könnte (z. B. üben, sein Bestes geben, an den Schwächen arbeiten, die Stärken weiter verbessern). Außerdem einigte sich die Klasse auf einen Zeitrahmen von zwei Wochen, in denen gemeinsam an dem Erreichen des Ziels gearbeitet werden sollte und auf eine Belohnung beim Erreichen des Ziels – nämlich ein gemeinsamer Kinobesuch.

Strategie 17: Nutzen Sie Kunst und Musik als Hilfsmittel

Kunst und Musik eröffnen Schülern ungeahnte Möglichkeiten, ihre Gedanken und ihr Wissen auszudrücken. Lehrer können auf verschiedene Kunstformen zurückgreifen, um den Schülern Inhalte verständlicher zu machen und sie mit bereits Bekanntem in Beziehung zu setzen. Jensen (2001) berichtet, dass Schüler, die sich für darstellende Kunst interessieren, eher selbst gesteuerte und motivierte Lerner werden. Nutzen Sie also die Möglichkeiten der Musik, von bildlichen Darstellungen, Rollenspielen, Lyrik, Grafiken, Holzschnitzereien etc. Sie bieten vielfältige Auswahlmöglichkeiten für die Schüler, die so Einfluss auf ihre Lernarbeit nehmen können.

Musik ist ein Hilfsmittel beim Lernen und ein Medium, mit dem Sie Schüler Wahlmöglichkeiten und Einflussnahme anbieten können. Manche bevorzugen es, Sachverhalte in Liedern, Gedichten, Raps oder dergleichen auszudrücken. Ein Schüler schreibt vielleicht ein Lied, ein anderer denkt sich ein Spiel oder eine PowerPoint-Präsentation aus. Wenn Sie im Unterricht und bei Tests eine musikalische Option anbieten, kommt dies Schülern mit kreativeren Tendenzen entgegen.

Operatoren berücksichtigen

Wollen Sie Kunst im Unterricht effektiv einsetzen, muss natürlich zunächst Klarheit darüber herrschen, was die Schüler eigentlich lernen sollen. Der Operator eines Bildungsstandards oder bei einem Lernziel weist auf die Denkweise hin, die von den Schülern erwartet wird. Dieser Operator gibt die Richtung vor für die Aktivitäten und Leistungsnachweise in verschiedenen Medien. Ein Beispiel für ein Lernziel lautet: „Die Schüler erkennen und erklären die fünf Themenbereiche der Geografie". Die Operatoren *erkennen* und *erklären* bedeuten, dass die Schüler diese fünf Bereiche beschreiben müssen. In einer kunstorientierten Unterrichtsaktivität könnten die Schüler für jeden Bereich ein Bildsymbol entwerfen. Ein anderes Lernziel lautet: „Die Schüler wenden ihre Kenntnisse an und lösen Probleme, wobei sie die fünf Themenbereiche der Geografie verwenden." Die Operatoren *anwenden* und *lösen* weisen darauf hin, dass die Unterrichtsaktivität und die Tests sich nicht nur auf das Erklären der Informationen beziehen. Vielmehr sollen die Informationen auch zu realen Situationen in Beziehung gesetzt werden. Bei einer kunstorientierten Aktivität mit diesen Lernzielen könnten die Schüler in kleinen Gruppen das Treffen eines Mobiltelefonunternehmens mit dem Stadtrat simulieren und darüber diskutieren, wo am Ort weitere Funkmasten aufgestellt werden können. Der Ort und die Landschaft können mithilfe eines Bildes, einer Darstellung am Computer oder in

Form einer gestalteten Landschaft aus Pappmaschee oder ähnlichem Material dargestellt werden. Bei diesem Treffen müssen Informationen darüber zum Ausdruck kommen, wie die fünf Klimazonen der Erde die Entscheidung beeinflussen. Handelt es sich beispielsweise um eine hügelige Region, können die Signale unterbrochen werden. Der Standort des Funkmastes müsste also geändert werden.

Unterstützung des Lernprozesses durch Kunst und Musik

Im nächsten Schritt muss definiert werden, wie die Schüler mithilfe von Kunst lernen können. Abhängig vom Zeitrahmen, vom Zweck und Lernziel können Sie mit verschiedenen Kunstformen Ihren Schülern Wahlmöglichkeiten anbieten und bei unterschiedlichen Zielen unterstützen:

- Helfen Sie Schülern damit, Inhalte besser zu verstehen. Wenn Sie im Geschichtsunterricht beispielsweise eine bestimmte Periode durchnehmen, können Gemälde aus jener Zeit sehr aufschlussreich sein. Ähnlich verhält es sich mit Musik. Sie ist oft eine Möglichkeit, Gefühle auszudrücken und an Ereignisse zu erinnern. Mit entsprechender Musik kann einer bestimmten Epoche oft eine tiefere Bedeutung gegeben werden. Den Schülern hilft es, sich wichtige Themen ins Gedächtnis zu rufen. Bieten Sie den Schülern solche mehrperspektivischen Zugänge an, wenn Sie eine historische Epoche, einen wissenschaftlichen Inhalt oder einen literarischen Text behandeln. Die Schüler können dann darüber berichten, welche Einsichten sie gewonnen und welche Zusammenhänge sie hergestellt haben.

- Stellen Sie Verknüpfungen zur realen Welt her. Schicken Sie die Schüler auf Entdeckungsreise. Dabei können sie nach Beweisen, Belegen oder Beispielen für Unterrichtsinhalte suchen. Ob Radio, Internet, MP3-Player, Handys, Smartphones, Zeitungen, Werbeflächen, Kaufhäuser, Museen, Restaurants und Wohnungen – überall findet sich Kunst und Musik, um eine Stimmung zu erzeugen, eine Botschaft zu vermitteln oder zu informieren. Wenn Kurzgeschichten als narrative Textsorte auf dem Programm stehen, könnten die Schüler nach Beispielen von Geschichten in Liedtexten, auf Gemälden, in Magazinen oder in Werbespots suchen. Sie können sich für den Bereich, der sie interessiert, entscheiden. Beispielsweise erzählen Musiker Geschichten durch ihre Songtexte. Graffiti erzählen durch Bilder und Symbole. Bieten Sie Ihren Schülern Optionen an, mit denen sie Verknüpfungen zwischen der Lebenswelt und dem Unterrichtsinhalt herstellen können.

- Geben Sie den Schülern Gelegenheiten, mit verschiedenen Materialien und Medien ihre eigenen Kunstwerke herzustellen und dabei ihr Wissen und Verständnis zu demonstrieren. Manche erstellen dafür Broschüren, PowerPoint-

Präsentationen, Plastiken, Werbeanzeigen, Musik oder anderes. Denken Sie an die verschiedenen Wege, mit denen die Schüler zu einem besseren Verständnis kommen und den Unterrichtsstoff lernen und darstellen können:

⇨ Bildende Künste: zeichnen, malen, bildhauern, basteln und formen, Grafikdesign

⇨ Musik: singen, ein Instrument spielen, Rap, Sprechgesang, Lyrik vortragen

⇨ Darstellende Kunst: darstellen, Rollenspiele, etwas vorführen, nachahmen

■ Auf einen Blick

Wie immer im Unterricht sollten auch die künstlerischen und darstellenden Aufgaben für die Schüler klar sein und zum Unterrichtsgegenstand passen. Auch für diese Arbeitsformen lassen sich Kriterien für die Bearbeitung und Bewertung erarbeiten. Beteiligen Sie Ihre Schüler an diesem Prozess. Bitten Sie die Kunst- und Musiklehrer an der Schule um Hilfe bei der Suche nach Projekten oder Aufgaben. Möglicherweise unterstützen sie die Projekte während ihres eigenen Unterrichts. Fragen Sie bei Eltern, Einrichtungen der Gemeinde oder Geschäftsleuten nach, ob sie authentische Kunstwerken zur Verfügen stellen können. Durch diese Begegnung mit Kunst und Kunstwerken können Schüler zu neuen und interessanten Lernwegen angeregt werden, die zum Verständnis beitragen. Wenn die Schüler etwas Interessantes gestalten, das zwar vom Lernziel wegführt, aber sinnvoll ist, dann sollen sie ihre Gedanken dazu äußern und selbst die Verknüpfung mit dem Lernziel erklären. So machen sie ihren Denkvorgang transparent und lassen andere daran teilhaben.

■ In die Praxis umsetzen

Rollenspiele und Musik sind effektive Möglichkeiten, das Lernen zu bereichern, den Schülern Wahlmöglichkeiten und Einflussnahme zu ermöglichen und sie so zu motivieren und zu beteiligen.

Rollenspiele

Sinnvoll eingesetzt, können Rollenspiele zu mehr Engagement und tieferem Verständnis führen. Sie können den Schülern z. B. dabei helfen, einen fiktionalen Text besser zu verstehen. Teilen Sie die Schüler in kleine Gruppen ein. Dann sind mehrere Varianten denkbar:

- Jede Gruppe sucht sich eine Textpassage aus und spielt sie der Klasse vor.
- Aus den fiktiven Personen könnten Puppen gemacht werden, die Schüler führen dann ein Puppenspiel auf.

- Die Schüler verfassen über eine Textpassage erst ein kleines Drehbuch und schlüpfen dann in die verschiedenen Rollen.

Bei Rollenspielen können die Schüler die Emotionen einer Situation nachempfinden und aus einer Geschichte ein Live-Erlebnis machen.

Im Geschichts- oder Sozialkundeunterricht können sie mit Rollenspielen Inhalte darstellen und analysieren. Beispielsweise könnten sie eine Gesetzgebungsdebatte nachspielen und dabei das Für und Wider eines späteren Schulbeginns abwägen. Dabei müssten sie sich erst die inhaltlichen Sachverhalte erarbeiten und dann in verschiedene Rollen schlüpfen (Befürworter, Gegner, Reporter, Sachverständiger etc.). Sie notieren sich die entsprechenden Argumente oder Informationen.

Auch in naturwissenschaftlichen Fächern können sich die Schüler erst ein Thema erarbeiten und danach in Form eines Rollenspiels präsentieren. Steht etwa die Vererbungslehre auf dem Lehrplan, können sie einige Fallbeispiele lesen und dann ihre Erkenntnisse in Form eines Paarberatungsgesprächs oder einer Diskussion mit Fachkollegen präsentieren.

Darüber hinaus können die Schüler durch Rollenspiele zu größerem Einsatz bei Gruppenarbeiten oder gemeinsamen Problemlösungen angeregt werden. Beispielsweise können sie passendes und unpassendes Verhalten bei einer Gruppenarbeit vorspielen. Dabei können sie verdeutlichen, dass keiner die Gruppe dominieren sollte, weil es sich um eine Gemeinschaftsarbeit handelt. Solche Rollenspiele und Fehlerdiagnosen können dazu beitragen, dass die Schüler mehr Einflussnahme auf ihre Lernarbeit und ihre Teilnahme am Unterricht spüren. Bei aufkommenden Problemen haben sie Wahlmöglichkeiten, wie sie darauf reagieren können. Und, was noch wichtiger ist, sie haben den Eindruck, dass sie bei ihrer Lernarbeit und bei der Organisation der Arbeitsgruppen mitreden können.

Ob Sie nun Rollenspiele für ein besseres Textverständnis einsetzen oder damit ein Thema beleuchten oder Erwartungen in Bezug auf den Unterricht demonstrieren wollen: Das Lernen wird angenehmer, effektiver und motivierender für alle Schüler.

Aufgabenbeschreibung

 Mit einigen Hinweisen zu den Vorüberlegungen können sich die Schüler effektivere Rollenspiele ausdenken. Sicher wäre es auch sinnvoll, wenn Sie mit ihnen ein Beispiel durchgehen und dabei die folgenden sechs Schritte ansprechen. Mit der „Planungsvorlage für ein Rollenspiel" (5.04) ⧧D können die Schüler ihr Vorbereitungsgespräch konzentriert durchführen.

5.04

In heterogenen Klassen alle erreichen
Strategien für motivierenden Unterricht und nachhaltigen Lernerfolg

Planungsvorlage für ein Rollenspiel

Ihr könnt euer Rollenspiel besser planen, wenn ihr die folgenden sechs Fragen nacheinander beantwortet und berücksichtigt:

1. Wer sitzt im Publikum?

2. Welche Absicht verfolgt ihr?
- Das Publikum über ein Thema oder Problem informieren?
- Ein Ereignis beschreiben oder nacherzählen?
- Das Publikum von etwas überzeugen?

3. Beschreibt das Problem, die Ereignisse, die Perspektiven und die Eigenschaften:
- Was sind die verschiedenen Perspektiven?
- Was sind die Auswirkungen des Themas auf die Schüler, die Welt, die Gemeinschaft oder das Lernen?

4. Plant die Szene:
- Die Hauptpersonen und die Rollenverteilung
- Die wichtigsten Handlungsschritte oder Ereignisse der Szene
- Ort und Zeit der Szene
- Was soll das Publikum mitnehmen?

5. Gestaltet die Szene aus (schreibt eventuell ein kleines Drehbuch):
- Einleitung (Einführung der Personen, die Aufmerksamkeit des Publikums gewinnen)
- Hauptteil (Darstellung der Ereignisse, Anführung von Argumenten, Entwicklung eines Konflikts)
- Schluss (Auflösung des Konflikts)

6. Überlegt euch Fragen, die das Publikum zum Nachdenken bringen.

© der Originalausgabe: Verlag an der Ruhr | Autoren: Carolyn Chapman, Nicole Vagle | ISBN 978-3-8346-2615-8 | www.verlagruhr.de

Sie finden hier einige Ausführungen zu den Aufgaben in der „Planungsvorlage für ein Rollenspiel":

1. **Wer sitzt im Publikum?** Bei einem Rollenspiel muss den Schülern klar sein, für wen die Vorführung gedacht ist. Wird eine Szene aus einer Geschichte der Klasse vorgespielt und die anderen kennen den Text bereits, dann können die Darsteller gewisse Dinge voraussetzen. Sitzen aber Personen von außerhalb im Publikum und dient die Vorführung der Unterhaltung, muss die Szene mit mehr Zusatzinformationen ausgestattet werden. Gehört eine Diskussion zum Rollenspiel, dann müssen die Schüler wissen, wen sie überzeugen sollen und worauf sie achten müssen, um treffende Argumente anzuführen.

2. **Welche Absicht verfolgt ihr?** Mit der Beantwortung dieser Frage bestimmen die Schüler das gewünschte Ergebnis. Manche Rollenspiele wollen die Zuschauer über ein Thema, ein Ereignis, eine Persönlichkeit oder einen Vorgang informieren. In anderen soll ein Ereignis beschrieben oder nacherzählt werden. Und wieder andere dienen der Überzeugung oder der Unterhaltung. Die Absicht sollte von vornherein klar sein, damit das Spiel darauf ausgerichtet werden kann.

3. **Beschreibt das Problem, die Ereignisse, das Thema, die Perspektiven und die Eigenschaften:** In diesem Schritt sollen die Schüler so viele Ideen wie möglich sammeln. Soll ein Publikum über ein Ereignis, eine Person oder ein Problem informiert werden, sammeln die Schüler Ideen zur Beschreibung und Erklärung. In anderen Rollenspielen aber sollen verschiedene Aspekte eines Problems behandelt werden, z. B. über die Errichtung von mehr umweltfreundlichen Gebäuden. Dann sollten die Schüler folgende Fragen erwägen: Was sind die verschiedenen Aspekte? Was sind die Auswirkungen auf die Schüler, die Welt, unsere Stadt oder das Lernen?

4. **Plant die Szene:** Mit diesem Schritt legen die Schüler alle Personen und Rollen fest. Danach einigen sie sich auf die wichtigsten Ereignisse und Handlungsschritte, die dargestellt werden sollen. Sie legen Zeit und Ort der Handlung fest. Und schließlich bestimmen sie, was die Zuschauer durch das Spiel erfahren, lernen oder verstehen sollen.

5. **Baut die Szene aus:** Jetzt schreibt die Gruppe ein kleines Drehbuch mit Einleitung, Hauptteil und Schluss. Die Einleitung führt die Personen ein und gewinnt die Aufmerksamkeit des Publikums. Im Hauptteil stehen die wichtigen Ereignisse, die überzeugendsten Beweise oder ein Konflikt. Am Ende wird der Konflikt aufgelöst oder das Publikum nachdenklich entlassen.

6. **Überlegt euch Fragen zum Nachdenken für das Publikum:**

Diese Fragen zum Rollenspiel könnten Folgendes beinhalten:

- Fragen zum Verständnis der Fakten
- Hat das Publikum die Gefühle der Figuren verstanden?
- Nachfragen zu Ursache und Wirkung bzw. zu den Entscheidungen
- Auswirkungen der Entscheidungen nicht nur auf den Einzelnen, sondern auf die Gemeinschaft, die Kultur und die Welt
- Hinleitende Fragen auf Themen und Probleme, die mit dem Inhalt des Rollenspiels zusammenhängen
- Fragen nach den eigenen Erfahrungen und Entscheidungen der Schüler im Publikum
- Hinleitende Fragen zu möglichen Schritten, die unternommen werden können

Reflexion

Thema dieses Kapitels waren Strategien, mit deren Hilfe Sie Ihren Schülern Wahlmöglichkeiten eröffnen und Einflussnahme übertragen können. Denken Sie diesbezüglich auch an Ihre eigenen Erfahrungen: Was hat sich als sinnvoll herausgestellt? Die nachstehenden Fragen können Sie wahlweise für sich bearbeiten oder mit Kollegen besprechen.

1. Wie nehmen Ihre Schüler im Vergleich zu Ihnen den Spielraum für eigene Entscheidungen und Kontrolle wahr?
   - Listen Sie Aktivitäten auf, über die Ihrer Einschätzung nach die Schüler im Unterricht die Einflussnahme haben. Listen Sie die Dinge auf, über die sie keine Einflussnahme haben.
   - Lassen Sie Ihre Schüler diese Fragen beantworten. Vergleichen Sie die Antworten mit Ihren Einschätzungen und Überlegungen.

2. Besprechen Sie die Menge der Wahlmöglichkeiten in Ihrem Unterricht.
   - Haben die Schüler zu viele, zu wenige oder genau die richtige Menge an Wahlmöglichkeiten?
   - Bieten Sie Ihren Schülern sinnvolle Alternativen an?
   - Welche weiteren Möglichkeiten gäbe es für Wahlmöglichkeiten in Ihrem Unterricht und in den Tests?

3. Verwenden Sie die Vorlage „Plan zur Motivation von Schülern" (5.05) ⬇D auf der folgenden Seite, um die Bedürfnisse einzelner unmotivierter Schüler in Bezug auf Wahlmöglichkeiten und Einflussnahme aufzudecken, zu analysieren und zu planen, wie Sie darauf eingehen können.

5.05

 Download

In **heterogenen Klassen alle erreichen**

Strategien für motivierenden Unterricht und nachhaltigen Lernerfolg

Plan zur Motivation von Schülern

Strategie	Namen der unmotivierten Schüler, für die die Strategie vorgesehen ist	Hinter welcher Maske steckt der Schüler?	Verhaltensweisen, Gewohnheiten und Eigenschaften	Aktion, um auf das Bedürfnis einzugehen	Überlegungen zur Umsetzung	Weitere Anmerkungen
16. Geben Sie sinnvollen Entscheidungsspielraum.						
17. Setzen Sie ein Ziel, treffen Sie eine Vereinbarung.						
18. Nutzen Sie Kunst und Musik als Hilfsmittel.						

In heterogenen Klassen alle erreichen

6

Das Lernen sicherstellen

Beispiel

Eine der letzten Unterrichtsstunden vor der Prüfung: Die Mathematik-lehrerin versuchte, allen ihren Schülern die noch offenen Fragen zu beantworten – und stellte fest, dass die 45 Minuten immer viel zu schnell vorbeigingen. Frustration aufseiten der Schüler und bei ihr waren die Folge. Es blieb das Gefühl, das Lernen nicht genügend abgesichert zu haben und nicht ausreichend auf individuelle Probleme und Fragen eingegangen zu sein. Sie versuchte etwas anderes. Sie ließ einen kurzen Test über das jeweilige Thema schreiben und konnte beim Auswerten erkennen, welche Schüler an welcher Stelle Verständnisschwierigkeiten und Probleme hatten. In der folgenden Stunde teilte sie die Schüler nach ihren Lernbedürfnissen in Gruppen ein und stellte zugeschnittene Aufgaben zum Üben und Wiederholen bereit. So konnten sich die Schüler zunächst in ihren Gruppen beraten und versuchen, offene Fragen untereinander zu klären. Bei Nachfragen konnte die Lehrerin gezielt auf die Aufgaben der jeweiligen Gruppe reagieren. Sie forderte die Gruppenmitglieder ebenfalls dazu auf, sich bei anderen Gruppen Rat zu holen bzw. die Gruppe zu wechseln, wenn sich die offenen Fragen geklärt hatten.

Dieses Beispiel verdeutlicht den Fokus, der sich weg vom Lehren und hin zum Lernen bewegte. Die Überschrift dieses Kapitels, welche lautet „Das Lernen sicherstellen", bedeutet: Helfen Sie Ihren Schülern, an ihre Lernfähigkeit zu glauben. Wenn Sie ihnen Möglichkeiten anbieten, auf verschiedenen Wegen zu lernen, ermöglichen Sie ihren unterschiedlichen Schülern individuelle Lernerfahrungen und signalisieren ihnen, dass Ihnen diese am Herzen liegen. Dieses Kapitel enthält Unterrichtsstrategien, bei denen es nur um das Lernen geht. Die folgende Tabelle beschreibt einen fundamentalen Unterschied: Was ist anders, wenn sich der Fokus vom Lehren weg auf das Lernen richtet?

Fokus vom Lehren auf das Lernen

Ein Lehrer, der sich auf das Lehren konzentriert, denkt:	Ein Lehrer, der sich auf das Lernen konzentriert, denkt:	Tipps für die Konzentration auf das Lernen
„Ich habe den Stoff unterrichtet, die Schüler haben es einfach nicht verstanden."	„Ich suche nach neuen Wegen, damit meine Schüler alles verstehen."	Vermitteln Sie den Lernstoff mit verschiedenen Strategien und motivierenden Aktivitäten.
„Die Eltern müssen mehr dafür tun, dass sich das Verhalten und die Lernbereitschaft bessern."	„Ich konzentriere mich auf die Zeit, in der die Schüler bei mir im Unterricht sind. Auf alles andere habe ich keinen direkten Einfluss."	Übernehmen Sie die Kontrolle darüber, was im Unterricht geschieht. Beziehen Sie dennoch die Eltern mit ein, informieren Sie sie z. B. über die Erfolge ihrer Kinder und kommunizieren Sie mit ihnen, um sie einzubinden.
„Es kostet zu viel Zeit, andauernd festzustellen, auf welchem Lernstand die Schüler gerade sind."	„Ich finde heraus, was meine Schüler wissen, und kann so planen, was sie als Nächstes tun sollten."	Bringen Sie die Bedürfnisse der Schüler vor, während und nach dem Lernen durch entsprechende Lernerfolgskontrollen in Erfahrung.
„Ich arbeite mehr als meine Schüler, wenn ich ihre Tests korrigiere."	„Ich versetze meine Schüler in die Lage, mehr über sich selbst herauszufinden, sich fürs Lernen zu engagieren und für ihren Erfolg so viel wie möglich selbst mitzuwirken."	Sorgen Sie für motivierende Lerngelegenheiten, die sich an den Standards orientieren. Lassen Sie die Schüler ihre Tests korrigieren und formulieren Sie gemeinsam mit ihnen Ziele, um sie ins Lernen einzubeziehen.
„Ich habe nicht genügend Zeit, den ganzen Stoff zu unterrichten. Die Schüler sollen selbst schauen, wie sie damit zurechtkommen."	„Ich setze Prioritäten auf das, was für die Schüler wichtig ist. Ich verwende die Zeit für das Wesentliche."	Vermeiden Sie alles, was nur Zeit kostet. Achten Sie darauf, dass den Schülern die bestmöglichen Ressourcen zur Verfügung stehen.
„Meine Schüler haben so unterschiedliche Bedürfnisse. Es ist schwer, alle zu erreichen."	„Ich kenne mich mit den Standards aus. Ich unterrichte die Lernziele, die meinen Unterricht, meine Tests und die Einbeziehung der Schüler voranbringen."	Interpretieren Sie die Tests und planen Sie, davon ausgehend, Aufgaben mit der Möglichkeit zur Differenzierung.

Es ist keine leichte Aufgabe, das Lernen zu sichern. Einsatzbereitschaft und Ausdauer sind erforderlich. Die Schüler spüren es, ob Sie sich wirklich um ihre Lernerfolge sorgen. Das Ziel soll sein, dass jeder Schüler etwas lernt. Sie müssen ihre

Schüler kennenlernen (Kapitel 2, s. S. 35ff.) und so planen, dass jeder jeden Tag ein bisschen besser werden kann. Bei manchen Schülern ist mehr Geduld, Ausdauer und Kreativität erforderlich. Seien Sie entschlossen und lassen Sie sich durch Rückschritte oder Misserfolge nicht entmutigen.

Halten Sie die Erwartungen hoch und steigern Sie das Selbstvertrauen

Die Erwartungen des Lehrers beeinflussen die Motivation und die Leistung. Wenn Sie keinen Erfolg erwarten, entspricht die Leistung der Schüler diesen geringen Erwartungen. Ihre Aktionen und Worte vermitteln und beeinflussen die Erwartungen. Hattie stellt zusammenfassend fest, dass Lehrer nicht die augenblickliche Leistungsfähigkeit fokussieren, sondern vielmehr den Fortschritt betonen sollten. Jeder Schüler habe ein Recht auf steile Lernkurven, ungeachtet dessen, wo sie beginnen. Es gehe darum, Wege zu finden, um die Leistungsfähigkeit aller Schüler steigern zu können (vgl. Hattie, 2009, S. 124).

Während die Aktionen des Lehrers den Erwartungsgrad an die Schüler signalisieren, interpretiert Whitaker das Problem auf andere Weise. Selbst schlechte Lehrer hätten die hohe Erwartung an ihre Schüler, dass sie sich gut verhalten und dem Unterricht folgen. Dies seien tatsächlich hohe Erwartungen. Er legt nahe, dass die Lehrer an sich selbst hohe Erwartungen stellen sollten und sich bei Schülern, die Schwierigkeiten mit dem Lernen haben, fragen, was sie und nicht die Schüler anders machen könnten. Wenn Schüler nicht bei der Sache seien, fragten gute Lehrer sich, was sie anders machen könnten (vgl. Whitaker, 2003, S. 34).

Die Untersuchung von Reeves (2007) setzt ein Ausrufezeichen an das Ende von Whitakers Feststellung. Er befragte Schulleiter und Lehrer danach, was ihrer Meinung nach den größten Einfluss auf das Lernen der Schüler habe. Bei Lehrern, die Faktoren innerhalb ihrer Kontrollmöglichkeiten nannten, zeigten die Schüler 3-mal größere Leistungen als die Schüler, deren Lehrer äußere Faktoren anführten. Das Vertrauen eines Lehrers in seine eigenen Fähigkeiten, kreative und gangbare Wege zu finden, spielt eine wichtige Rolle bei der Motivation der Schüler und beim Wachhalten ihres Engagements.

Schüler lernen, weil sie denken, dass sie es können. Sie lernen, weil der Lehrer glaubt, dass sie es können. Diese von innen kommende Motivation kann Schüler regelrecht dazu zwingen, neue Dinge auszuprobieren und an Gesprächen und Aktivitäten teilzunehmen – was sie sonst nicht machen würden. Wenn Lerner daran glauben, dass sie Erfolg haben können, werden sie ihre Lernbemühungen in den Vordergrund stellen oder sich für eine Aktivität engagieren. Der Glaube an die eigene Leistungsfähigkeit ist entscheidend für Erfolg. So ist es nach Hattie sinnlos, Zeit und Mühe ins Lernen zu investieren, wenn man nicht daran glaube, dass diese Anstrengungen etwas bewirken können. Entscheidend sei die Auffassung, dass zunehmende Erfolge eine Wirkung unserer Bemühungen und Interessen sind (vgl. Hattie, 2009, S. 48). Sie als Lehrer müssen daran glauben, die Schüler motivieren und zum Lernen bringen zu können. **Glauben Sie an sich selbst und ihre Fähigkeit, das Lernen der Schüler beeinflussen zu können.** Glauben Sie, dass Sie unmotivierte Schüler dazu bringen können, sich zu engagieren? Selbstvertrauen ist die erste Voraussetzung dazu. Wenn Sie an sich selbst glauben, werden Sie auch Ihre Schüler befähigen können.

Seien Sie von Ihren Schülern und deren Lernfähigkeit überzeugt. Glauben Sie daran, dass jeder Schüler in der Lage ist, zu lernen? Welche Botschaften vermitteln Sie ihnen bewusst oder unbewusst hinsichtlich ihrer Möglichkeiten, Lernfortschritte zu machen? Wenn ein Schüler immer nur auf einfache Fragen antworten soll, gewinnt er eine negative Meinung von sich selbst und seinen Fähigkeiten. Sorgen Sie bei Ihren Schülern für eine Haltung, die da lautet: „Ich glaube an mich" (Pajares, 2005; Chapman und King, 2009b).

Machen Sie unmotivierte Schüler zu Ihrer Priorität. Machen Sie es sich zur Aufgabe, dass alle Schüler mit Ihnen zusammenarbeiten. Geben Sie ihnen zu verstehen, dass Sie sich um sie kümmern und Sie von ihnen Kooperation und Lernbereitschaft erwarten. Achten Sie darauf, dass sie ihre Fehler korrigieren und ihre Arbeiten verbessern. Das vermittelt die Botschaft, dass Lernen möglich und wirklich wichtig ist. Und diese Botschaft wirkt sich wiederum positiv auf die Motivation aus (Saphier, 2005).

Zeigen Sie Vertrauen, Respekt und Glauben an jeden Schüler. Manchmal ist es schwer, das Verhalten gewisser Schüler zu akzeptieren. Aber es ist wichtig, sich Zeit für sie zu nehmen und sie zu respektieren, selbst wenn Sie manches nicht billigen (Sizer, 2004). Wie denken Sie über Ihre Schüler, wenn der Unterricht zu Ende ist? Auch wenn einige Schüler liebenswürdiger sind als andere, sollten Sie solche Gefühle nicht nach außen dringen lassen. Jedes Individuum muss als Person mit seinen Talenten und Stärken akzeptiert und respektiert werden. Und diese müssen erkannt und anerkannt werden.

Planen Sie Ihren Unterricht so, dass Sie die Schüler dort abholen, wo sie stehen. Passen Sie die Aufgaben entsprechend der Daten an, die Sie vorab aus einer Beurteilung des Lernstands gewonnen haben. Suchen Sie nach den besten Informationen, um jeden einzelnen Lerner zu fördern (Chapman und King, 2009b). Schüler spüren Befriedigung und Freude, wenn sie über eine herausfordernde Aufgabe nachdenken, daran arbeiten und sie schließlich lösen. Geben Sie ihnen das Gefühl, dass sie etwas geleistet haben, indem Sie ihnen geeignete Aufgaben anbieten.

Planen Sie strategisch Schreib-, Gesprächs- und Besprechungszeiten für die Schüler ein. In diesen können sie ihre Einstellung und ihre Meinung zur Schule ausdrücken. Sie erfahren so mehr über Ihre jeweiligen Schüler und können z. B. Ängste oder Zweifel identifizieren und das Gespräch mit dem jeweiligen Schüler suchen.

Finden Sie heraus, wie stark Ihre Schüler an sich selbst glauben. Wenn Schüler nicht davon überzeugt sind, dass sie Erfolg haben können, bleiben sie wahrscheinlich unmotiviert, träge oder widerspenstig gegenüber schulischen Aufgaben. Trägheit und Widerspenstigkeit überdecken oft ein Gefühl des Unvermögens. Überzeugen Sie sich regelmäßig vom Verständnis und von den Fortschritten. Räumen Sie eine zweite Chance ein, um nach Interventionen eine Aufgabe zu Ende bringen zu können. Zeigen Sie den Schülern, wie sie selbst ihren eigenen Fortschritt feststellen können. Das stärkt ihren Glauben daran, dass ihre laufende Arbeit zu künftigem Lernen und Erfolg führt. Selbstbeobachtung und Eigenkontrolle entwickeln sich mit der Zeit immer besser und müssen schrittweise eingeübt werden.

Dweck (2006) untersuchte, was Schüler über ihre eigene Intelligenz denken. Demnach sind Schüler, die ihre Intelligenz für etwas Vorbestimmtes halten, der festen Überzeugung, dass sie in der Schule nichts lernen oder erfolgreich sein können. Sie glauben nicht, dass sie sich durch Anstrengung und Lernen verbessern können. Andererseits glauben manche Schüler, dass sie sich weiterentwickeln und lernen können – und es gelingt ihnen auch. Es ist entscheidend, die Unterrichtspraxis im Hinblick auf die Erwartungen und das Selbstvertrauen der Schüler zu überdenken und zu analysieren. Dweck prüfte das Entwicklungspotenzial von Schülern mit festgefahrenen Denkweisen. Sie warf die Frage auf, ob eine neue Einstellung zum Lernen ihre Ergebnisse und ihre Motivation ändern könnten. Ihre Resultate weisen darauf hin, dass es für diese Schüler möglich ist, ihre Einstellung zu ändern und eine Weiterentwicklung für möglich zu halten. Sie können eine erhöhte „schulische Ausdauer" entwickeln. Auf jede Herausforderung wird mehr Mühe verwendet, was wiederum zum Erfolg führt (Dweck, 1999).

Als Lehrer haben Sie die Möglichkeit, die Einstellung der Schüler zu beeinflussen, und zwar durch

- die Planung des Unterrichts, der Lernerfolgskontrollen und der Einbeziehung der Schüler,
- das Eingehen auf das Lernen, die Zeiteinteilung und die Fragen der Schüler und
- die Kommunikation über ihre Fortschritte.

Sowohl Ihre Überzeugungen als auch die der Schüler in Bezug auf das Lernen beeinflussen die Leistung und die Motivation. Sie können beim Lerner Hoffnungen wecken und ihn anregen. Ein Schüler muss glauben und spüren, dass er in der Schule erfolgreich sein kann.

Sorgen Sie für Lernzeit

Eine der größten Herausforderungen ist die Zeit. Sie ist sowohl für Sie als Lehrer als auch für Ihre Schüler ein wertvolles Gut. Nehmen Sie sich zuerst Zeit dafür, ausgehend von den Standards herausfordernde und motivierende Aufgaben zu entwerfen und Unterrichtsstunden zu planen. Dann müssen Sie den Schülern Zeit dafür lassen, solche Aufgaben auch zu bewältigen. Schüler lernen mehr und werden unabhängigere Lerner, wenn sie dabei unterstützt werden, ihre Denkfähigkeiten zu erweitern und wenn ihnen im Rahmen des Curriculums anspruchsvollere Aufgaben gegeben werden. Ein wesentliches Element dabei ist, die Zeiteinteilung sorgfältig zu planen. Dann kann im Unterricht das Lernen im Mittelpunkt stehen.

Optimieren Sie Ihr Zeitmanagement

Kennen Sie das Gefühl, dass die Zeit nie auszureichen scheint? Wie können Sie alles unter einen Hut bringen? Das ist die entscheidende Frage sowohl für den Unterricht selbst als auch für die Planung. Berücksichtigen Sie die folgenden Vorschläge für ein effektives Zeitmanagement:

- Schätzen Sie die Zeit ab, die Sie für die Planung und für den Unterricht haben. Analysieren Sie die Unterrichtszeit danach, wie viel Sie für die Vermittlung des Lernstoffs benötigen und wie lange die Schüler weitgehend selbstständig am Stoff arbeiten.
- Listen Sie alle Aufgaben auf, die erledigt werden müssen. Kreisen Sie drei Dinge ein, die für die Lernarbeit der Schüler am wichtigsten sind. So können Sie Prioritäten setzen.
- Verwenden Sie den Großteil der Zeit dann auf diese drei Dinge. Gehen Sie bei der Planung dieser Aufgaben strategisch vor. Erledigen Sie die anderen Aufgaben in der verbleibenden Zeit oder überspringen Sie sie. Wären diese Aufgaben wesentlich, wären sie unter den ersten drei aufgelistet.
- Beginnen Sie bescheiden. Wählen Sie eine Stunde aus und planen Sie im Hinblick auf mindestens eine der drei Aufgaben aus der Prioritätenliste. Denken Sie nach der Stunde genau darüber nach, wie es funktioniert hat. Machen Sie erst dann weitere Pläne, da zu große Schritte Sie sonst überfordern könnten.

Passen Sie Benotung, Rückmeldungen und Gruppenbildung an

Wenn Schüler nicht an ihren Erfolg glauben, werden sie sich womöglich gar nicht erst an den Aufgaben versuchen. Manche Unterrichtsroutinen im Hinblick auf Benotung, Rückmeldungen und Gruppenbildung können das Selbstvertrauen der Schüler unabsichtlich beschädigen. Überdenken und verbessern Sie Ihre Vorgehensweise mit den folgenden Ideen und Strategien.

Benotung

Die Benotung jeder Leistung und die Abschlussnote aus dem Durchschnitt der Einzelnoten können Motivation verhindern. Wenn Schüler etwa eine Arbeit zu spät abliefern und dafür Abstriche bei der Note hinnehmen müssen, werden sie abwägen, ob die Abstriche für sie vorteilhafter sind als die Mühe, alles rechtzeitig zu erledigen. Wenn Schüler öfters eine schlechte Note bekommen, wird es für sie ziemlich schwierig, das Ganze wieder hinzubiegen und eine befriedigende Note zu erhalten. Sie als Lehrer wollen durch die Vergabe schlechter Zensuren die Schüler motivieren, eine Aufgabe vollständig zu erledigen. Das kann aber den gegenteiligen Effekt haben, wenn kaum noch die Chance auf eine gute Gesamtnote besteht (Guskey, 2004; O'Connor, 2002). Dies gilt insbesondere für Schüler mit Problemen, die nicht wissen, wie sie sich verbessern sollen, da sie nicht über wirksame Strategien verfügen, mit denen sie ihr Lernen steuern und verbessern können.

Bei manchen Aufgaben ist eine Benotung nicht zwingend erforderlich: Manche Aufgaben können von Ihnen und von den Schülern analysiert werden. Korrigieren Sie die Fehler und beurteilen Sie die Arbeit, damit die Schüler unmittelbare Rückmeldung bekommen. In manchen Fällen können Sie eine Arbeit zurückgeben, die häufigsten Fehler beschreiben und Möglichkeiten zu deren Korrektur aufzeigen. Danach machen sich die Schüler selbst an die Analyse ihrer Arbeiten. Das verlagert die Denkarbeit auf die Schüler und spart Ihnen eine Menge Zeit. Denn Sie brauchen die Arbeiten nicht einzeln zu benoten und nicht viele Male denselben Kommentar aufs Blatt zu schreiben. Gleichzeitig ermöglicht die Selbstkorrektur ein individuelles Lernen und eine gezielte Arbeit an den eigenen Schwächen.

Sowohl Guskey und Bailey (2001) als auch O'Connor (2002) plädieren dafür, den jeweils aktuellsten Lernnachweis für die Benotung heranzuziehen. Angenommen, eine Klassenarbeit zeigt ziemlich magere Ergebnisse. Sie halten daraufhin einen tollen Unterricht, mit dem sie sämtliche Lücken schließen können. Die Schüler bekommen eine zweite Chance und zeigen, dass sie den Stoff jetzt beherrschen. Bilden Sie jetzt aus beiden Arbeiten eine Durchschnittsnote, drückt diese nicht den aktuellen Kenntnisstand aus. Die Schüler, die bereits beim ersten Test erfolgreich waren, bekommen immer eine bessere Durchschnittsnote als diejenigen, die erst beim zweiten Test gut abschnitten. Eine Anstrengung zwischen der ersten und zweiten Chance kann zwar die erste Note ausgleichen. Aber selbst eine Bestleistung im zweiten Test kann nicht mehr zu einer guten Gesamtnote führen. Ersetzen Sie hingegen die erste Note durch die zweite, dann sehen die Schüler, dass sich Lernanstrengungen lohnen. Wenn Sie also nur den aktuellsten Lernnachweis gelten lassen, bleiben die Schüler mit mehr Ausdauer und Engagement beim Lernen. Außerdem drückt sich in der aktuellsten Note die Entwicklung aus, welche Sie als Lehrer durch Ihre Unterrichtspraxis angestoßen haben.

Manche sorgen sich, dass eine zweite Chance die Schüler veranlasst, den ersten Versuch nicht ernst zu nehmen oder zu umgehen: „Warum soll ich das überhaupt versuchen? Ich kann es ja noch mal machen." Bei einer effektiven Unterrichtspraxis allerdings müssen sich die Schüler zwischen dem ersten und dem zweiten Test anstrengen, um Fehler zu beheben und ihre Arbeit zu verbessern. Auf Grundlage der Informationen aus dem ersten Test erhalten die Schüler Unterstützung beim Schließen ihrer Lücken. Achten Sie genau darauf, dass Sie auf die Missverständnisse auch tatsächlich eingehen – es findet sozusagen eine informelle Beobachtung statt. Wenn sich dabei nun ein besseres Verständnis ankündigt, erhalten die Schüler eine zweite Chance oder eine formellere Gelegenheit, ihr Wissen und Können unter Beweis zu stellen. Geben Sie ihnen eine zweite Chance und erkennen Sie an, wenn die Schüler mehr Verständnis erlangt haben.

Rückmeldungen geben – aber richtig!

Mit Rückmeldungen kann ein Lehrer sehr wirkungsvoll den Lernfortschritt beeinflussen (Hattie und Timperley, 2007; Marzano, 2007). Wenn die Rückmeldungen präskriptiv, d. h. normierend bewertend sind, z. B. in Form einer Note, einer Punktzahl, einer zustimmenden Mimik oder einer undifferenzierten Bemerkung, werden die Schüler eine Erklärung für sich suchen, die nicht unbedingt der Absicht Ihrer Rückmeldung gleichen muss. In der Folge werden sie vielleicht die Bearbeitung der Aufgaben vermeiden, nicht verstehen, was als Nächstes zu tun ist, oder eine falsche Schlussfolgerung über ihr eigenes Verständnis ziehen. Deskriptive Rückmeldungen hingegen enthalten konkrete Verbesserungsvorschläge und zeigen die nächsten Schritte auf, mit denen Lernerfolge möglich werden. Eine Note ist ein Symbol, das die Leistung in einer Klasse aufzeigt. Aber Rückmeldungen im Sinne des Lernens, die zudem den Glauben an die eigenen Fähigkeiten stärken sollen, müssen deskriptiv und präzise sein (Hattie und Timperley, 2007; O'Connor, 2002).

Beispiel

Im Klassenraum hängen verschiedene Plakate zum Thema „Wie schreibe ich eine Inhaltsangabe?" Eine Erzählung, zu der eine Inhaltsangabe verfasst werden soll, können Sie zunächst vorlesen und die Schüler auffordern, in einem Bild oder Symbol ihre ersten Eindrücke festzuhalten. Dann vergegenwärtigen die Schüler sich die Abfolge der Arbeitsschritte. Wenn die Schüler die Erzählung erhalten und sich dem Text zuwenden, können sich die nun folgenden Arbeitsschritte je nach Leistungsstand der Schüler stark unterscheiden: Einige Schüler können z. B. nach der Lektüre des Textes Sinnabschnitte finden und passende Überschriften formulieren, andere Schüler wenden sich schon relativ zügig dem Verfassen einer Einleitung zu und tragen alle relevanten Informationen für diese zusammen.

Je nach Bearbeitung gruppieren Sie die Schüler nun im nächsten Arbeitsschritt nach Ihren Fähigkeiten und lassen Sie in der Gruppe überlegen, was sie tun müssen, um die nächste Bearbeitungsphase zu erreichen. Dabei unterstützen sie die Lernplakate im Klassenzimmer. Das Ziel dabei ist, dass die Schüler an ganz bestimmten Fähigkeiten arbeiten, die sie voranbringen. Sie arbeiten also nicht an irgendetwas Allgemeinem, das ihren Bedürfnissen nur vielleicht entspricht.

Die Gruppierung der Schüler vermittelt implizit eine Botschaft über die Erwartungen, die Sie an sie stellen. Ihre Handlungen formen das Selbstverständnis der Schüler und ihren Glauben an die eigenen Lernfähigkeiten. Wenn manche Schüler regelmäßig leistungsschwächeren Gruppen zugeteilt werden, kommen sie möglicherweise gut damit zurecht, in der „Problemgruppe" zu sein. Andere Schüler hingegen werden ärgerlich und entwickeln eine Verweigerungshaltung. Verdeutlichen Sie den Schülern die Vorteile der Einteilung. Nach einer gewissen Zeit werden die Schüler die Vorteile dieser Gruppenzusammensetzung erkennen. Wenn Schüler in Leistungsgruppen eingeteilt werden, ist besseres Lernen möglich und die Gruppen sind effektiver, da Schüler zusammenarbeiten, deren Leistungsniveau ähnlich ist. Die Gruppierung kann sich immer ändern, weil vom Kenntnisstand der Schüler zu einem bestimmten Zeitpunkt ausgegangen wird. Das ermöglicht Ihnen, jeden Schüler voranzubringen. Wird beispielsweise im Unterricht ein neues Thema eingeführt, mögen einige Schüler bereits gewisse Vorkenntnisse haben. Das ist dann eine Gelegenheit, die Gruppen nach Hintergrund und Wissensbasis einzuteilen. Und das ist wiederum nur durch eine strategische Einschätzung des Lernstands erreichbar. Andere, wissensunabhängige Möglichkeiten der Gruppenbildung sind z. B.

- Freundschaften,
- Interessen,
- Alter oder
- Geburtsmonat.

Wählen Sie die jeweilige Form der Gruppenbildung entsprechend dem Zweck einer Aktivität oder Aufgabe.

Bewältigungsstrategien erkennen

Benotungen, Rückmeldungen und Gruppierungen können den Glauben der Schüler an sich selbst stark beeinflussen. Stellen Sie sich vor, Sie befinden sich in einem Raum und haben das Gefühl, dass Sie nicht so lernen können wie die anderen, dass alle anderen etwas verstehen, Sie aber nicht. So ergeht es manchen Schülern tagtäglich – und das führt zu einem Gefühl der Unfähigkeit und des Versagens (Hattie, 2009).

Schüler suchen selbstverständlich nach einer Möglichkeit, ihr restliches Selbstwertgefühl zu schützen (vgl. Covington, 2002; Martin 2007; Martin und Marsh, 2003). Sie entwickeln oft von jungen Jahren an ihre persönlichen Strategien, um mit dem Versagen umzugehen, z. B.

- Rückzug: Sie erfinden eine gute Ausrede, um nicht weiter beteiligt zu werden.
- Sitzen an der Seitenlinie: Manche sitzen ganz ruhig als Zuschauer außerhalb oder neben den Ereignissen. Sie hoffen, dass niemand auf sie aufmerksam wird. Sie demonstrieren ihre persönliche Unzulänglichkeit und zeigen einen Mangel an Selbstvertrauen.
- Ausflüchte: Manche sind Spezialisten darin, andere Beschäftigungen zu finden, um am Hauptereignis nicht teilnehmen zu müssen. Sie haben etwas anderes, überaus Wichtiges zu tun. Während die anderen mitmachen, sind sie am „Vorbereiten" und „Organisieren" oder finden etwas, was zuvor noch unbedingt gemacht werden „muss".

Vielleicht kennen Sie Schüler, die mit solchen Bewältigungsstrategien ihre Angst vor dem Versagen überspielen wollen. Wichtig ist, dass Sie solche Verhaltensweisen als Hinweise auf mangelndes Selbstvertrauen erkennen und nicht als Respekt- oder Teilnahmslosigkeit fehlinterpretieren. Die anzuwendenden Strategien, wenn ein Schüler sich wirklich nicht um die Sache kümmert, unterscheiden sich von denen, wenn er Verständnisprobleme hat oder nicht daran glaubt, überhaupt Erfolg haben zu können. Schüler kommen nicht immer mit all den Voraussetzungen in die Schule, die für ihren Erfolg nötig wären. Manche bringen das Vertrauen in die Schule und ihre eigene Lernfähigkeit mit, andere nicht. Strategien zur Sicherung des Lernens bilden das Vertrauen in die eigenen Fähigkeiten und sind darauf ausgerichtet, dass die Schüler ihre eigenen Möglichkeiten erkennen und Erfolge erleben.
Die Strategien in diesem Kapitel eignen sich sowohl für eine ganze Klasse als auch für einzelne Schüler.

Strategie 18: Schätzen Sie den Leistungsstand ein
Strategie 19: Stellen Sie zum Denken anregende Fragen
Strategie 20: Kurbeln Sie das Verständnis an
Strategie 21: Geben Sie deskriptive Rückmeldungen
Strategie 22: Loben Sie mit präzisen Bemerkungen
Strategie 23: Beziehen Sie Ihre Schüler mit ein
Strategie 24: Achten Sie auf gezielte Interventionen

Strategie 18: Schätzen Sie den Leistungsstand ein

Um den Leistungsstand Ihrer Schüler einschätzen zu können, haben Sie verschiedene Möglichkeiten. Beispielsweise können mit Tests bzw. Lernerfolgskontrollen Informationen gewonnen werden, die Ihnen bei Folgendem helfen:

Unterrichtsplanung: Denken Sie daran – bei sinnvollen Klassenarbeiten zur Ermittlung des Lernerfolgs müssen Sie genau wissen, was Sie testen wollen. Bestimmen Sie die individuellen Ziele, die zum Erreichen der Standards für die Schüler notwendig sind (Strategie 6, s. S. 88 ff.). Gehen Sie bei der Planung der Tests von diesen Zielen aus. Verwenden Sie die Informationen vor und während des Unterrichts zur Planung von Lernstationen, Lehrerbeiträgen und Gruppenaktivitäten.

Selbstbeurteilung: Beziehen Sie die Schüler mit ein. Fordern Sie sie während des Lernens zur Selbstbeurteilung auf, um mehr über ihre Stärken und Schwächen, über ihren Wissensstand und ihre Vorkenntnisse zu erfahren (Strategie 23, s. S. 217 ff.).

Vorwissen berücksichtigen: Bestimmen Sie zudem den Kenntnisstand der Schüler vor dem Lernen. So können Sie Verknüpfungen zu ihrem Vorwissen und ihren Interessen herstellen. Diese Information ermöglicht eine Brücke zu dem, was die Schüler bereits wissen, und bereitet sie darauf vor, mehr zu verstehen. Die Einschätzung des Leistungsstands vor dem Lernen kann Ihnen auch beim flexiblen Gruppieren der Schüler helfen. Damit lässt sich vermeiden, dass sich die Schüler langweilen, weil sie bereits alles verstehen. Um Langeweile und Frust zu vermeiden, sollten Sie sich darauf vorbereiten, die wesentlichen Lücken im Vorwissen zu schließen und sich herausfordernde Aufgaben für diejenigen überlegen, die schon weiter sind.

In diesem Sinne könnten die Schüler mündlich oder schriftlich die folgenden Fragen beantworten, die sich sowohl für die ganze Klasse als auch für einzelne Schüler eignen:

- „Worauf bist du neugierig?"
- „Was wird deiner Meinung nach geschehen?"
- „Hast du von dem Thema schon mal etwas gehört? Wenn ja, wo?"
- „Was weißt du bereits über _____?" (Dies könnte um einen kleinen Test oder eine schriftliche Aufgabe erweitert werden.)

Lernerfolgskontrollen: Während des Lernens bedeuten Lernerfolgskontrollen, dass Sie ständig das Lernen beobachten und den Unterricht am Verständnis bzw. an den Missverständnissen der Schüler ausrichten. Wenn aus den Beobachtungen und Lernerfolgskontrollen ersichtlich wird, dass die Schüler den

Lernstoff verstehen, ist es an der Zeit für die Beurteilung des Leistungsstands nach dem Lernen. Diese Beurteilung ist summativ und evaluierend. Dem Lerner soll damit sein Leistungsstand zu einem bestimmten Zeitpunkt mitgeteilt werden. Lernerfolgskontrollen nach dem Lernen sind Zwischenschritte in Richtung der nächsten Standards und Lernziele. Planen Sie Zeit ein, damit die Schüler ausreichend üben, den Stoff verarbeiten und lernen können. Dann können sie den Nachweis ihres Könnens in der Klassenarbeit erbringen.

Leistungsdokumentation: Beschreiben und dokumentieren Sie den Kenntnisstand der Schüler nach dem Lernen durch Bemerkungen, Noten und Bewertungsrubriken. Die Dokumentation stellt die Basis für eine Leistungsbewertung dar. Machen Sie sich vorher klar, welche Leistung Sie als relevant ansehen und erfassen wollen.

Der Schlüssel dieser Strategie besteht darin, dass Sie auf die Informationen der Lernerfolgskontrollen eingehen und Ihren Unterricht entsprechend anpassen (Stiggins et al., 2005; Wiliam, 2007). Unterrichtsplanungen, die auf das Wissen und das Verständnis der Schüler Rücksicht nehmen, können einen großen Unterschied im Hinblick auf Motivation und Engagement machen. Wenn der Unterricht zu weit vom Stand der Schüler entfernt ist und keine Verknüpfung zu ihrem Wissen besteht, fühlen sie sich verloren und ratlos. Manche Schüler verstehen den Lernstoff mit nur wenig oder gar keiner Unterstützung. Anderen macht es nichts aus, wenn sie nicht ganz mitkommen und den Lernstoff nicht sofort durchdringen – solange sie eine Chance sehen, dass sie es mit etwas Nachdenken und Zeit begreifen werden. Manche aber geben einfach auf, weil sie keine Chance sehen, den Lernstoff zu begreifen und dem Unterricht weiter zu folgen.

Beispiel

Versetzen Sie sich in die Lage Ihrer Schüler: Wie würden Sie sich fühlen, wenn Sie eine Wanderung machen und sich verlaufen? Nichts kommt Ihnen mehr bekannt vor und Sie haben keine Ahnung, wie Sie den richtigen Weg wiederfinden. Vielleicht würden Sie einen Freund anrufen, der Ihnen die Richtung weisen könnte. Aber anstatt Ihnen eine genaue Wegbeschreibung zu geben, sagt er nur: „Sobald du in den Ort kommst, ist mein Haus das letzte auf der linken Seite." Tolle Hilfe! Würden Sie weiter herumwandern und nach Hause finden? Oder würden Sie mit einer Landkarte versuchen, selbst den richtigen Weg zu finden? Ihre Schüler müssen ähnliche Gefühle durchstehen und beim Lernen eine Entscheidung zu ihrem Vorgehen treffen.

Lernerfolgskontrollen während des Unterrichts

Achten Sie auch während einer Einheit oder Stunde darauf, ob die Schüler den Inhalt begreifen und der Unterricht zielgerichtet ist. Beobachten Sie, was die einzelnen Schüler sagen und tun. Prüfen Sie den Leistungsstand täglich formell oder informell. Wenn die Schüler ihre Aufgaben bearbeiten, dann achten Sie darauf, dass sie an die wichtigsten Sachverhalte denken. Stellen Sie am Ende einer Aktivität z. B. eine kurze Frage oder sammeln Sie die schriftlichen und mündlichen Antworten, anhand derer Sie beurteilen können, ob die Aufgabe zu den gewünschten Ergebnissen geführt hat. Auch mit kurzen Tests können Sie den Verständnisgrad prüfen. Die folgenden Fragen können Sie der ganzen Klasse oder einzelnen Schülern stellen:

- „Was lernst du gerade?"
- „Was funktioniert und was funktioniert nicht?"
- „Was brauchst du?"
- „Welche Teile verstehst du?"
- „Wie hast du ein schwieriges Problem gelöst?"
- „Auf welche Herausforderungen bist du gestoßen?"
- „Wie hast du diese Herausforderungen gelöst?"

Fragen Sie sich selbst ebenfalls regelmäßig, ob Ihr Unterricht auf die Bedürfnisse der Schüler eingeht. Die Antwort liegt in den Informationen, die Sie täglich während des Unterrichts und nach dem Unterrichten eines Themas sammeln.

Lernerfolgskontrollen nach dem Abschluss eines Themas

Sammeln Sie nach dem Unterrichten eines Themas Informationen, ob die Schüler alles verstanden haben und wie sie ihr eigenes Lernen einschätzen. Nutzen Sie diese Informationen auch für die weitere Planung. Stellen Sie wieder Fragen wie die folgenden:

- „Was würdest du einem anderen Schüler raten, der dieses Thema lernen muss?"
- „Was hast du darüber erfahren?"
- „Was hat dich überrascht?"
- „Was brauchst du als Nächstes?"
- „Wie gehst du bei einer schwierigen Aufgabe vor?"
- „Wann oder wozu kannst du das brauchen, was du gerade gelernt hast?"

Auf einen Blick

Schätzen Sie den Lernerfolg der Schüler regelmäßig mit unterschiedlichen Verfahren ein. Warten Sie nicht bis zum Ende einer Unterrichtseinheit, wenn Sie von den Schülern die Beherrschung des Stoffs erwarten. Überprüfen Sie regelmäßig (ggf. täglich) ihre Fortschritte. Machen Sie Kurztests mit einer Frage oder einer schriftlichen Aufgabe. Dies sollte fester Bestandteil der Unterrichtsplanung sein. Zugleich ist es eine Hilfestellung für die Schüler, ihre eigenen Stärken und die nächsten Schritte zu verstehen. Sammeln Sie keine Informationen, die Sie nicht verwenden wollen. Sonst überlasten Sie sich mit Benotungen und weiteren Formalitäten. Auch Ihre Schüler fühlen sich dann schnell überfordert. Führen Sie eine Übersicht mit den Namen der Schüler und notieren Sie Ihre Beobachtungen über die Beiträge zum Unterricht und die Reaktionen auf bestimmte Inhalte oder bei der allgemeinen Arbeit in der Klasse. Mit diesen Informationen können Sie später den Unterricht zielgerichtet planen und einzelne Schüler in ihrem Lernen besser unterstützen.

In die Praxis umsetzen

Im Folgenden wird eine Lernerfolgskontrolle für die ganze Klasse vorgestellt. Werden durch diese Kontrolle Leistungsgruppen bestimmt, wird das Lernen an einem bestimmten Gegenstand für die einzelnen Schüler sinnvoller, denn sie arbeiten an Aufgaben gemäß ihrem Leistungsstand. Wenden Sie sich mit Ihrem Unterricht an die ganze Klasse, können Sie nur auf einen Inhalt gleichzeitig eingehen. Weil ein bestimmter Inhalt aber mehrere Schwierigkeitsgrade umfasst, überfordert er manche Schüler, andere hingegen langweilen sich. Deshalb eignen sich differenzierende Aktivitäten für die ganze Klasse besser. Denn Sie können dadurch auf die einzelnen Schüler je nach Kenntnisstand und Verständnis eingehen.

Lernerfolgskontrolle

Je nach ihren Leistungen in einem kurzen Test können die Schüler in Gruppen eingeteilt werden. Gruppenarbeit ist deshalb geeignet, weil der Leistungsstand berücksichtigt wird und den Schülern so Erfolgserlebnisse möglich gemacht werden. Dadurch wächst das Selbstvertrauen und es motiviert zum weiteren Mitmachen. Und dies wiederum befördert das eigene Lernen.
Der Test und die Evaluation können viele Formen annehmen. Hier geht es um Schüler, die nach Themen gruppiert werden, bei denen sie Schwächen im Test hatten. Überlegen Sie sich, wie viele Gruppen Sie bilden möchten. Entscheiden Sie sich z.B. für drei Gruppen, gehen die Schüler an einen von

drei Tischen, die für die entsprechenden Gruppen vorbereitet wurden. Positionieren Sie in der Mitte der Tische jeweils 16 Aufgaben auf Notizzetteln. Jeder Schüler wählt zunächst einen Zettel mit einer Aufgabe, die er auf einem Blatt Papier löst. Jeder löst die Aufgabe nach seinem Tempo. Sobald eine Aufgabe gelöst ist, nimmt er sich den nächsten Zettel von der Mitte des Tisches. Jeder versucht, in einer bestimmten Zeit so viele Aufgaben wie möglich zu lösen. Sie haben währenddessen Gelegenheit, das Verständnis eines jeden Schülers zu beobachten und zu helfen.

Die Schüler brauchen nicht darauf zu achten, wie viele Aufgaben sie lösen. Sie konzentrieren sich darauf, Aufgaben gemäß ihres Leistungsstandes zu lösen – und vielleicht darüber hinaus. Jeder Schüler wird herausgefordert. Die Aktivität wird nicht benotet. Aufgrund Ihrer Beobachtungen können Sie Gruppen neu einteilen oder mit der ganzen Klasse darüber sprechen, was sie gelernt hat. Dabei kann auch darüber reflektiert werden, wo es Schwierigkeiten gab und wie die Schüler sie bewältigt haben. Die Schüler sollen auch darüber berichten, mit welchen Strategien sie Antworten gefunden und Probleme gelöst haben. Diese reflexiven Fragen können Sie auch schriftlich beantworten lassen.

Strategie 19: Stellen Sie zum Denken anregende Fragen

Stellen Sie Ihren Schülern Fragen über die Themen, an denen sie gerade arbeiten? Gibt es auf Ihre Fragen nur Ein-Wort-Antworten oder führen sie zu lebhaften Gesprächen unter den Schülern?

Ihre Fragen sollten konstruktive Diskussionen auslösen und zum Denken anregen. Effektive Fragen wecken Interesse und fokussieren die Lernziele. Das Interesse der Schüler für den Unterrichtsstoff wächst, wenn eine Frage zu einem regen Gedankenaustausch führt. Und ihr Engagement bei Fragezeiten ist für Sie eine wichtige Informationsquelle über ihr Wissen und Verständnis. Achten Sie auf die Art und auch auf die Anzahl der Fragen, die von den Schülern kommen. Wollen sie nur einfache Antworten oder wollen sie tiefer in den Unterrichtsstoff eindringen?

Wenn Sie zielgerichtet planen und zum Fragen anregen, können Sie mehr über die Denkweise der Schüler erfahren. Indem Sie die Art der Schülerfragen und ihre schriftlichen und mündlichen Antworten beurteilen, können Sie entsprechend reagieren und das Lernen augenblicklich absichern. Schülerfragen können zu mehr Diskussionen und damit zu höherer Beteiligung führen.

Effektives Fragen

Stellen Sie je nach Ihrer Absicht die richtige Art von Fragen und unterstützen Sie auch Ihre Schüler dabei, sinnvolle Fragen zu formulieren. Geben Sie ihnen nach einer Frage ausreichend Zeit zum Nachdenken (vgl. Black et al., 2003; Davies, 2007b). Dadurch ermöglichen Sie es allen Schülern, sich zu beteiligen. Um Ihre Fragestrategie zu verbessern, nutzen Sie die folgenden Hinweise:

1. Stellen Sie sowohl einfache als auch komplexere Fragen mit einer bestimmten Absicht. Ermutigen Sie auch Ihre Schüler, solche Fragen zu stellen. Einfache Fragen sind z. B.
   - Fragen nach dem grundsätzlichen Verständnis
   - Fragen, die zu schnellen und einfachen Antworten führen
   - Fragen, die Vertrauen aufbauen und die Grundlage für vertiefende Gespräche legen
   - Fragen, die den Schülern einfache Gelegenheiten liefern, selbst Fragen zu formulieren

2. Komplexere Fragen oder Äußerungen bewirken Folgendes:
   - Sie zielen auf tiefere und schwierigere Aspekte eines Themas.
   - Die Beantwortung erfordert mehr Nachdenken und mehr Zeit.
   - Sie führen zu höherem Engagement und zu tieferem Verständnis, das über die Unterrichtsstunde hinaus von Bedeutung ist.
   - Sie erfordern Beispiele und Übung.
   - Sie führen zu komplexeren Fragen auch seitens der Schüler.

Die folgende Tabelle enthält einige Beispiele für einfache und komplexe Fragen, die sowohl von Ihnen als auch von den Schülern gestellt werden könnten.

■ Beispiel für einfache und komplexe Fragen

Einfache Fragen	Komplexe Fragen
• Was war der interessanteste Teil der Geschichte oder des Textes?	• Welcher Zusammenhang besteht zwischen dem Hauptargument dieses Textes und anderen Texten, die du gelesen hast?
• Was ist der Unterschied zwischen der Legislative und der Judikative?	• Wie dient die Legislative dem Volk? In welchen Situationen unterstützt die Legislative einen normalen Bürger, wann hat er mit ihr zu tun?
• Welche Hauptereignisse führten zum Ersten Weltkrieg?	• Kannst du die Ursachen des Ersten Weltkrieges und die Ursachen des Afghanistan-Krieges vergleichen und die Unterschiede herausarbeiten?

Einfache Fragen	Komplexe Fragen
• Was ist Fotosynthese?	• Wie kannst du Fotosynthese nachweisen?
• Was sind Nomen? Suche im Text drei Beispiele heraus.	• Warum können wir besser schreiben, wenn wir verstehen, was Nomen sind?
• Wie lauten die Volleyball-Regeln?	• Warum sind Regeln wichtig? Was würde passieren, wenn wir keine Regeln hätten? Was würde passieren, wenn wir die Regeln ändern?
• Wie lautet die Regel für die Reihenfolge beim Rechnen mit Klammern?	• Wie können wir diese Mathe-Aufgabe lösen? Erkläre die Rolle der richtigen Reihenfolge beim Rechnen mit Klammern für das Ergebnis.

3. Stellen Sie zum Nachdenken herausfordernde Fragen. Oder geben Sie Hinweise, um die Überlegungen der Schüler weiterzubringen und das Gespräch zu vertiefen. Solche Fragen oder Hinweise bringen die Schüler dazu,
   - das *Wie* und *Warum* hinter den Antworten zu erklären,
   - ihr Vorgehen beim Problemlösen zu erklären und
   - ihre einzelnen Denkschritte zu beschreiben.

   Beispiele für nachhakende Fragen und Hinweise sind:
   - „Nenne mir ein Beispiel."
   - „Erkläre genauer, was du meinst."
   - „Erzähle mehr darüber."
   - „Wie bist du auf diese Antwort oder Idee gekommen?"
   - „Wie kannst du deine Gedanken mithilfe des Textes begründen?"

4. Zeigen Sie den Schülern, wie man sich Fragen ausdenkt und stellt:
   - Achten Sie darauf, ob die Schüler einen Text oder eine Aktivität wirklich verstehen. Fordern Sie dazu auf, einfache Fragen zu stellen, um die Klasse zu einer Diskussion über die wörtliche Bedeutung des Inhalts zu motivieren.
   - Um herauszufinden, ob die Gedanken der Mitschüler, fiktionaler Figuren oder anderer Personen verstanden werden, können Sie die Schüler anleiten, sich untereinander Fragen zu stellen.
   - Lassen Sie die Schüler Zusammenhänge herstellen. Wenn sie Fragen stellen, um Verknüpfungen zu finden, gehen sie einem Sachverhalt tiefer auf den Grund.

5. Regen Sie zu Gedankenspielen an, um die Schüler während des Fragens zu motivieren.

- Bieten Sie sinnvolle Anlässe zum Nachdenken und Formulieren einer Frage. Die Schüler können entweder einen Gedanken niederschreiben oder ihn für sich durchspielen.
- Lassen Sie die Schüler mit einem Partner ihre Gedanken austauschen.
- Eröffnen Sie Gesprächsrunden zum Überlegen und Diskutieren.
- Lassen Sie die Schüler ihre persönlichen Antworten und Überlegungen niederschreiben, bevor sie diese der Klasse mitteilen.

▉ Auf einen Blick

Denken Sie daran, genügend Zeit zum Nachdenken einzuräumen, damit sich die Schüler sinnvolle Fragen und Antworten überlegen können.

Vermeiden Sie es, die Frage oder Antwort eines Schülers zu kritisieren. Stellen Sie besser selbst eine Frage, um ihn dabei zu unterstützen, seine Äußerung zu überdenken. Machen Sie vor, wie schwierig es sein kann, gute Fragen und Antworten zu formulieren. Zeigen Sie, wie man mit Ideen jonglieren und mit Gedanken spielen kann. Zum Bilden von Fragen gehört die Organisation von Gedanken, um relevante Informationen zu erhalten und Sachverhalte abzuklären. Nennen Sie den Schülern mögliche Einleitungen für Fragen (z. B. Was würdest du machen, wenn …?, Wie äußert sich, dass …?, Warum kann man sagen, dass …?). Überlegen Sie sich manchmal auch Fragen für einen ganz bestimmten Schüler. Wenn Sie bei Ihrer Vorbereitung eine Frageliste für ein Unterrichtsgespräch erstellen, können Sie hinter einer bestimmten Frage den Namen eines Schülers notieren, der Ihrer Meinung nach motiviert sein könnte, zu antworten.

Schreiben Sie Fremdwörter oder schwierige Sachverhalte und Begriffe mit schülerfreundlichen Erklärungen an die Tafel oder an einen gut sichtbaren Ort im Klassenraum. *Analysieren* können Sie beispielsweise so definieren: „tiefer nachdenken, um eine Erklärung zu finden und eine Sache zu verstehen." Auf diese Weise lernen die Schüler die Wörter kennen, die bei Aufgaben und in Diskussionen vorkommen. Zudem ermöglichen Sie es Schülern mit Verständnisschwierigkeiten, dem Unterricht weiterhin zu folgen und die Aufgaben adäquat bearbeiten zu können. Allgemeine Verständnisprobleme können das Bearbeiten von Aufgaben und den Lernprozess erschweren oder behindern. Sorgen Sie durch die Verwendung von einfachen Formulierungen, Definitionen in schülergerechter Sprache und anderen Hilfen dafür, dass alle Ihre Schüler dem Unterricht folgen können.

◼ In die Praxis umsetzen

Effektives Fragestellen hält alle Schüler aktiv und engagiert. Mit interessanten, problemorientierten Arbeiten können Sie sie für ein Thema gewinnen, sobald der Unterricht beginnt. Zudem eröffnen sich dann zahlreiche Möglichkeiten für sinnvolle Fragen. Es gibt viele Methoden, die zu einer guten Unterrichtsatmosphäre beitragen, wenn der Lernerfolg mithilfe von Fragen abgesichert wird. Think-Pair-Share und Antwortkarten sind schöne Möglichkeiten, richtiges Fragen explizit zu thematisieren. Bauen Sie täglich Frageaktivitäten ein, wie z. B. den Maskenball der Persönlichkeiten, Informations- und Wortwände, Rollenspiele und einen Frageparkplatz, um jeden Schüler zum Mitmachen zu motivieren.

Think-Pair-Share (Nachdenken-Besprechen-Präsentieren)

Diese bewährte Methode regt die Schüler zum Fragen und Nachdenken an. Im ersten Schritt denkt jeder Schüler für sich ungestört über ein Problem nach. Dabei tauchen sicher schon verschiedene Fragen auf. Beim Besprechen arbeiten die Schüler dann paarweise zusammen und tauschen sich über ihre Fragen aus. Sie können sich über ihre Zweifel und Lösungsvorschläge beraten. Sobald sich jeder Schüler seiner Sache sicher ist und sich in der Partnerarbeit Klarheit verschafft hat, kann er seine Antworten der ganzen Klasse präsentieren, was wiederum das Unterrichtsgespräch vorantreiben kann. Wenn die Schüler offener mit ihren Fragen umgehen, erfahren auch Sie mehr darüber, wie Sie den Lernerfolg sicherstellen können.

Antwortkarten

Mit diesen Hilfsmitteln ist es möglich, dass jeder Schüler Fragen stellt oder beantwortet. Ein und dieselbe Frage kann von allen gleichzeitig beantwortet werden. Ansonsten könnte nur ein Schüler antworten, während sich die anderen zurücklehnen und sich auf die mitteilungsfreudigeren Mitschüler verlassen. Stellen Sie die Frage, geben Sie Bedenkzeit und auf drei heben alle Schüler gleichzeitig ihre Antwortkarten hoch. Diese Vorgehensweise eignet sich auch für Partnerarbeit und kleine Gruppen. Nach dem Vorzeigen der Antwortkarten können die Schüler ggf. über die verschiedenen Antworten diskutieren.

Fragen in der täglichen Unterrichtspraxis

Die folgenden Aktivitäten sind Beispiele, wie Sie Unterrichtsgespräche über ein bestimmtes Thema oder eine Frage anregen können.

Der **Maskenball der Persönlichkeiten** hilft den Schülern beim Formulieren und Diskutieren von Fragen über den Charakter oder die Ansichten einer realen Persönlichkeit oder einer fiktiven Figur aus der Literatur. Die jüngeren Schüler oder Sie selbst fertigen ein Bild von dieser Person an. Bei älteren Schülern können Sie auf die Visualisierung verzichten. Dann stellen Sie und die Schüler der Person Fragen. Die Antworten fallen so aus, als würde die jeweilige Figur sprechen.

Informations- und Wortwände sind ein Blickfang, mit dem Sie wichtige Inhalte präsentieren können. Schreiben Sie wichtige Stichwörter aus dem Unterricht darauf, um beispielsweise neue Wörter und Sachverhalte zu festigen. Stellen Sie auch Verknüpfungen zum Unterrichtsgespräch her. Die Schüler oder Sie selbst können die Wörter mit verschiedenen Farben und Schriftarten aufschreiben. Jedes Wort kann mit einer erklärenden Abbildung oder einer Ausschmückung, welche die Bedeutung hervorhebt, versehen werden. Diese Illustrationen machen jedes Wort einzigartig.

Mit **Rollenspielen** kann das Beantworten von Fragen eingeübt werden, wobei logisches Denken erforderlich ist. Zunächst mag das Vormachen und Einüben etwas mühsam sein. Aber für die Schüler ist es wichtig, Fragestellungen und kritisches Denken mit einem Sachverhalt zu verbinden. Einleitende Worte können sein:

- „Stelle dir vor, du bist _____." bzw. "Stellt euch vor, ihr seid _____."
- „Spielt die Szene vor."
- „Zeige uns, wie _____."
- „Stellt diesen Teil dar."

Ein **Frageparkplatz** ist eine bestimmte Stelle im Klassenzimmer, wo die Schüler während des Unterrichts Fragen anbringen oder ablegen können. Diese Fragen werden auf einem Blatt Papier oder Kärtchen notiert. Oft haben Schüler Hemmungen, eine Frage zu stellen oder etwas zum Unterricht beizutragen. Diese Methode eignet sich auch dafür, direkt an Sie gerichtete Fragen aufzuschieben, die sonst die Klasse ablenken könnten. Gegen Ende des Unterrichts können Sie die Fragen an Paare verteilen, die sie gleich beantworten oder zu Hause nach einer Antwort suchen. Frage- und Gesprächsrunden sind auch ein effektiver Einstieg in eine Unterrichtsstunde.

Strategie 20: Kurbeln Sie das Verständnis an

„Aus Fehlern lernt man." Dieser weit verbreitete Spruch enthält eine tiefe Wahrheit. Machen Sie Ihren Schülern klar, dass Fehler Lerngelegenheiten sind und keine peinlichen Augenblicke, die es unbedingt zu vermeiden gilt. Analysieren Sie die Fehler Ihrer Schüler. Arbeiten Sie mit ihnen daran, die Lücken zu schließen. Suchen Sie nach passenden Methoden und gehen Sie auf Missverständnisse ein, bevor sie sich verfestigen. Verwirrung und Unverständnis kann Schüler dazu veranlassen, abzuschalten, sich Tagträumen hinzugeben oder ganz aufzugeben. Ein enttäuschter Schüler denkt sich oft: „Ich weiß nicht, was das bedeuten soll. Also interessiert mich das Ganze auch nicht."

Decken Sie Lücken, Fehler und Missverständnisse auf, indem Sie vor, während und nach dem Unterrichten den Lernerfolg überprüfen (mehr darüber bei Strategie 18, s. S. 192 ff.). Sie erkennen Unverständnis, wenn Sie den Gesichtsausdruck und die Mimik der Schüler beobachten, wenn Schüler verwirrt oder traurig erscheinen oder nicht mehr reagieren. Dann ist es an der Zeit, sich genauer zu informieren, um den Irrtum und den Grund der Ratlosigkeit analysieren zu können. Suchen Sie nach der eigentlichen Ursache, wenn Schüler einen unpräzisen oder unvollständigen Gedanken äußern oder völlig neben dem Thema liegen. Nutzen Sie diese punktuellen Ereignisse. Sie gehören zu den wichtigsten Lerngelegenheiten während des Unterrichts. Effektive Lehrer ziehen Nutzen aus diesen Momenten, um das Verständnis zu verbessern und aus Fehlern Lernmöglichkeiten zu machen. Diese Art der Fehleranalyse ist entscheidend für das Lernen und wurde als eine der effektivsten Methoden zur Leistungsverbesserung erkannt (Hattie, 2009; Marzano, 2007).

Damit sie aus ihren Fehlern lernen können, müssen die Schüler Gelegenheit bekommen, ihre Tests zu überarbeiten und zu überdenken, was sie falsch gemacht haben. Geben Sie ihnen oft die Möglichkeit, dies selbst herauszufinden. Das ist besser, als ihnen gleich fertige Antworten zu liefern oder auf den richtigen Lösungsweg hinzuweisen. Bei der Korrektur der eigenen Fehler lernen sie, Probleme zu lösen, sie denken nach und versuchen, sich wieder an den richtigen Weg zu erinnern. Diese Selbstanalyse eignet sich am besten für Schüler, die ein Grundverständnis der einfachen Sachverhalte haben, denen es aber schwerfällt, sich die komplexeren Ideen anzueignen.

Schüler lernen nichts aus ihren Fehlern, wenn sie nicht verstehen, was sie falsch gemacht haben. Wenn sie Fehler machen, die auf ein mangelndes Grundverständnis des Lerninhalts hinweisen, ist Ihrerseits eine andere Erklärungsweise oder eine anleitende Intervention erforderlich. Schüler entwickeln sich als Lerner weiter, wenn sie ihre eigenen Arbeiten mit neuen Einsichten korrigieren. Bei effektiver Fehleranalyse kommen die Schüler zu ihren Aha-Erlebnissen –

egal ob sie von Ihnen unterstützt werden oder ob sie selbst dahinterkommen. Wenn Sie nur darauf achten, dass sich Ihre Schüler trotz Fehler gut fühlen, leisten sie ihnen keinen guten Dienst. Natürlich ist es nicht angenehm, wenn man etwas falsch gemacht hat. Aber wenn bestimmte Methoden den Schülern helfen, mehr zu verstehen, wächst ihr Selbstvertrauen. Wenn ihnen die Botschaft vermittelt wird, dass aus Fehlern Lernmöglichkeiten entstehen, dann können sie mehr erreichen. Wenn ihnen aber nicht die Wahrheit gesagt wird, verlassen sie sich zu sehr auf die Benotung und leiten daraus ihr Selbstwertgefühl ab (Hattie und Timperley, 2007).

Fehler in Lernmöglichkeiten verwandeln
Um das Verständnis anzukurbeln, müssen Fehler zu Lernmöglichkeiten werden. Und diese Möglichkeiten sollten aufgegriffen werden, sobald sie sich ergeben. Wenn die Schüler ihre Fehler verstehen und sie als Lernerfahrungen begreifen, werden sie sich mehr engagieren. Beachten Sie die folgenden Schritte, wenn Sie die Fehler Ihrer Schüler in Lernmöglichkeiten umwandeln wollen:

- Bestimmen Sie das Lernziel einer Aufgabe, eines Tests oder einer Aktivität.
- Klären Sie die Lernziele einer Aufgabe ab, indem Sie bestimmen, welcher konkrete Inhalt zu jedem Lernziel gehört.
- Planen Sie Zeit ein, damit sich die Schüler mit ihren Fehlern beschäftigen und nachdenken können, was eigentlich falsch ist. Dabei können sie sich selbst folgende Fragen stellen:
  - ⇨ „Welche Fehler habe ich gemacht?"
  - ⇨ „Was genau ist falsch?"
  - ⇨ „Wie kann ich den Fehler korrigieren?"
  - ⇨ „Welche Hilfsmittel brauche ich? Mein Schulbuch? Andere Schüler? Eine Website? Eine Erklärung des Lehrers?"
  - ⇨ „Was kann ich beim nächsten Mal anders machen?"
- Geben Sie eine Methode vor, mit der die Schüler ihre Fehler analysieren können.
  - ⇨ Notieren Sie am Anfang des Blattes, wie viele Inhalte falsch waren, aber markieren Sie die Fehler nicht. Lassen Sie die Schüler mit einem Partner oder in kleinen Gruppen arbeiten, um die Fehler zu finden und sich Korrekturmöglichkeiten zu überlegen.
  - ⇨ Die Schüler analysieren allein ihre Fehler und geben eine Zusammenfassung ab. Diese sollte auch enthalten, was sie jetzt besser verstehen.
  - ⇨ Alternativ können die Schüler in Gruppen arbeiten, die Sie nach der Art der Fehler oder nach den falschen Inhalten bilden. Bei dieser Zusammenarbeit können sie also auf ihre individuellen Bedürfnisse eingehen.

Wenn Sie erkennen, dass Schüler ratlos oder verwirrt sind, sollten Sie einige Methoden parat haben, um auf solche Probleme eingehen zu können. Hier einige Vorschläge:

- Fordern Sie einen anderen Schüler auf, den Sachverhalt zu erklären.
- Schlagen Sie dem Schüler vor, sich an einen Partner zu wenden und gemeinsam ein Bild zu zeichnen oder ein Symbol zu entwerfen, das den Sachverhalt darstellt.
- Lassen Sie einzelne Schüler Schlüsselwörter oder -begriffe aufschreiben, damit sie den betreffenden Sachverhalt besser verstehen.
- Die Schüler können gemeinsam überlegen, wie eine Frage beantwortet werden kann.
- Stellen Sie zwischen dem, was die Schüler nicht verstehen, und dem Gesamtbild einen Zusammenhang her. Wenn z. B. Bruchrechnen auf dem Programm steht und die Schüler Schwierigkeiten mit der Unterscheidung von Zähler und Nenner haben, können Sie sich ein anschauliches Szenario ausdenken, um ihnen weiterzuhelfen. Beispielsweise lassen sich Brüche grafisch mithilfe von Torten, Pizzen oder Kuchen sehr gut veranschaulichen.

▣ Auf einen Blick

Der richtige Zeitpunkt für Ihre Intervention ist entscheidend. Sobald Sie erkennen, dass die Schüler etwas nicht verstanden haben, sollten Sie einen Plan machen, um das zu ändern. Sorgen Sie für eine weitere Gelegenheit, das neu Gelernte bei einer anderen Aufgabe anzuwenden. Auf diese Weise lässt sich der Nutzen der Lernaktivität gut analysieren. Wenn Sie den Schülern die volle Punktzahl bzw. die entsprechende Note für ihr neu gewonnenes Verständnis geben, honorieren Sie ihre Lernbemühungen und vermitteln ihnen, dass Fehler Lernmöglichkeiten sind und nicht zu Nachteilen führen.

Die Vergabe von Noten beeinflusst die Botschaften, die Schüler von Lehrern über ihre Fehler erhalten. Diese werden rot markiert, es gibt Punktabzüge und schlechtere Zensuren. Wenn die Schüler ihre Fehler korrigieren, dann aber nur eine teilweise oder gar keine Punktegutschrift bekommen, lautet die Botschaft: „Lerne aus deinen Fehlern. Aber eine bessere Note bekommst du deswegen nicht!" Das kann sich natürlich auf die Motivation auswirken, ob man seine Arbeiten überhaupt noch verbessern und Korrekturen machen will. Während viele Schüler von sich aus die richtigen Antworten finden und sich verbessern wollen, stellen manche ihre Versuche ein. Denn in ihrer Zensur spiegelt sich die Verbesserung nicht wider.

Bei Lernerfolgskontrollen empfehlen manche Experten den Verzicht auf Zensuren, denn die Aufgaben sind zum Üben und zum Lernen gedacht (Wiliam, 2007; O'Connor, 2002; Stiggins et al., 2005). Wenn Sie diese aber benoten und die Schüler später Korrekturen anbringen, sollten Sie die Verbesserungen berücksichtigen.

Anstatt einen Lösungsweg für ein Problem vollständig zu erklären, können Sie den Schülern nur die korrekte Antwort als Bezugspunkt vorgeben. Dann machen diese ihre Korrekturen und erklären ihre Überlegungen. Lassen Sie den Schülern auch Zeit, miteinander über ihre Fehler zu sprechen. Wenn Sie feststellen, dass Sie mehr erklären als die Schüler, kann es vorkommen, dass Ihre Schüler die Erklärungen nicht auf die nächste Aufgabe oder Fragestellung der gleichen Art übertragen können (vgl. Guskey, 2009).

■ In die Praxis umsetzen

Setzen Sie auf Gelegenheiten zum aktiven Lernen und motivieren Sie die Schüler für den Lernstoff, um das Verständnis anzukurbeln. Lassen Sie den Schülern Zeit für die Selbstbeurteilung, fordern Sie sie zum Nachdenken auf und differenzieren Sie bei der Fehleranalyse.

Selbsteinschätzung

Schüler sind motiviert, wenn sie ihren aktuellen Wissenstand verstehen und wissen, welchen Schritt sie als Nächstes machen müssen. So haben sie das Gefühl, bereits etwas erreicht und Fortschritte gemacht zu machen. Um sich selbst einschätzen zu können, müssen sie erkennen, wo sie mit ihrem Verständnis stehen und wie sie sich dabei fühlen. Vielleicht lassen Sie sich für verschiedene Kategorien (siehe folgende Tabelle als Beispiel) Symbole einfallen. Sie können solche Kategorien für das Verständnis an der Wand im Klassenzimmer anbringen, damit sich Ihre Schüler bei der Selbsteinschätzung orientieren können.

◼ Kategorien für die Selbsteinschätzung

1	2	3	4	5
Ich bin völlig ratlos.	Ich verstehe ein wenig von dem Problem.	Ich kapier es langsam.	Ich verstehe und kann selbst weiterdenken.	Ich verstehe alles ganz genau.
Ich bin verloren. Ich verstehe gar nichts.	Ich weiß nicht, was ich fragen soll.	Ich verstehe schon so viel, dass ich nachfragen kann.	Ich kann mein Verständnis erklären oder demonstrieren.	Ich verstehe alles ganz genau. Mir kommt jetzt alles wie von selbst.
Ich fühle mich unmotiviert und frustriert.	Ich bin verunsichert. Ich weiß nicht, ob ich aufgeben oder weitermachen soll.	Ich bin jetzt neugierig und will weiterlernen.	Ich bin motiviert und könnte den Stoff anderen beibringen.	Ich bin jetzt mit dem Stoff vertraut. Aber jetzt wird es langweilig. Ich bin bereit für die nächste Herausforderung.

Zum Nachdenken anregen

Effektive Lehrer setzen auf Fragen und Anregungen, mit denen sie auf die
Schüler sofort eingehen und ihnen helfen, ihren Lernprozess zu analysieren.
Beispielsweise sind fünf Mathe-Aufgaben mit derselben Vorgehensweise zu
lösen. Sie zeigen einem Schüler nur, welche Aufgaben er richtig und welche er
falsch gelöst hat. Danach soll der Schüler erklären, was er sich bei einer richtig
gelösten Aufgabe gedacht hat. Im nächsten Schritt wendet er diesen Rechen-
prozess auf die falsch gelösten Aufgaben an. Dadurch hat er die Möglichkeit,
seine Fehler durch eigenes Nachdenken ohne Ihre Hilfe zu korrigieren. Beloh-
nen Sie einen solchen Erfolg, indem Sie den Schüler z. B. zum Tutor ernennen,
der einem anderen auf dieselbe Weise helfen kann.

Regen Sie auch in anderen Fächern zum Nachdenken an. Hat ein Schüler etwa
Schwierigkeiten, einen vernünftigen Einleitungssatz zu schreiben, dann kann
er sich an einen anderen Mitschüler wenden und ihm die ganze Einleitung in
einem Satz zusammenfassen. Danach schreibt er diesen Satz an den Beginn
der Einleitung. Es ist erstaunlich, wie gut dann oft alles zusammenpasst.

Differenzierte Fehleranalyse

Sie können die Fehleranalyse bei einer Aufgabe differenzieren. Lesen Sie hierzu
ein Beispiel aus dem Mathematikunterricht.

Beispiel

Die Schüler sollen in einer Aufgabe ihr Verständnis bei der Interpretation von Daten zeigen, insbesondere zu folgenden Lernzielen:

- *Die Schüler können zwischen unabhängigen und abhängigen Variablen unterscheiden.*
- *Die Schüler können die Graphen interpretieren, insbesondere die Variablen und die Bedeutung erkennen.*
- *Die Schüler können die Graphen erklären, insbesondere welche sich für bestimmte Situationen am besten eignen.*

Nach Durchsicht der Testergebnisse war klar, dass bestimmte Inhalte von den Schülern verstanden, andere hingegen nicht verstanden worden waren. Der Lehrer ließ die Schüler die Inhalte herausfinden, die sie falsch gemacht hatten. Danach arbeiteten sie in entsprechenden Gruppen zusammen. Sie halfen einander beim Analysieren der Fehler und klärten ab, was sie beim nächsten Mal anders machen sollten.

Die folgende Tabelle zur „Test-Nachbearbeitung" (6.01) ⬇D ist eine Vorlage für Schüler, um zunächst ihre Fehler aufzuzeichnen, dann erste Überlegungen zur Analyse anzustellen und danach in der Gruppe zu diskutieren und mehr zu lernen.

6.01

In heterogenen Klassen alle erreichen
Strategien für motivierenden Unterricht und nachhaltigen Lernerfolg

Test–Nachbearbeitung

Name: _____

Schreibe in die erste Spalte, welche Antworten falsch sind. Nimm für jede Antwort eine neue Zeile. Erkläre dann in der zweiten Spalte, warum du die Frage so beantwortet hast. Schaue nach, wie du die Frage beantwortet hast. Finde dann zusammen mit deiner Gruppe die richtige Antwort. Notiere in der vierten Spalte, wie du deine eigene Antwort korrigieren kannst.

Falsche Antworten	Warum hast du diese Frage falsch beantwortet?	Wie lautet die richtige Antwort?	Wie kannst du deine Antwort korrigieren?

Strategie 21: Geben Sie deskriptive Rückmeldungen

Effektive Rückmeldungen bestätigen, dass Lernen stattgefunden hat. Weisen Sie die Schüler darauf hin, was als Nächstes zu tun ist, um weitere Fortschritte zu machen. Uneffektive Rückmeldungen bestehen aus einer Unmenge von Korrekturen, welche einen Schüler überfordern und ihn verstummen lassen können. Zu viele von den Rückmeldungen, die Lehrer ihren Schülern geben, bestehen lediglich aus Hinweisen auf Fehler. Das Entscheidende aber ist, was Schüler mit den Informationen anfangen (Hattie und Timperley, 2007; Hattie, 2009; Reeves, 2007). Wenn die Rückmeldungen den Schülern keine Richtung vorgeben, tragen sie auch nicht zu einer Verbesserung bei. Fragen Sie nach und beurteilen Sie selbst, was die Schüler wissen. Dann lassen sich die nächsten Schritte bestimmen.

Definition

Es gibt verschiedene Formen von Rückmeldung. Im Allgemeinen wird durch **evaluative Rückmeldungen** das Lernen quantifiziert und beurteilt. **Deskriptive Rückmeldungen** beschreiben das Lernen oder das Wissen der Schüler. Zudem zeigen sie gangbare Schritte auf, die zu mehr Verständnis und besserer Leistung führen. Dieser Schritt ist einer der Unterschiede zum Lob mit genauen Kommentaren, welches in Strategie 22 (s. S. 212 ff.) besprochen wird. Deskriptive Rückmeldungen zur Sicherung des Lernens enthalten außerdem Anmerkungen zur Leistung und zum Leistungsstand bezüglich eines Lernziels. Andere Faktoren, wie Verhalten oder Pünktlichkeit, sind eher zweitrangig.

Rückmeldungen müssen zeitnah erfolgen und präzise sein. Sie drücken aus, wo eine weitere Verbesserung nötig ist oder wie ein Fehler korrigiert bzw. eine Aufgabe überarbeitet werden soll.

Deskriptive Rückmeldungen können von Ihnen oder von einem Mitschüler kommen. Sie können sich aber auch aus dem eigenen Nachdenken eines Schülers ergeben. Ihre Rückmeldung würdigt die Arbeiten der Schüler und vermittelt die Botschaft, dass die Arbeit wichtig ist. Die Schüler entwickeln sich weiter, wenn sie die Rückmeldung aufgreifen, die Verbesserungen machen oder sich an einem neuen Problem versuchen. Das ist eine sinnvolle Reaktion auf die Zeit, die Sie investiert haben. Schüler reagieren allerdings nicht immer auf die Möglichkeit, ihre Arbeiten zu verbessern. Dennoch sind die Überarbeitungen wichtig für die Fortschritte. Lehrer erwarten, dass die Schüler die Hinweise in einer Bemerkung auf künftige Aufgaben übertragen. Oft geschieht das aber nicht.

In der Folge sind Lehrer frustriert. Denn sie haben den Eindruck, dass die Schüler dieselben Fehler immer wieder machen. Deskriptive Rückmeldungen scheinen dann nichts zu bringen. Konzentrieren Sie sich auf die Lernziele. Machen Sie nur wenige Bemerkungen und verlangen Sie von den Schülern eine Überarbeitung, bevor sie sich an die nächste Aufgabe machen. Das verringert Ihre Belastung – denn die Schüler machen mehr, aber mit weniger Aufwand von Ihrer Seite. In der Konsequenz lernen die Schüler aber mehr, weil sie sich nochmals mit ihren Arbeiten auseinandersetzen (Hattie und Timperley, 2007). Erklären Sie den Schülern, wie sie mit deskriptiven Rückmeldungen umgehen sollen. Wenn das Lernziel klar ist und die Schüler die passenden Wörter und Phrasen lernen, können sie einander Rückmeldungen geben. Schließlich beurteilen sich die Schüler selbst und verwenden die Elemente einer guten Rückmeldung, um über ihre eigene Arbeit nachzudenken und Verbesserungen zu planen. Aus den Rückmeldungen müssen sich Aktionen ergeben, die den Schüler weiterbringen.

Die **Merkmale deskriptiver Rückmeldungen**, die das Lernen voranbringen und nicht nur loben oder die Bemühungen für eine bessere Note würdigen, sind folgende:

Deskriptive Rückmeldungen beschreiben das Lernen; sie quantifizieren und evaluieren es nicht. Noten, Punkte, Smileys und unpräzise Kritik („Streng dich mehr an.", „Versuche es noch mal.", „Falsch!") beschreiben das Lernen nicht, sondern quantifizieren es. Butler (1988) untersuchte den Einfluss der Benotung auf das Lernen. Schüler bekamen ein Heft mit verschiedenen Aufgaben zu einem Thema. Die Arbeiten wurden eingesammelt und benotet. Dann wurden die Schüler nach dem Zufallsprinzip in drei Gruppen eingeteilt. Jede Gruppe erhielt eine andere Art der Rückmeldung: nur Noten, nur Bemerkungen sowie Noten und Bemerkungen. Einige Wochen später bekamen die Schüler eine Reihe ähnlicher Aufgaben. Zudem wurde ihnen gesagt, dass sie dieselbe Form der Rückmeldung erhielten wie beim letzten Mal. Keine Fortschritte machten die Schüler, die nur Noten bekommen hatten, sowie die Schüler, deren Arbeiten mit Noten und Bemerkungen versehen worden waren. Diejenigen hingegen, die nur Bemerkungen bekommen hatten, verbesserten sich durchschnittlich um 30 Prozent.

Deskriptive Rückmeldungen beschreiben die Stärken hinsichtlich der Lernkriterien (Hattie und Timperley, 2007; Marzano, 2007; Reeves, 2007). Kommentare unter Schülerarbeiten wie „ausgezeichnet" oder „kreativ" sind allgemein und wenig aussagekräftig im Hinblick auf die Lernkriterien. Die Schüler können nicht erkennen, wo ihre Stärken liegen. Sie wissen, warum sie eine Arbeit ausgezeichnet nennen. Aber wissen es auch Ihre Schüler?

Deskriptive Rückmeldungen erklären präzise die nächsten Schritte (Davies, 2007a, 2007b; Wiliam, 2007). Bemerkungen wie „Überprüfe deine Arbeit!",

„Erkläre!" oder „Viele unvollständige Sätze!" weisen zwar darauf hin, wie der nächste Schritt beginnen sollte. Aber erst detailliertere Kommentare vermitteln den Schülern eine klare Vorstellung, wie sie Fortschritte in Richtung auf das angestrebte Lernziel machen können:

- „Erkläre im Analyseteil genauer, wie die Ergebnisse der Datentabelle deine Hypothese stützen."
- „Suche drei unvollständige Sätze und verbessere sie."
- „Erkläre mit eigenen Wörtern, wie du auf die Lösung von Aufgabe 3 gekommen bist."

Deskriptive Rückmeldungen sind deutlich und umsetzbar. Lehrer sollten machbare Zwischenziele formulieren. Die Schüler sehen dann die Möglichkeit, den nächsten Schritt auch tatsächlich zu bewältigen (Stiggins et al., 2005).
Deskriptive Rückmeldungen kommen zeitnah (Reeves, 2007). Wenn Rückmeldungen nach der Benotung folgen, sind die Schüler erheblich weniger motiviert, daraus zu lernen. Sie sehen in der Note einen Schlusspunkt und nicht den Bestandteil eines zyklischen Prozesses, der dem Lernen dient (Hattie und Timperley, 2007). Wenn zwischen einer Klassenarbeit und der Rückmeldung zu viel Zeit verstreicht, können die Schüler außerdem bereits an einem anderen Punkt des Lernstoffs sein. Die Rückmeldungen wirken dann eher deplatziert und verwirrend.

Wirkung deskriptiver Rückmeldungen

Wenn sie effektiv sind, bewirken deskriptive Rückmeldungen Folgendes:

- Sie helfen den Schülern, die angestrebten Lernziele besser zu verstehen und auszudrücken („Was muss ich noch erreichen?")
- Sie geben ihnen die Möglichkeit, selbst zu bestimmen, wie weit sie schon sind und welches der nächste Schritt ist („Was tue ich als Nächstes?").
- Sie helfen ihnen dabei, die nächsten Schritte in Richtung auf das angestrebte Lernziel zu planen („Wie kann ich meine Lücken schließen?")

Geben Sie so oft wie möglich präzise Rückmeldungen. Die Schüler erlernen dabei die Merkmale und können üben, auch ihren Mitschülern diese Art von Feedback zu geben. Außerdem lernen die Schüler, wie sie sich selbst einschätzen können. Sie werden immer besser und erfahrener darin, ihre eigenen Stärken und Schwächen in ihrer Lernarbeit zu erkennen.

Ein Verfahren für Rückmeldungen

Planen Sie deskriptives Feedback in drei Schritten. Damit sichern Sie das Lernen und motivieren Ihre Schüler.

1. Wählen Sie den Test oder die Aufgabe aus, auf die Sie sich konzentrieren wollen.

2. Planen Sie deskriptive Rückmeldungen unter Berücksichtigung der folgenden Fragen:
   - Wie können die Schüler ihre Stärken erkennen? Wie kann man ihnen sagen, was sie wissen? (Wollen Sie Bemerkungen schreiben? Wollen Sie Beispiele guter und schwacher Arbeiten zeigen? Sollen die Schüler selbst ihre Stärken erkennen und erklären, was sie richtig gemacht haben?)
   - Wie erkennen die Schüler, was die nächsten Schritte sind? Was sagt ihnen, dass sie etwas nicht verstanden haben?

3. Überlegen Sie, wie die Schüler reagieren werden.
   - Werden sich die Schüler selbst beurteilen? Was werden Sie machen müssen?
   - Schüler lernen am meisten, wenn sie wissen, wo sie stehen und was sie als Nächstes tun müssen. Wie also werden die Schüler aktiv auf ihr Verständnis oder auf ihre Missverständnisse reagieren?
   - Sollen sie mit einem Partner zusammenarbeiten, um die nächsten Schritte zu erkennen und sich Ziele zu setzen bzw. um Fehler zu korrigieren?
   - Wie werden die Schüler ihre Fehler analysieren und erkennen, was sie eigentlich falsch gemacht haben? Wie werden sie ihre Fehler korrigieren?

■ Auf einen Blick

Bei der Verwendung von Beurteilungsrubriken können Sie die Bemerkungen unterstreichen, die beschreiben, was ein Schüler gut gemacht hat. Die Bemerkungen, die auf die nächsten Schritte hinweisen, können Sie einkreisen. Damit sparen Sie sich die Zeit, die Kommentare einzeln zu schreiben. Erklären Sie den Schülern, dass die eingekreisten Sätze ihre nächsten Schritte sind, um ihre Arbeit zu verbessern.

Seien Sie präzise, nennen Sie die Fehler. Oder lassen Sie die Schüler ihre Fehler suchen. Sie sollen verstehen, warum etwas falsch ist. Für den Augenblick mag es hilfreich scheinen, die Schüler mit einem Erfolgsgefühl abzulenken. Aber auf lange Sicht ist es von Nachteil. Denn die Schüler wissen, wenn ihre Arbeit nicht zu den besten zählt. Halbwahrheiten und irreführendes Lob, um Selbstvertrauen aufzubauen, haben die gegenteilige Wirkung. Sicher ist es nicht immer angenehm, wenn sie sich anhören müssen, was zu verbessern ist. Aber Rückmeldungen sollen den Schülern konkret mitteilen, was zu korrigieren ist und wie sie besser werden können. Im Endeffekt entsteht daraus Selbstvertrauen. Denn die Schüler erkennen ihren Fortschritt und glauben daran, dass sie erfolgreich sein können.

■ In die Praxis umsetzen

Einzelgespräche sind eine effektive Methode zur Sicherung des Lernens und ein Beispiel für sinnvolle Rückmeldung.

Einzelgespräche

Einzelgespräche mit Schülern bieten beste Gelegenheiten für deskriptive Rückmeldungen. Mit sinnvollen Einleitungen und Fragen können sie besser verstehen, was sie bereits wissen, wie sie Fehler korrigieren können und welche Schritte sie als Nächstes machen sollten. Hier einige Beispiele effektiver Fragen und Aufforderungen:

- „Erzähle mir mehr darüber."
- „Erkläre mir diesen Teil."
- „Nenne mir ein Beispiel."
- „Wie kannst du diese Information verwenden?"
- „Wie verstehst du diese Lösung oder dieses Problem?"
- „Kennst du etwas Vergleichbares?"

Strategie 22: Loben Sie mit präzisen Bemerkungen

Anerkennung und Lob kosten nichts (vgl. Schmoker, 2006, S. 147) und bestätigen den Schülern, dass Sie als Lehrer sie wahrnehmen und sich um sie kümmern. Sie strengen sich mehr an, wenn sie wissen, dass Sie ihre Lernbemühungen ernst nehmen. Denn sie wollen Sie nicht enttäuschen.

Achten Sie auf Ihre Worte, wenn Sie Ihre Schüler durch Lob motivieren oder ihr Selbstvertrauen stärken wollen. Ihre ermutigenden Worte sollten sich auf eine Aufgabe, einen Lernprozess, ein Produkt oder ein Verhalten beziehen (vgl. Barkley, 2007, S. 92). Beschreibende positive Kommentare sind Belohnungen, die auf die Schüler motivierend wirken. Untersuchungen zeigen, dass die Schüler motivierter waren, die mit Lob oder positiver Rückmeldung belohnt wurden. Im Gegensatz zu ihren nicht belohnten Mitschülern blieben sie auch dann noch von sich aus motivierter, wenn die Belohnung entzogen wurde (vgl. Hattie, 2009, S. 175). Lob mit präzisen Kommentaren erhöht also nicht nur das Vertrauen in die eigenen Fähigkeiten, es kann langfristig auch zu besserem Verhalten im Unterricht führen.

Denken Sie daran: Die Reaktionen eines Lehrers auf das Lernen, auf Missverständnis und störendes Verhalten, auf Einstellungen, Erfolge, Aufregungen oder Gefühle vermitteln den Schülern Botschaften über ihren eigenen Selbstwert, ihre Fähigkeiten und ihre Rolle in der Lerngemeinschaft. Wenn ein Schüler für eine Aufgabe etwas länger braucht und er mit Spott oder einer unausgesprochenen Aufforderung gedrängt wird, ist er verunsichert. Sein Glaube an die eigenen Fähigkeiten schwindet. Reagieren Sie aber mit einem Hinweis darauf, dass Lernen mit unterschiedlichen Geschwindigkeiten vor sich geht, dann wächst das Selbstvertrauen. Loben Sie Fortschritte, gute Arbeiten und Anstrengungen – aber nicht die Geschwindigkeit des Lernens.

Loben – aber richtig

Beginnen Sie mit lobenden Worten und lassen Sie danach eine genaue Bemerkung zu der betreffenden Leistung oder Äußerung oder einem lobenswerten Verhalten folgen, z. B.: „Ausgezeichnete Arbeit! Deine Illustration zeigt genau, wie du das Problem gelöst hast." Beschreibendes Lob ist effektiv, weil die Schüler dann genau wissen, wofür sie gelobt werden. Und sie beginnen, zwischen ihren Bemühungen und ihrem Fortschritt einen Zusammenhang zu sehen. Schüler, die nie den Eindruck hatten, dass sie Fortschritte machen können, werden durch dieses neue Gefühl des Stolzes motiviert, sich weiter zu bemühen. Durch die präzise Benennung des Lobenswerten verstehen die Schüler auch besser, was erwartet wird. Die Klarheit über das, was zu lernen ist, das Gefühl, dass Fortschritte gemacht werden, und das Vertrauen in die eigenen Fähigkeiten sind eng verbunden mit erhöhtem Engagement und besseren Leistungen (Hattie, 2009). Ohne die Beschreibung hingegen beginnen die Schüler, das positive oder negative Feedback auf ihr Selbstwertgefühl oder ihre Selbstachtung zu übertragen (Hattie und Timperley, 2007).

Beispiel

Lobende Worte können z. B. sein:
- *Weiter so! Bis jetzt ist alles richtig.*
- *Gut durchdacht. Diesen Teil hast du richtig erklärt.*
- *Ich bin stolz auf dich, weil du deine Materialien mit den anderen geteilt hast.*

Genaues Lob kann auch dazu beitragen, zu den Schülern persönliche Beziehungen herzustellen. Jeder soll sich als Individuum wichtig fühlen. Ein Schüler weiß, ob Sie ihn mögen oder nicht. Respektieren Sie jeden Schüler, auch wenn Ihnen nicht immer gefällt, was er macht. Sprechen Sie einen Schüler mit einer netten Bemerkung an, wenn er mit einem tollen T-Shirt, einem coolen Haarschnitt, einem neuen Schulranzen etc. kommt. Er wird sich freuen und wissen, dass Sie ihn beachtet haben. Seien Sie aber mit Bemerkungen über äußere Dinge behutsam. Kommentieren Sie eine erfreuliche Einstellung, eine gute Laune, ein nettes

Lächeln oder andere positive Gefühle und Emotionen. Beantworten Sie ein Lächeln mit einem Lächeln. Das zeigt, dass Sie als Lehrer positiv gestimmte Schüler wahrnehmen und willkommen heißen.

Achten Sie auch auf einen respektvollen Umgang miteinander im Schulalltag. Geben Sie zu verstehen, dass Respekt anderen gegenüber Anerkennung verdient. Gute Taten sind ansteckend – nicht nur dann, wenn sie vom Lehrer ausgehen, sondern erst recht, wenn sie von Schülern kommen. Machen Sie auf solche Taten aufmerksam und erwähnen Sie diese.

■ Auf einen Blick

Manchmal ist es schwierig, etwas zum Loben zu finden. Da wäre es einfach, mit der Wahrheit ein wenig großzügig umzugehen. Aber es ist sehr wichtig, falsches oder nichtssagendes Lob zu vermeiden. Solches oder nicht ehrlich gemeintes Lob richtet mehr Schaden als Nutzen an. Denn es weist auf geringe Erwartungen hin und untergräbt das Vertrauen. Seien Sie beim Loben ehrlich und ausgewogen, nennen Sie Positives, thematisieren Sie aber auch Fehler. Manche Schüler wissen nicht, wie sie auf Lob reagieren sollen. Problemschüler sind oft nur negative Rückmeldungen gewohnt. Machen Sie deutlich, dass Sie auch für diese Schüler da sind, und seien Sie beim Loben aufrichtig. Bleiben Sie neutral – alle Schüler haben Talente, alle können lernen. Machen Sie es sich zum Prinzip, immer Ihre Aufmerksamkeit zu zeigen – ob mit Worten oder mit Gesten. Es wird Wirkung zeigen. Bringen Sie die Schüler dazu, mitzuarbeiten und ihre Aufgaben zu erledigen und abzugeben.

Zeigen Sie durch Ihre Rückmeldungen auch den Schülern, wie man richtig lobt. Sagen Sie nicht nur: „Gut gemacht!" Präzisieren Sie: „Gut gemacht! Du hast jeden Schritt erklärt. Jetzt verstehe ich, warum du auf deinem Diagramm diesen Punkt den Ursachen, nicht den Auswirkungen zugeordnet hast." Hören Sie aktiv zu, um eine offene Kommunikation zu ermöglichen. Die Schüler können dabei auf eine Frage antworten und ihre Antwort begründen. Erst kann eine Antwort nicht korrekt erscheinen. Aber die Erklärung eines Schülers kann einen anderen, plausiblen Weg zur Lösung des Problems aufzeigen.

Seien Sie ebenso fair und positiv, wenn Sie auf Regeln hinweisen müssen, wie beim Verteilen von Lob. Nehmen Sie grobe Bemerkungen oder respektloses Verhalten nicht persönlich. Seien Sie konsequent in Ihren Reaktionen auf Fehlverhalten und bei der Einhaltung von Regeln. Sie vermitteln unterschiedliche Botschaften, wenn Sie ein Verhalten einmal tolerieren, ein anderes Mal sanktionieren. Auch die Wirkung Ihres Lobes wird dadurch abgeschwächt.

◼ In die Praxis umsetzen

Sie können das Lernen sichern und die Schüler loben und anregen, indem Sie positive Notizen schreiben und hervorheben, was richtig ist, und Sie sich die Zeit zum Loben nehmen.

Positive Notizen

Fördern Sie die Einstellung, an sich zu glauben und erfolgreich sein zu können. Wenn ein Schüler bei einer Klassenarbeit gut abschneidet, können Sie ihm eine kurze Mitteilung schreiben und ihm sagen, dass sich seine Lernanstrengungen wirklich gelohnt haben. Weitere Beispiele:

- „Dein Beitrag zum Unterricht hat heute zu einer guten Diskussion geführt."
- „Ich habe bemerkt, wie sehr du dich heute bemüht hast, deinen Mitschülern richtig zuzuhören."
- „Vielen Dank, dass du dem neuen Schüler gezeigt hast, wie man dieses Spiel spielt."

Was hat geklappt

Schüler mit Problemen brauchen vor allem positive Ansprache. Versuchen Sie, Probleme in Lernmöglichkeiten zu verwandeln. Hat ein Schüler etwa bei einem Rechtschreibtest nicht gut abgeschnitten, können Sie folgendermaßen vorgehen:

- Suchen Sie bei der Korrektur alle richtig geschriebenen Wörter. Weisen Sie ihn auf diese Wörter hin. Erklären Sie ihm, dass er noch nicht so gut wie erhofft abgeschnitten hat, obwohl er schon viel richtig gemacht hat.
- Reden Sie mit ihm über die Wörter, die er falsch geschrieben hat. Überlegen Sie mit ihm folgende Fragen:
  - ⇨ Wo lag die Schwierigkeit?
  - ⇨ Hat er die Wörter schon gekannt und dann wieder vergessen?
  - ⇨ War er verwirrt oder abgelenkt?
  - ⇨ Waren ihm die Wörter unbekannt?
- Besprechen Sie mit ihm dann konkrete Möglichkeiten, wie er diese Wörter bewältigen kann. Machen Sie dazu einen Plan, der die nächsten Schritte und das gewünschte Ziel festhält.
- Legen Sie einen Termin fest, an dem die betreffenden Wörter nochmals getestet werden. Wenn eine Verbesserung erkennbar ist, dann ersetzen Sie die erste Benotung durch eine bessere. Beglückwünschen Sie ihn für seine gute Arbeit mit einem besonderen Lob.

Zeit zum Loben

Loben und beglückwünschen Sie Ihre Schüler für ihre Leistungen. Sie sollen wissen, was sie gut gemacht haben – und dass Ihnen als Lehrer das nicht entgangen ist. Unterstreichen Sie Erfolge der ganzen Klasse etwa mit folgenden Lobesworten:

- „Ich habe mich sehr darüber gefreut, wie ihr heute in den Klassenraum gekommen seid, euch schnell hingesetzt habt und gleich beim Klingeln mit euren Aufgaben angefangen habt."
- „Ihr habt alle sehr gut zusammengearbeitet. Ihr habt euch einander aufmerksam zugehört und seid bei der Gruppenarbeit bei der Sache geblieben."

Zu kleinen Gruppen oder Paaren können Sie Folgendes sagen:

- „Mir ist aufgefallen, dass jeder zu eurem Diagramm etwas beigetragen hat. Das zeigt mir, wie gut ihr zusammengearbeitet habt."
- „Sagt eurem Partner, was er gut gemacht hat. Überlegt euch dann, was ihr als Nächstes tun müsst, und einigt euch, wer was macht. So könnt ihr beide anfangen, über eure nächsten Beiträge nachzudenken."

Achten Sie darauf, dass Sie im Laufe der Zeit Einzellob an jeden Schüler richten. Wenn Sie einige öfter loben, kann das die anderen demotivieren, achten Sie also beim Loben einzelner Schüler aus Ausgewogenheit. Lob für Leistungen einzelner Schüler könnten Sie auch während einer gemeinsamen Gesprächsrunde erteilen:

- „Sarah, dein Aufsatz enthielt viele treffende Wörter wie ‚melodiös' oder ‚fesselnd'."
- „Sebastian, deine Figur hat eine schöne, symmetrische Form."
- „Tobias, deine Ausdauer beim Lösen des Problems war bemerkenswert."

Bei einer Gesprächsrunde können die Schüler auch über sich selbst nachdenken oder andere loben:

- Jeder Schüler schreibt über ein persönliches Erfolgserlebnis beim Lernen. Alternativ kann jeder auch darüber schreiben, was er an einem Mitschüler besonders schätzt. Das bedarf allerdings einer gewissen Organisation, damit jeder Schüler mit einem positiven Kommentar bedacht wird.
- Geben Sie folgende Einleitung vor: „Ich war heute erfolgreich, als ich …". Jeder Schüler schreibt sein Erfolgserlebnis auf und liest dann – sofern er möchte – seine persönlichen Gedanken laut vor.

Strategie 23: Beziehen Sie Ihre Schüler mit ein

Beispiel

Eine Englischstunde in einer 8. Klasse. Die Schüler beschäftigen sich mit ihren Handys, lackieren sich die Fingernägel, flüstern miteinander oder widmen sich der Lektüre ihrer Zeitschriften. Der Lehrer leitet derweil den Unterricht und liest aus der Lektüre vor. Obwohl im Raum Stille herrschte, ist bestenfalls die Hälfte der Schüler bei der Sache und folgt dem Unterricht. In dem Augenblick aber, als der Lehrer das Buch zuklappt und der Klasse seine Erklärungen zum Text an der Tafel aufschreibt und präsentiert, stoppen die Schüler ihre Nebentätigkeiten und schreiben in ihre Hefte. Jetzt sind alle bei der Sache. Die Erklärungen des Lehrers fassen eigentlich nur die soeben vorgelesene Kurzgeschichte zusammen. Der ganze Vorgang scheint den Schülern vertraut, denn niemand sagt ihnen, was sie tun sollen. Ein Grund, warum die Schüler nicht zugehört haben, ist die Gewissheit, dass die Zusammenfassung folgen würde.

Viele Schüler sind so abhängig davon, dass man ihnen sagt, was zu tun ist, dass sie sich kaum zu selbstständigen Lernern entwickeln können. Ihre unterstützende Rolle dabei ist ein bisschen verzwickt. Damit Ihre Schüler unabhängig werden können, müssen Sie ihnen beibringen, wie man unabhängig ist. Das aber müssen Sie ihnen vormachen. Es ist keine Lösung, die Schüler sich allein durch den Stoff kämpfen zu lassen. Das führt weder zu Unabhängigkeit noch zu Erfolg. Bei diesem Vorgehen wären bestenfalls diejenigen Schüler erfolgreich, die zu Hause ausreichend Unterstützung erhalten oder die allein in der Schule zurechtkommen. Für eine wahre Einbeziehung der Schüler ist es erforderlich, dass die Gedanken und Überlegungen der Schüler zu einem regelmäßigen und häufigen Bestandteil des Unterrichts werden. Diese Beteiligung muss anfangs sorgfältig eingeübt und strukturiert werden, damit die Schüler erfahren, wie es vor sich geht und welche Vorteile es fürs Lernen bringt. Durch wiederholtes Üben verinnerlichen die Schüler die entsprechenden Verfahren – und Sie können die Struktur wieder lockern.

Verwandeln Sie eine solche Unterrichtssituation wie die im Beispiel geschilderte in eine sinnvolle Lernerfahrung, an der die Schüler aktiv beteiligt sind.

Das können Sie mit einer der folgenden Methoden erreichen:

- Stellen Sie prägnante Fragen als Einleitung für jeden Textabschnitt.
- Wählen Sie die wichtigen Textstellen aus und lesen Sie diese laut vor.
- Bauen Sie Pausen ein, damit die Schüler über den Sinn des Textes nachdenken und sich anhand von Leitfragen Notizen machen können.

- Die Schüler arbeiten paarweise und diskutieren zwischen den Pausen wichtige Details.

Die Beteiligung der Schüler kann nicht willkürlich vor sich gehen. Sie sollte zielgerichtet sein und zur Beantwortung folgender Fragen beitragen:
- Warum lerne ich das, was gerade durchgenommen wird?
- Wie kann ich selbst herausfinden, was ich als Nächstes tun soll?
- Was hilft mir beim Lernen?

Um bestimmte Inhalte und Informationen zu verstehen, sollen die Schüler eigenständig am Problem forschen, dieses lösen und die Puzzleteile zusammensetzen. Eine andere Bezeichnung für selbstständiges Lernen ist selbst gesteuertes Lernen.

Definition

Selbst gesteuertes Lernen kann definiert werden als ein Herangehen an eine Aufgabe, bei der Vorausdenken, Leistungskontrolle und Selbstreflexion gefordert sind (vgl. Schunk und Zimmermann, 2007, S. 8).

Selbst gesteuertes Lernen ist wichtig, damit die Schüler zu unabhängigen, lebenslangen Lernern werden können. Der Begriff „lebenslanger Lerner" ist inzwischen zu einer Floskel geworden. Es ist ein Versprechen, das viele Schulen geben. Aber was bedeutet es wirklich? Schüler müssen ein Gespür dafür bekommen, was es heißt, ein selbstständiger Lerner zu sein – also über das eigene Lernen nachzudenken und die nächsten Schritte zu planen. Mit dieser Fähigkeit können sie später in allen Lebenslagen erfolgreich sein. Nach Hattie sollten Schüler bei der Bestimmung ihrer Erfolgskriterien und bei der Formulierung höherer Erwartungen beteiligt werden. Sie müssen Erfahrungen machen können, auf welchen unterschiedlichen Wegen Wissen erworben und Probleme gelöst werden können. Dadurch entwickeln sie den Glauben an sich selbst und können sich als selbstständige Lerner anerkennen. Sie erhöhen ihre Kompetenzen in den Bereichen Selbsteinschätzung, Selbstbeurteilung, Selbstbeobachtung und Selbstlernen (vgl. Hattie, 2009, S. 37).
Die folgende Tabelle stellt uneffektive und effektive Verfahren zur Einbeziehung von Schülern gegenüber.

Effektive und uneffektive Einbeziehung

Uneffektive Einbeziehung der Schüler	Effektive Einbeziehung der Schüler
• Die Aufgaben bestehen aus Arbeitsblättern.	• Der Lehrer gibt vielfältige Aufgaben und Aktivitäten – sowohl für den Unterricht als auch bei der Lernerfolgskontrolle.
• Die Schüler arbeiten bei der selbstständigen Aktivität immer allein.	• Die Arbeitsweise ist variabel. Manchmal arbeiten die Schüler allein, manchmal mit einem Partner oder in kleinen Gruppen.
• Die Aufgaben sind oft nur Fleißarbeit.	• Die Aufgaben sind dem Lernstand angepasst und klar an den Lernzielen orientiert.
• Die Schüler sitzen an ihren Plätzen bei den Aufgaben; die meiste Zeit muss Ruhe herrschen. Sie arbeiten still vor sich hin und haben kaum Gelegenheit, Fragen zu stellen oder Probleme zu besprechen.	• Lernen kann Lärm verursachen! Manchmal sitzen die Schüler still da. Häufig aber stellen sie Fragen, experimentieren, arbeiten an Lernstationen oder in kleinen Gruppen, beratschlagen an dafür vorgesehenen Stellen etc., je nachdem, was gerade erforderlich ist.
• Der Lehrer arbeitet mit einer kleinen Gruppe oder führt ein langes Gespräch mit einem einzelnen Schüler. Die anderen sitzen an ihren Plätzen und stören den Lehrer nicht.	• Der Lehrer wandert im Klassenzimmer herum, stellt sachbezogene Fragen, lässt sich etwas erklären und löst Missverständnisse auf. Die Schüler stellen ihrerseits Fragen, beraten sich untereinander und suchen im Klassenzimmer nach Materialien und Unterlagen, um ihre Fragen selbst zu beantworten.
• Hauptsache ist, dass eine Arbeit pünktlich abgegeben wird und benotet werden kann.	• Hauptsache ist, dass mehr gelernt wird. Lehrer und Schüler bemühen sich darum, dass ausreichend Zeit ist, das Wichtigste zu lernen und zu verstehen.
• Ein Mitschüler überprüft die Arbeit. Die Antworten können nach der Benotung nicht mehr geändert werden. Punkte werden aufgezeichnet. Wenn die Schüler einen Test zurückbekommen, schauen sie vor allem auf die Note. Das Analysieren und Korrigieren von Fehlern wird vernachlässigt.	• Die Schüler überprüfen und korrigieren ihre Antworten oft, um gleich eine Rückmeldung zu bekommen. Sie schauen sich ihre Fehler genau an und überlegen, was sie besser machen können.
• Der Lehrer benotet und gibt die fertige Arbeit zurück. Viele Fehler werden zwar besprochen, aber die Note ist der wichtigste Teil der Rückmeldung. Die Schüler überarbeiten ihre Tests nicht mehr und korrigieren ihre Fehler nicht.	• Wenn der Lehrer einen Test zurückgibt, schauen sich die Schüler ihre Fehler genau an, überarbeiten den Test und geben ihn wieder ab. Bei der Benotung wird die Überarbeitung berücksichtigt. Es wird kein Durchschnitt aus den zwei oder drei Versuchen gebildet.

Wie beteiligt man Schüler an ihrem Lernen?

Planen Sie Unterricht und Lernerfolgskontrollen im Hinblick darauf, dass die Schüler die folgenden drei Fragen beantworten können, die sie dazu bringen können, ihr Lernen selbst in die Hand zu nehmen (Sadler, 1989; Hattie und Timperley, 2007; Stiggins et al., 2005):

1. Was will ich erreichen?
   - Definieren Sie das Lernziel klar und deutlich.
   - Geben Sie den Schülern Gelegenheit, über ihre Interpretationen des Lernziels zu sprechen.
   - Zeigen Sie Beispiele, wie das Lernziel aussieht und wie es nicht aussieht.

2. Wo stehe ich jetzt?
   - Durch die Informationen aus Lernerfolgskontrollen, durch ihre Fehler und durch Bewertungsrubriken können Sie den Schülern helfen, ihren aktuellen Leistungsstand zu erkennen.
   - Zeigen Sie ihnen, was sie als Nächstes tun müssen, oder helfen Sie ihnen dabei, es selbst herauszufinden.
   - Geben Sie deskriptives Feedback (siehe Strategie 21, s. S. 208 ff.).

3. Wie kann ich die Lücke schließen?
   - Leiten Sie die Schüler an, ausgehend von ihrer Selbsteinschätzung, einen Plan zu machen.
   - Strukturieren Sie den Unterricht so, dass die Schüler ihre Pläne umsetzen können.

Planen Sie motivierende, schülerzentrierte Lernmöglichkeiten. Die folgende Tabelle listet dafür Aktivitäten auf, die sowohl für Einzel- als auch für Gruppen-arbeit gedacht sind. Legen Sie, ausgehend vom Kenntnisstand des Schülers/der Gruppe, einen Zeitrahmen fest. Die Aufgaben basieren auf den Daten der Lernerfolgskontrollen und sprechen bestimmte Stärken oder Schwächen an.

Lernstationen	Sie richten bestimmte Bereiche ein, wo die Schüler entsprechend ihrer Bedürfnisse arbeiten können.
Aufgabenmappe	Jeder Schüler bekommt eine eigene Mappe mit Aufgaben für einen Tag, eine Woche oder eine Lerneinheit. Die Aufgaben sind den unterschiedlichen Bedürfnissen der Schüler angepasst.
Computerraum	Sie verwenden ein Programm, um eine bestimmte Fähigkeit oder eine Rechercheaufgabe zu unterrichten. Die Schüler arbeiten unabhängig. Sie erarbeiten oder erkunden etwas.
Aufgabe von der Tafel	Sie schreiben täglich eine Aufgabe an die Tafel, die von schnellen Lernern bearbeitet werden kann.

Aufgabe nach Wahl	Sie erstellen eine Liste mit Aufgaben, aus der die Schüler eine auswählen.
Kooperatives Lernen	Eine Gruppe erledigt jeweils eine Aufgabe. Jedes Gruppenmitglied hat eine bestimmte Rolle, die Gruppe kommt zu einem gemeinsamen Ergebnis.
Kleine Gruppen	Zwei Partner oder kleine Gruppen erledigen jeweils eine Aufgabe. Die Schüler tauschen sich aus, überlegen gemeinsam und helfen einander.

Geben Sie klare Anweisungen und bringen Sie die Schüler an ihren Startpunkt. Danach können Sie bei einer kleinen Gruppe helfend eingreifen und etwas erklären, sich mit einem Schüler besprechen oder einfach in der Klasse herumgehen. Sie stellen weiterführende Fragen und geben Rückmeldungen. Sie beobachten die Fortschritte und helfen bei individuellen Problemen. Um diese Strategie effektiv einzusetzen, sollten Sie erst mit Schülern arbeiten, die Probleme haben. Diesen Schülern müssen Sie vielleicht alles noch mal erklären und sie benötigen mehr direkte Instruktion (Hattie und Timperley, 2007; Hattie, 2009). Es ist also sinnvoll, mit dieser Gruppe anzufangen, damit die Strategien insgesamt erfolgreich funktionieren.

■ Auf einen Blick

Erklären Sie den Schülern im Voraus, wie ihre Selbstbeteiligung aussehen soll:
- Wie erkennst du, was eine gute Arbeit ist?
- Wie überarbeitest du etwas, damit es besser wird?
- Wie kannst du dich selbst beurteilen?
- Wie findest du den richtigen Weg, um effektiver zu lernen?

Die Zeit für die Vermittlung dieser Fähigkeiten wird wieder hereingeholt, wenn die Schüler künftig selbstständiger arbeiten können.

Erklären Sie den Schülern genau die Denkweise, die Sie von ihnen verlangen, und was gemeinsames Überlegen und Ideen sammeln (Brainstorming) ist. Die Selbstbeteiligung beim Lernen ist für Schüler nicht immer einfach. Und sie sind auch bei den ersten Malen nicht immer davon begeistert. Wenn sie aber den Sinn erkannt haben und sich die ersten Erfolgserlebnisse einstellen, wird es einfacher. Sie werden dann danach verlangen, selbstständig arbeiten zu dürfen. Lassen Sie die Schüler ihre eigenen Ideen verfolgen. Anfangs werden sie Ihre Anleitung und Zustimmung erwarten. Ermutigen Sie sie also, es selbst zu versuchen und dann selbst darüber nachzudenken, ob ihr Plan funktioniert hat. Wenn ja, dann können sie diese Strategie beibehalten. Wenn nicht, sollten sie eine andere ausprobieren. Die Schüler sollen etwas wagen, es beurteilen und sich dann entsprechende Pläne zurechtlegen. Das sind entscheidende Fähigkeiten.

Wenn sich die Schüler selbst beurteilen sollen, ohne zu wissen, wie sie ihre Stärken und Schwächen genau erkennen können, kann das für jeden frustrierend sein. Wenn die Selbstreflexion zu allgemein ist, hilft sie ihnen nicht weiter. Sie glauben, dass das Ganze die Zeit nicht lohnt. Und sie werden es beim nächsten Mal nicht mehr ernst nehmen.

Von Schülern gesteuerte Aktivitäten unterliegen denselben Richtlinien wie lehrergesteuerte Aktivitäten. Sie müssen auf die Standards bezogen sein, die Anweisungen müssen klar sein und die nötigen Materialien zur Verfügung stehen. Setzen Sie die Aktivität zu einem passenden Zeitpunkt an, nämlich dann, wenn die Schüler genügend Erfahrung und Hintergrundinformationen haben, um sie erfolgreich zu bewältigen.

■ In die Praxis umsetzen

Eine einfache Möglichkeit, Lernen sicherzustellen und die Schüler einzubeziehen, ist das Schüler-Feedback. Anhand dieser Informationen können Sie den Unterricht und die Klassenregeln modifizieren. Mit Nachüberlegungen zu Tests können Sie das Lernen ebenfalls absichern.

Schüler-Feedback zum Unterricht und zu den Klassenregeln

Sammeln Sie die Meinungen, Beobachtungen und Empfindungen Ihrer Schüler. Sie gewinnen daraus wertvolle Erkenntnisse, wie Sie den Unterricht, die Klassenregeln und eventuell die Konsequenzen bei Nichtbefolgung verbessern können. Besprechen Sie sich beispielsweise mit den Schülern nach einer neuen Aktivität. Fragen Sie direkt nach, was ihnen beim Lernen helfen würde und was dem im Wege steht. Fragen Sie am Ende ihrer gemeinsamen Zeit, wie die Klasse Ihren Unterricht beurteilt. Nehmen Sie die Kommentare der Schüler zum Anlass, über Ihren Unterricht nachzudenken. Nehmen Sie die Rückmeldungen Ihrer Schüler als Anlass zur Verbesserung. Zu passender Zeit könnten Sie etwa folgende Fragen stellen:

- „Welcher Teil des Unterrichts funktioniert eurer Meinung nach, welcher nicht?"
- „Was frustriert euch?"
- „Wo gibt es Unklarheiten?"
- „Was wäre nötig, damit die Klasse noch produktiver wird?"
- „Welche Vorschläge habt ihr, damit uns das gelingt?"
- „Was machen eure Mitschüler, das euch nicht gefällt, auf die Nerven geht oder ärgert?"
- „Was mache ich, das euch nicht gefällt, auf die Nerven geht oder ärgert?"
- „Wie stellt ihr euch diese Unterrichtssituation vor, was erwartet ihr von mir?"

- „Welche Rolle spielt ihr?"
- „Was meint ihr: Was wird uns in dieser Situation helfen?
  Was kann ich machen? Was könnt ihr machen?
- „Welche Ziele habt ihr für euch selbst?
  Was müsst ihr machen, um diese Ziele zu erreichen?"

Strategie 24: Achten Sie auf gezielte Interventionen

Wenn ein Schüler nicht über das nötige Vorwissen verfügt oder mit dem Lernstoff zu kämpfen hat, dann können zeitnahe und zielgerichtete Interventionen das Lernen sichern. Schülern, denen eine bestimmte Fähigkeit, ein Standard oder ein Sachverhalt nochmals erklärt werden muss, profitieren von einem sofortigen Eingehen auf ihr Miss- bzw. Unverständnis.

Aus den Ergebnissen der Lernerfolgskontrollen können Sie erkennen, in welchen Bereichen welche Schüler weitere Unterstützung brauchen. Gehen Sie dann auf den einzelnen Schüler oder auf kleine Gruppen mit denselben Schwächen ein.

Jedes Hindernis, das dem Verständnis im Wege steht, muss beiseitegeräumt werden. Identifizieren Sie die wichtigsten Sachverhalte, die nicht gelernt wurden, und intervenieren Sie mit geeigneten Aktivitäten. Diese können in den Unterricht integriert werden. Sinnvolle Interventionen sind keine zusätzliche Belastung, sondern ein fester Bestandteil des Lernprozesses, der Instruktion und der Lernerfolgskontrollen. Wenn die Schüler beispielsweise eine bestimmte Zeit des Schultages an vorbereiteten Stationen zum Üben, Wiederholen und Festigen verbringen, können Sie mit kleinen Tests den Lernerfolg überprüfen und herausfinden, was an den Stationen vor sich geht. Integrieren Sie zeitnahe Interventionen in den bereits bestehenden Zeitplan. In der Sekundarstufe kann die Lernerfolgskontrolle während des Unterrichts zu Interventionen am nächsten Tag führen. Denken Sie immer daran:

- Fokussieren Sie die Interventionen auf die Fehler und Missverständnisse, die aus den Lernerfolgskontrollen ersichtlich werden.
- Gruppieren Sie die Schüler nach ihren Lernbedürfnissen.

■ Auf einen Blick

Nutzen Sie die bereits durchgeführten Lernerfolgskontrollen für Interventionen. Wenn die Schüler Fehler gemacht haben, können sie diese analysieren und korrigieren. Geben Sie ihnen deskriptive Rückmeldungen und lassen Sie ihnen Zeit, darauf einzugehen. Führen Sie in einer kleinen Gruppe eine lehrergelenkte Aktivität durch. Achten Sie darauf, dass die Schüler auch selbst etwas beitragen. Sie müssen den Prozess durchdenken und ihn sich aneignen. Andere Strategien in diesem Kapitel liefern Hinweise darauf, was während der Interventionen zu tun ist.

Denken Sie daran, die Interventionen für Schüler auch wieder zu beenden. Belassen Sie einen Schüler in einer entsprechenden Gruppe, obwohl er den Lernstoff bereits gemeistert hat, ist das abträglich für seine Motivation und es wird ihn langweilen. Er sollte besser an Aufgaben weiterarbeiten, die seinem Kenntnisstand entsprechen.

In die Praxis umsetzen

Interventionen müssen immer davon ausgehen, was Sie vom Lernen der Schüler wissen. Wenn einzelne Lehrer oder ein Lehrerteam auf der Basis von Lernerfolgskontrollen Interventionen planen, unternehmen sie einen Schritt in die richtige Richtung, um das Lernen zu sichern. Verwenden Sie bei der Planung von Interventionen Elemente aus den Lernerfolgskontrollen. Denn somit können Sie auf die Lernbedürfnisse der Schüler eingehen.

Beispiel aus dem Deutschunterricht

In einer 5. Klasse machten die Schüler einen Test zum Leseverständnis. Sie sollten zu einer Geschichte Urteile fällen und Schlussfolgerungen ziehen zu Ort und Zeit der Handlung, zu den Personen und zu den Ereignissen. Vor dem Test hatte der Lehrer erklärt, was Urteile und Schlussfolgerungen in Bezug auf eine Geschichte sind und verschiedene Beispiele auch unabhängig vom Text angeführt. Die Schüler fällten ihre Urteile und zogen ihre Schlussfolgerungen zum Text in Einzelarbeit.

Nach dem Test teilte der Lehrer die Schüler in drei Kategorien ein und ließ sie in Gruppen arbeiten. Sie sollten gemeinsam besprechen, was sie beim Test falsch gemacht hatten und beim nächsten Mal anders machen sollten.

Die folgende Tabelle zeigt einen beispielhaft ausgefüllten Interventionsplan. Die zugehörige Blankovorlage „Interventionsplan für ein bestimmtes Lernziel" (6.02) ⬇D finden Sie im Download-Bereich.

Lernziel: Ich kann Urteile fällen und Schlussfolgerungen ziehen über Ort und Zeit sowie über die Personen und die Ereignisse einer Geschichte. Ich kann meine Schlussfolgerungen und Urteile mit Textstellen belegen.

Schüler, die mit einfachen Inhalten Probleme haben.	Schüler, die bei komplexeren Inhalten noch Übung brauchen.	Schüler, die weiter gehende Förderung brauchen.
Namen	Namen	Namen ... ...

Vorgehensweise

Diese Schüler haben den Zug komplett verpasst. Sie brauchen mehr intensiven Direktunterricht. Ich werde mit dieser Gruppe arbeiten, sobald die beiden anderen genau wissen, was sie machen sollen. Jeder soll sich seine falschen Antworten genau anschauen. Dann besprechen wir verschiedene Antworten und klären, warum diese Urteile ausdrücken bzw. warum nicht. Dann wählen sich die Schüler ein Urteil aus, suchen im Text nach Stellen, die es belegen und formulieren zusammen eine Antwort. Ich bespreche noch die folgenden Punkte mit ihnen: • Was macht eine gute Antwort aus. • Wie können sie ihre falschen Antworten richtig formulieren. Dabei helfe ich den einzelnen Schülern. Paarweise können sie dann eine Antwort verbessern. Als Hausaufgabe nehmen sie eine Antwort mit und versuchen, diese besser zu formulieren.	Diese Schüler beurteilten ein Ereignis, aber sie hatten Probleme damit, es mit Textstellen zu begründen. Deshalb sollen sie zu zweit Folgendes machen: • ihre Arbeiten austauschen, die Urteile des anderen anschauen und die entsprechenden Textstellen finden • die Arbeiten wieder austauschen, ihre Antworten ändern und die entsprechenden Textstellen einschließen • ein neues Urteil formulieren und es mit Textstellen belegen	Diese Schüler haben alles verstanden und einen guten Test abgeliefert. Sie konnten über die Ereignisse der Geschichte Urteile fällen und Schlussfolgerungen ziehen. Sie können jetzt zusammen eine oder mehrere der folgenden Zusatzaufgaben erledigen: • Schreibt einen anderen Schluss der Geschichte. • Versetzt euch an die Stelle von Journalisten und formuliert die Geschichte zu einer Titelstory für eine Zeitung um. • Schreibt über ein persönliches Erlebnis, bei dem ihr für etwas eingetreten seid, an das ihr wirklich geglaubt habt. Erzählt, was ihr gemacht habt und was dabei herausgekommen ist.

Reflexion

In diesem Kapitel wurden Strategien behandelt, mit denen Sie das Lernen sichern können. Denken Sie diesbezüglich auch an Ihre eigenen Erfahrungen. Was hat dazu geführt, dass die Schüler wirklich lernten? Denken Sie über die folgenden Fragen allein oder mit Ihren Kollegen nach:

1. Welche Schritte bei der Unterrichtsplanung müssen Sie verbessern, um produktiver zu werden? Was brauchen Sie, um diesen Bereich besser zu machen?

2. Führen Sie Lernerfolgskontrollen vor, während und nach dem Lernen durch? Welcher Teil sollte produktiver werden, wie wollen Sie ihn verbessern?

3. Nutzen Sie die Informationen effektiv?

4. Ausgehend von den Informationen: Planen Sie sinnvolle und motivierende Aktivitäten, bei denen die Schüler das lernen, was sie lernen sollen? Wie können Sie diesen Prozess verbessern?

5. Wann wird Ihren Schülern langweilig? Wann sind sie nicht herausgefordert? Unproduktiv? Ratlos? Wie können Sie den Lernstoff darbieten, um sie aus ihnen motivierte Lerner zu machen, die gern bei der Sache bleiben?

6. Erstellen Sie eine Liste von Möglichkeiten für formelle und informelle Lernerfolgskontrollen. Geben Sie die Liste für neue Ideen während der individuellen Planung an interessierte Kollegen weiter.

7. Jeder der Kollegen kann eine Strategie nennen, mit der er in der Vergangenheit den Lernerfolg der Schüler sichern konnte. Vor der nächsten Besprechung versucht jeder Lehrer im Unterricht etwas Neues. Besprechen Sie dann, was die neue Strategie bewirkt hat.

8. Verwenden Sie den „Plan zur Motivation von Schülern" (6.03) ⬇D auf der folgenden Seite, um die Bedürfnisse einzelner unmotivierter Schüler in Bezug auf Sicherstellung des Lernens aufzudecken, zu analysieren und zu planen, wie Sie darauf eingehen können.

6.03

In heterogenen Klassen alle erreichen

Strategien für motivierenden Unterricht und nachhaltigen Lernerfolg

Plan zur Motivation von Schülern

Strategie	Namen der unmotivierten Schüler, für die die Strategie vorgesehen ist	Hinter welcher Maske steckt der Schüler?	Verhaltensweisen, Gewohnheiten und Eigenschaften	Aktion, um auf das Bedürfnis einzugehen	Überlegungen zur Umsetzung	Weitere Anmerkungen
19. Schätzen Sie den Leistungsstand ein.						
20. Stellen Sie zum Denken anregende Fragen.						
21. Kurbeln Sie das Verständnis an.						
22. Geben Sie deskriptive Rückmeldungen.						
23. Loben Sie mit präzisen Bemerkungen.						

In heterogenen Klassen alle erreichen

7

Unterstützung von Lernen und Motivation

Das Lernen der Schüler kann überaus erfolgreich angeregt werden, wenn die Schule eine Kultur der Gemeinschaft stärkt und bewusst das Unterstützungssystem im Klassenzimmer, im Schulgebäude und mit Partnern außerhalb der Schule verbessert. Das bedeutet, dass ein kooperatives Kollegium, die Schulleitung, die Eltern und Familien entscheidend dafür sind, dass eine Lernkultur entsteht, die sich positiv auf das Lernen und die Motivation der Schüler auswirkt. Eine funktionierende Schulgemeinschaft geht Probleme gemeinsam an und arbeitet daran, alle Schüler zu erreichen und jedem Lernerfolge zu ermöglichen. Wenn eine offene Kommunikation stattfindet, gibt es für Lehrer und Schüler viele Möglichkeiten, das Miteinander und das Lernen zu verbessern. Im Folgenden wird diskutiert, welche Rolle Schule und Gemeinschaft bei der Frage des Von- und Miteinander-Lernens spielen sollen. Nach einer Zusammenfassung der Rolle des Lehrers und der Merkmale eines motivierenden Unterrichts wird auf die Rolle des Schulpersonals, des Schulleiters, der außerschulischen Partner und der Eltern eingegangen. Welchen Einfluss können diese Akteure auf die Schüler nehmen, um sie zu Experten für ihr eigenes Lernen zu machen? Abschließend liefert dieses Kapitel Lösungsvorschläge für einige der häufigsten Lern- und Motivationsprobleme.

Die Rolle des Lehrers

Zu versuchen, Ihre Schüler zu erreichen und ihnen Lernangebote zu machen, obwohl sie vordergründig weder lernen noch mitmachen wollen, ist eine kraftraubende und spannende Aufgabe zugleich. In den vorangegangenen Kapiteln wurde gezeigt, dass Lehrer, die eine Lernumgebung schaffen, in der alle Schüler erreicht werden können, sich auf diese fünf Kernbereiche konzentrieren:

- Bildung einer positiven Lerngemeinschaft im Klassenzimmer
- Erklärung und Planung des Lernens gemeinsam mit den Schülern
- Das Lernen zu einem Abenteuer machen, indem der Unterricht mit Humor, Spaß, Erstaunlichem, Interessantem und Spannendem angereichert wird.
- Den Schülern Wahlmöglichkeiten anbieten und ihnen eine gewisse Kontrolle über ihre Lernarbeit überlassen.
- Das Lernen sichern durch Überarbeitungen, Fehleranalyse und Selbsteinschätzung.

Es gibt viele Ideen, wie Sie einen Unterricht gestalten können, der die Schüler zum Lernen einlädt und sie motiviert. Die richtige Kombination aus Aktionen, Worten, Strategien und Strukturen hängt vom Kontext und von Ihren Stärken und Ihrer Persönlichkeit ab. Die folgende Tabelle listet einige Merkmale des Lehrers auf, welche die Motivation der Schüler positiv oder negativ beeinflussen können.

■ Merkmale effektiver vs. uneffektiver Lehrer

Merkmale eines uneffektiven Lehrers	Merkmale eines effektiven Lehrers
• Er lässt das Potenzial der Schüler nicht zur Geltung kommen.	• Er sucht fortlaufend nach innovativen Unterrichtsformen.
• Er versagt bei der Planung.	• Er prüft regelmäßig den Leistungsstand seiner Schüler.
• Er gibt einfache und langweilige Aufgaben, z. B. Arbeitsblätter oder Fragen aus dem Buch.	• Ausgehend von dieser Einschätzung plant er strategisch weiter, um auf die Bedürfnisse der einzelnen Schüler eingehen zu können.
• Er führt meist einen lehrergesteuerten Unterricht durch.	
• Der Unterrichtsablauf ist fast immer gleich, er verwendet immer wieder dieselben Methoden.	• Er denkt sich Aufgaben aus, die den Bedürfnissen und Interessen seiner Schüler entgegenkommen.
• Er unterrichtet über oder unter dem Leistungsstand der Schüler.	• Er plant strategisch schülerzentrierte Aufgaben und Lerngelegenheiten.
• Er denkt: „Ich habe es durchgenommen, also müssen sie es wissen."	• Er hört den Schülern zu, beobachtet sie und spricht mit ihnen; dann handelt er entsprechend.
• Er droht den Schülern.	
• Er gibt den Eltern oder den vorhergehenden Lehrern die Schuld, wenn die Schüler nicht das Hintergrundwissen und die Grundlagen für ihre Jahrgangsstufe haben.	• Er kennt die Standards und Inhalte, die unterrichtet werden sollen.
	• Er bezieht unterschiedliche Ressourcen und Methoden ein, um die Lernziele zu erreichen.
• Er verdient sich nicht den Respekt der Schüler.	• Er hat eine Menge Tricks und Kniffe auf Lager, um die Schüler auf unterschiedlichen Wegen zu erreichen.
• Er mag die Schüler nicht.	
• Er unterrichtet die Standards, Inhalte und Fähigkeiten der Jahrgangsstufe nicht auf innovative Weise.	• Er geht während des Unterrichts im Klassenzimmer herum; er unterstützt und beobachtet die Schüler.
• Er gibt für alle Schüler immer denselben Unterricht.	• Er fragt nach, um sie besser kennenzulernen.
• Er sitzt immer während des Unterrichts.	• Er betrachtet Fehler als Bestandteil des Lernens, er führt die Schüler geduldig durch die Lernprozesse.

Merkmale eines uneffektiven Lehrers	Merkmale eines effektiven Lehrers
• Er lernt die Schüler nicht kennen und umgekehrt. • Er ist nachtragend und ungeduldig. • Am Ende des Tages ist er deprimiert; er geht mit Widerwillen in die Schule. • Er zeigt eine negative Einstellung. • Er isoliert sich oft; er meckert ständig, wenn er mit anderen zusammen ist. • Er beklagt Zeitmangel, aber er nutzt die zur Verfügung stehende Zeit nicht effektiv.	• Er ist der Auffassung, dass es nie zu spät ist und dass alle Schüler lernen können; er versucht, jeden Schüler zu erreichen. • Er legt den Schwerpunkt darauf, was gut funktioniert und warum und wie die Schüler mitarbeiten; er denkt über das, was schiefgegangen ist, nach, um es besser zu machen. • Er ist mit Begeisterung Lehrer und freut sich über jeden Erfolg seiner Schüler. • Er respektiert andere; er ist positiv und optimistisch; er lobt gern und lacht oft.

Sie haben verschiedene Möglichkeiten kennengelernt, Schülern unterschiedliche Lernwege anzubieten und ihr Engagement zu wecken. Wenn Sie damit experimentieren, denken Sie auch an den Erfolgsnachweis. Die nächste Tabelle führt auf, wie ein Klassenzimmer aussieht, in dem sich die Schüler wohlfühlen und wie Sie und Ihre Schüler handeln – wenn die Schüler mit Motivation und Engagement bei der Sache sind.

▪ Ein Klassenraum zum Wohlfühlen

Was sehen Sie?	Wie fühlen sich die Schüler?	Was machen Sie?	Was machen die Schüler?
• Bewegung • Respekt • Stationenlernen • flexible Gruppen • Projektarbeit • Gruppen- und Einzelarbeit • engagierte Schüler bei ihren Aufgaben • vielfältige Materialien • effektiver Einsatz von Materialien und Ressourcen (Computer, Anschauungsmaterialien etc.) • vielfältige Strategien und Aktivitäten • die Arbeiten der Schüler an den Wänden	• gespannt • respektiert • herausgefordert • stimuliert • enthusiastisch • zufrieden • akzeptiert • energievoll • sicher • positiv • optimistisch • selbstsicher • zuversichtlich	• Unterricht planen • auf einer festen Wissengrundlage erklären und erläutern • vielfältige Strategien einsetzen • Lernstand vor, während und nach dem Lernen prüfen • den Unterricht an den Informationen aus den Lernerfolgskontrollen ausrichten • flexible Gruppenbildung • herumgehen, die Schüler beobachten und motivieren • Verantwortung mit den Schülern teilen • für Wahlmöglichkeiten sorgen • für viele Gelegenheiten sorgen, bei denen die Schüler übers Lernen und das Gelernte sprechen können • die passenden Materialien einsetzen und die Ressourcen effektiv nutzen • auf die individuellen Stärken und Schwächen der Schüler achten	• Probleme lösen • Fragen stellen • über Probleme und Sachverhalte diskutieren • sich austauschen • zusammenarbeiten • sich engagieren • Arbeitsschritte planen • Ergebnisse produzieren • Unterrichtsstoff lernen • das Gelernte nachweisen • im Unterricht mitdenken • Lösungen darstellen, darüber diskutieren und hinterfragen • Zusammenhänge herstellen • über das Lernen nachdenken • Ziele formulieren und die nächsten Schritte erkennen

Wenn Sie im Unterricht täglich mit Lern- und Motivationsproblemen umgehen müssen, können sie sich an andere Personen wenden, um Unterstützung zu erhalten. Zu ihnen gehören z. B. andere Lehrer, Schulberater und Schulpsychologen, die Schulleitung, Eltern und Familien. Bei guter Zusammenarbeit kann dieses Unterstützungssystem eine Kultur bewirken, in der die Schüler zu den wichtigsten, aktiven Mitgliedern der Schulgemeinschaft werden.

Die Rolle des Schulpersonals

Sie können anderes Personal der Schule dazu heranziehen, um die Atmosphäre im Klassenzimmer positiv zu befördern. Es hat positive Auswirkungen auf den Unterricht und die Schule, wenn sich alle Erwachsenen für eine motivierende Atmosphäre einsetzen. Laden Sie das gesamte Personal zu einem Treffen ein und überlegen Sie gemeinsam, wie das Schulklima im Sinne von Motivation und Unterstützung für die Schüler verbessert werden kann. Wer sind die Erwachsenen, mit denen es die Schüler im Laufe eines Schultages zu tun haben? Besprechen Sie Möglichkeiten, wie man auf spezielle Probleme der Schüler eingehen kann. Beobachten Sie die Schüler: Zu welchen Erwachsenen haben sie Vertrauen? Das können Pausenaufsichten, Mitarbeiter der Schulkantine, Busfahrer oder Mitarbeiter im Sekretariat sein. In jedem Fall kann die Besprechung mit allen Schulmitarbeitern oder ein Einzelgespräch dazu beitragen, Motivationsprobleme von Einzelnen oder von Gruppen zu lösen. Verwenden Sie das Drei-Schritt-Protokoll aus Kapitel 1 (s. S. 32 f.) Dies ist eine Möglichkeit, Interventionen zu planen.

Die Rolle des Schulleiters

Eine positive Einstellung ist ansteckend. Wenn ein motivierter Schulleiter sich mit aller Kraft für seine Schule einsetzt, gibt er ein Vorbild ab, an dem sich alle orientieren können. Laden Sie ihn zu Diskussionen ein und sprechen Sie über Erfolge, Herausforderungen und Strategien, mit denen sich nicht nur die Atmosphäre in einer Klasse, sondern in der ganzen Schule verbessern lässt. Sie als einzelner Lehrer können viel bewirken, wenn Sie solche Themen offen ansprechen. Machen Sie Vorschläge, wie die Schule aktives Engagement fördern kann. Eine motivierende Schulgemeinschaft setzt auf Stärken und Talente. Die folgende Tabelle enthält einige Charakteristika eines erfolgreichen Schulleiters.

Merkmale eines effektiven vs. uneffektiven Schulleiters

Merkmale eines uneffektiven Schulleiters	Merkmale eines effektiven Schulleiters
• Er bleibt in seinem Büro und hält sich vom Schulleben fern; er ist unsichtbar; er kennt die Schüler nicht beim Namen.	• Er ist ständig in der Schule unterwegs; er kennt die Namen der Mitarbeiter, Lehrer und Schüler.
• Seine Besuche des Unterrichts sind reine Pflichtübungen.	• Lehrer und Schüler sind an seine ständigen Unterrichtsbesuche gewöhnt.
• Er spricht negativ über das Kollegium und die Schüler.	• Er zeigt Professionalität und respektiert Vertraulichkeit; seine Ausdrucksweise ist positiv.
• Er hat seine Favoriten; bei Versammlungen wendet er sich immer an dieselben Personen.	• Er ist fair.
• Sein Hauptanliegen: Er ist der Chef und zeigt Managergehabe.	• Sein Hauptanliegen: mit vollem Einsatz für die Schule, die Schüler und die Schulgemeinschaft tätig zu sein.
• Er ist nicht zugänglich und nur schwer zu erreichen.	• Besuche in seinem Büro sind ihm willkommen.
• Er ist autoritär und trifft einsame, endgültige Entscheidungen.	• Er hört zu und ist offen für andere Meinungen; er trifft Entscheidungen nach Abwägung aller Argumente und Vorschläge.
• Er plant für die Lehrer ohne Rücksprache.	• Er benennt Arbeitsgruppen zur Beseitigung von Schulproblemen.
• Er nimmt an Fortbildungsmaßnahmen fürs Kollegium nicht teil.	• Er lässt zu, dass sich das Kollegium bei schulischen Abläufen, Versammlungen und Weiterbildungsmaßnahmen einbringt. Er nimmt mit den Lehrern an Weiterbildungsmaßnahmen teil.
• Er hält Lehrern und Schülern Vorträge, wenn etwas nicht nach Wunsch läuft, z. B. bei schlechten Leistungen oder Disziplinproblemen.	• Er ist offen für Möglichkeiten, den Unterricht zu verbessern und die Leistungen zu fördern; er freut sich über Erfolge und feiert mit.
• Er ist negativ, er lacht und lächelt nicht; scheinbar hat er weder an seiner Arbeit noch an seinem Leben Freude.	• Er ist positiv und arbeitet unermüdlich am Erfolg der Schule und an seiner Rolle als Leiter.

Die Rolle der außerschulischen Partner

Suchen Sie Partnerschaft mit Organisationen und Institutionen außerhalb der Schule. Bei einer solchen Zusammenarbeit können Sie und die Schulleitung bestimmte Projekte organisieren oder an Wettbewerben teilnehmen. Die Stadt oder Gemeinde kann ein starker Verbündeter sein, wenn es darum geht, dem Lehrplan mehr Relevanz und Herausforderung zu verleihen. Ziehen Sie das in Erwägung, wenn Sie mit Ihren Klassen interessante, realitätsnahe Aktivitäten und Projekte durchführen wollen. Ein Nebeneffekt wird sein, dass sich auch der Ruf der Schule zum Positiven entwickelt. Ihre Schule kann sich so auch im Stadtteil präsentieren und nach außen öffnen.

- Senden Sie Schulnachrichten oder Schülerarbeiten an die lokale Presse oder an lokale Fernsehsender. Diese können dann über die Erfolge der Schüler berichten.
- Führen Sie Projekte durch oder beteiligen Sie sich daran, bei denen es um die Belange lokaler Organisationen, der Wirtschaft oder anderer Schulen geht, z. B. Recycling, Verschönerungen von Außenanlagen oder Renovierungen. Wenn Schüler ein interessantes Projekt finden, kann die gemeinsame Teilnahme daran auch den Zusammenhalt in der Klasse stärken und sich positiv auf das Lernen auswirken. Hierzu zählen z. B. auch Lernprojekte, wie Praktika oder Berufsorientierungstage

Die Rolle der Eltern

Das Verhältnis zu den Eltern und deren Einstellung zu Schule und Unterricht ist ein wichtiger Faktor bei der Motivation der Schüler für die Schule. Erkunden Sie z. B. durch Besuche die heimische Umgebung der Schüler und die Einstellung der Familienmitglieder zur Schule. Fällt Letzteres negativ aus, sollten Sie es auf keinen Fall persönlich nehmen. Die Eltern könnten selbst schlechte Erfahrungen gemacht haben – sowohl in ihrer eigenen Schulzeit als auch mit anderem Lehrpersonal ihrer Kinder. Vielleicht kam von der Schule eine negative Mitteilung. Das kann zu einer ablehnenden Einstellung führen. Danach ist es zweitrangig, wer mit den Eltern wegen einer schulischen Angelegenheit wieder in Kontakt tritt – es kann zu einer angespannten, negativen Situation kommen. Diese Einstellung ist nicht leicht zu ändern. Die Beziehung muss über eine längere Zeit wieder aufgebaut und gepflegt werden. Sobald die Eltern überzeugt sind, dass die Schule die Ausbildung anbietet, die ihr Kind verdient, und es fair und gerecht behandelt wird, verändert sich ihre Einstellung zum Positiven. Werden die Schüler von zu Hause aus bestärkt, im Unterricht mitzumachen und zu Erfolgen zu kommen, kann das ihre Lust am Lernen stark befördern.

Die Unterstützung der Eltern ist wichtig und hilfreich. Rufen Sie sie an, um Kontakt herzustellen. Greifen Sie aber nicht nur zum Hörer, wenn es ein Problem gibt, sondern teilen Sie auch die Erfolge mit und sprechen Sie über die guten Eigenschaften. Wenn ein Schüler beispielsweise seine Präsentation vor der Klasse bestens bewältigt oder in einer Gruppe gut mitgearbeitet hat, dann sagen Sie es den Eltern. Wenn Sie Eltern außerhalb der Schule begegnen, seien Sie freundlich und offen. Sprechen Sie über außerschulische Themen. Schulische Angelegenheiten sind Privatsache und brauchen nicht in der Öffentlichkeit erörtert zu werden.

Umgang mit häufigen Problemen

Schwierigkeiten mit dem Lernen und der Motivation der Schüler kann Ihnen Ihre Energie rauben und die Lust und Freude am Unterrichten nehmen. Für den Umgang mit solchen Situationen wurden in diesem Buch verschiedene Vorschläge gemacht. Denken Sie immer daran, dass die Ursachen für das ablehnende Verhalten der Schüler verschieden sind und auf unterschiedliche Faktoren zurückgeführt werden können. Wenn Sie die Ursache erkennen, können Sie einen Plan machen und nicht nur auf das Verhalten, sondern auch auf die zugrunde liegende Ursache eingehen. Unter dieser Voraussetzung hat die Strategie bessere Erfolgsaussichten, beim Schüler einen von innen kommenden Wunsch zu wecken, zu lernen und mitzumachen. Ein derartiger Wandel in der Einstellung verändert auch das Verhalten auf lange Sicht.
Wenn Sie Ihre Schüler gut kennen, sind sie besser dazu in der Lage, im Klassenzimmer die Bedingungen für positive Motivation und Engagement fürs Lernen herzustellen. Die folgenden Fragen gehen auf die häufigsten Probleme beim Lernen ein.

Was tun Sie, wenn ein Schüler nicht mitmachen oder seine Aufgaben nicht erledigen will?

Wenn dies regelmäßig geschieht, dann denken Sie daran: Dieses Verhalten ist angelernt und so tief verwurzelt, dass Schüler unbewusst reagieren oder gewohnheitsmäßig nicht reagieren. Um dies zu ändern, ist Ausdauer erforderlich. Führen Sie mit dem Schüler als Erstes ein Vieraugengespräch und hören Sie zu, was er zu sagen hat. Fragen Sie nach und horchen Sie nach den Gründen, die er nennt. Lassen Sie dem Schüler Zeit, seine Gedanken auszusprechen. Fragen Sie ihn direkt, wann er mit seiner Aufgabe fertig werden kann. Verhandeln Sie mit ihm, bis ein Plan steht, mit dem beide Seiten einverstanden sind. Was ist der Sinn der Aufgabe? Geht es darum, dass der Schüler überhaupt seine Aufgabe abgibt? Soll er etwas üben, was er noch nicht verstanden hat? Denken Sie an den ursprünglichen Zweck der Aufgabe, bevor Sie den Kurs genau festlegen. Vielleicht gibt ein Schüler eine Aufgabe nicht ab, weil er sie für Zeitverschwendung hält. In diesem Fall ist Verhandeln nicht sinnvoll. Wenn ein Schüler die Arbeitsanweisungen nicht verstanden hat oder nicht wusste, wo er anfangen sollte, dann sollte das Gespräch zur Klärung offener Fragen beitragen. Verhandeln ist zwar wichtig, entscheidender aber ist, dass der Schüler die Hilfe bekommt, die er braucht. Danach ist es nicht mehr erforderlich, einen Abgabetermin zu vereinbaren. Das ist erst wieder aktuell, wenn die Zweifel des Schülers beseitigt sind.

Damit die Schüler lernen, müssen Sie als Lehrer planen und strategisch arbeiten, um die Unterrichtsstunden fürs Lernen sinnvoll und lebendig zu gestalten. Sie müssen akzeptieren, dass Lernen mehr ist als die Anwesenheit der Schüler im Unterricht. Die Inhalte und die Aktivitäten müssen die Schüler emotional und mental ansprechen, damit der Unterricht für sie einen Sinn bekommt. Die Schüler müssen für das Unterrichtsgeschehen begeistert werden. Sie sollen gespannt darauf sein, was als Nächstes passiert. Dann bleiben sie am Ball und lernen.

Viele Schüler haben eine negative Einstellung zu Hausaufgaben verinnerlicht. Sie (wie auch manche Familienangehörige) denken, dass die meisten Hausaufgaben nur eine Belastung und Zeitverschwendung sind. Manche Schüler machen die Hausaufgaben nicht, lassen sie von jemand anderem erledigen oder verwenden so wenig Mühe wie möglich darauf.

Achten Sie darauf, dass die Schüler die Aufgaben genau verstehen und in der Lage sind, sie auch zu erledigen. Nicht alle Lerner finden zu Hause Unterstützung. Und bei denen, die Hilfe bekommen, kann man nicht immer wissen, ob sich in den Hausaufgaben das Verständnis der Schüler oder das der Eltern ausdrückt. Schüler, die zu Hause keine Hilfe finden, sind auf sich selbst angewiesen. Sie zu benachteiligen, wirkt entmutigend. Geben Sie klare Arbeitsanweisungen und achten Sie darauf, ob alle nötigen Materialien und Ressourcen auch allen Schülern zur Verfügung stehen. Differenzieren Sie bei den Hausaufgaben, damit alle Schüler an etwas arbeiten, was ihren Bedürfnissen entspricht.

Geben Sie anregende, spannende Aufgaben, die auch Spaß machen. Testen Sie eine der folgenden einfachen Hausaufgaben zum Problemlösen, die zudem motivierend sind:

- „Schaue dir eine Fernsehsendung an und schreibe über den Zusammenhang zum Unterrichtsthema."
- „Gestalte eine Collage, die einen Aspekt des Lernziels darstellt." (z. B. „Suche in Zeitschriften nach geometrischen Figuren, die im Unterricht durchgenommen wurden.")

- „Gehe in Texten, in deinen Aufzeichnungen oder rund um das Haus auf Schnitzeljagd und suche nach Wörtern bzw. Gegenständen, die mit dem Unterrichtsthema zu tun haben."
- „Lass dir einen Zweizeiler einfallen, der die Bedeutung eines Wortes erklärt."
- „Interviewe einen Familienangehörigen oder einen Freund über das Unterrichtsthema oder das Lernziel. Beispielsweise könnten die Schüler ihre Großeltern nach einem historischen Ereignis befragen. Oder eine Mutter könnte erklären, wie sie Prozentrechnen gelernt hat."

Zu Beginn des Unterrichts können die Schüler ihre Funde und Ergebnisse präsentieren. Solche Aufgaben sind für die Schüler motivierend – und für den Lehrer gibt es nichts zu benoten.

Die Aufgaben im Unterricht und die Hausaufgaben sollten so oft wie möglich herausfordernd und sinnvoll sein, damit die Schüler auch Zeit darauf verwenden und sie erledigen. Analysieren Sie Ihre Aufgabe mithilfe der folgenden Tabelle. Achten Sie darauf, ob Ihre Aufgaben die Zeit wert sind oder ob sie eher demotivierend wirken.

■ Analysehilfe für Aufgaben

Aufgaben, die Schüler nicht machen	Aufgaben, die Schüler machen
• Die Schüler wissen nicht, wie sie die Aufgabe machen sollen, oder sie brauchen Hilfe.	• Sie wissen, wie sie die Aufgabe ohne Hilfe erledigen können; sie spüren einen Hauch von Stolz, wenn sie es geschafft haben.
• Der Zweck ist unklar.	• Der Sinn ist den Schülern klar.
• Die Anweisungen sind unklar.	• Sie verstehen die Anweisungen.
• Die Aufgabe ist zu umfangreich.	• Die Aufgaben erfordern einen vernünftigen und absehbaren Arbeitsaufwand.
Für die Schüler sind die Aufgaben: ⇨ uninteressant ⇨ zu schwierig ⇨ zu einfach ⇨ nicht relevant ⇨ immer dasselbe ⇨ langweilig ⇨ Zeitverschwendung	Für die Schüler sind die Aufgaben: ⇨ herausfordernd ⇨ neuartig ⇨ interessant ⇨ erfreulich ⇨ relevant ⇨ vom Umfang her genau richtig ⇨ ein sinnvoller Zeiteinsatz

Was machen Sie, wenn sich Schüler mit dem Minimum zufrieden geben?

Manche Schüler sind offensichtlich mit dem Notwendigsten zufrieden. Es liegt aber an Ihnen, höhere Erwartungen vorzugeben. Wenn Sie den Eindruck haben, dass ein Schüler sich mehr zutrauen soll und kann, müssen Sie ihm diesen Anspruch auch klarmachen.

Noten können unbeabsichtigt die Entscheidung eines Schülers verstärken, es nicht weiter zu versuchen und sich darauf auszuruhen, was er bereits erreicht hat. Wenn Sie etwas benotet haben und der Schüler die Note sieht, glaubt er oft, dass die Aufgabe abgeschlossen ist – selbst wenn Sie überzeugt sind, dass er eine bessere Note erreichen kann. Leistungsstärkere Schüler müssen nicht so hart arbeiten wie Schüler mit Problemen. Für letztere ist es also einfacher, sich mit einer ausreichenden Note zufriedenzugeben oder den Standards zu genügen, als härter zu arbeiten. Wenn Sie eine Arbeit mit der Benotung abhaken, obwohl sie wissen, dass ein Schüler mehr erreichen könnte, tragen sie zu diesem Problem bei. Erwägen Sie, eine Arbeit nicht zu benoten, bis sie das von Ihnen erwartete Niveau erreicht hat.

Denken Sie sich Aufgaben aus, die sich verbessern lassen. Achten Sie auf das Hintergrundwissen des Schülers. Ermitteln Sie anhand von Lernerfolgskontrollen, was ein Schüler als Nächstes lernen muss; entwerfen Sie danach eine differenzierte, herausfordernde Aufgabe, bei der der Schüler nachdenken und ein Problem lösen muss. Das findet auch ein gelangweilter Schüler spannend und er lässt sich dadurch womöglich herausfordern und motivieren.

Sprechen Sie auch mit der Familie eines Schülers. Die Eltern wissen vielleicht mehr über die Ursachen des unmotivierten Verhaltens. Außerdem können sie ihn zu Hause unterstützen und ermutigen.

Auch wenn es Zeit in Anspruch nimmt, lohnt es die Mühe, anregende Aktivitäten zu planen, die auf die Bedürfnisse und Interessen der Schüler eingehen.

Wie bringen Sie Schüler dazu, beim Unterrichtsgespräch mitzumachen?

Räumen Sie vor Gesprächsbeginn Zeit zum Nachdenken ein. Oft müssen sich Schüler still vorbereiten, bevor sie vor der ganzen Klasse etwas sagen. Bei einer Bedenkzeit können ihre Ideen zu den Fragen überdenken. Nennen Sie vor dieser Nachdenkzeit das Thema und die dazugehörigen Fragen. Gehen Sie während dieser Zeit im Klassenzimmer herum und achten Sie auf die Reaktionen der Schüler. Mit Ihrer Unterstützung werden sich die Schüler eher trauen, ihre Einfälle vor der ganzen Klasse zu äußern.

Eine andere Möglichkeit, Schüler zum Beantworten von Fragen zu bringen, sind Partnerdiskussionen. Denken Sie daran: Wenn Partner Fragen beantworten, gibt die Hälfte der Klasse die Antwort anstatt nur ein Schüler in der ganzen Gruppe. Außerdem können Sie das Gespräch in Form eines Spieles durchführen und variieren, wie Sie die Schüler aufrufen und wie diese antworten dürfen. Im Folgenden finden Sie einige Beispiele, um alle Schüler zum Mitmachen zu motivieren:

- Wenn Sie einen Schüler aufrufen, kann er entweder antworten oder er darf „passen". In diesem Fall kann er einen anderen Schüler aufrufen. Wenn ein Schüler mehr als 2-mal „passt", soll er eine Frage formulieren, die sein Missverständnis und seine Ratlosigkeit ausdrücken. Diese Möglichkeit fordert seine Teilnahme heraus. Fragen sind ein wichtiger Beitrag zu einem Gespräch. Sie sind ein Signal an alle anderen, dass es durchaus in Ordnung ist, etwas nicht zu wissen. Schüler lernen auch dann, wenn sie sich mit Inhalten auseinandersetzen und dazu ihre Fragen formulieren.
- Wenn ein Schüler antwortet, kann er selbst den nächsten aufrufen.
- Ziehen Sie die Namen aus einem Hut oder einer Schachtel. Wer antworten soll, bleibt so dem Zufall überlassen.
- Lassen Sie die Schüler einander aufrufen.
- Bilden Sie Gruppen, wobei ein Sprecher für die ganze Gruppe antwortet.
- Schreiben Sie die Antwort zu einer Frage bei jüngeren Schülern auf ein Blatt Papier und verstecken Sie es irgendwo im Klassenzimmer. Die Schüler suchen es und können einen Blick darauf werfen.
- Loben Sie sinnvolle Unterrichtsbeiträge mit Worten und Gesten.
- Teilen Sie den Zurückhaltenden eine Aufgabe zu, z. B. Gruppensprecher. Eine solche Verantwortung stärkt das Selbstvertrauen und zeigt dem Betreffenden, dass er ein wichtiges Mitglied der Klassengemeinschaft ist.

Fordern Sie die Schüler vor einer Diskussion dazu auf, zwei Bemerkungen und eine Frage aufzuschreiben, die sie beisteuern wollen. Manche fühlen sich mit etwas Schriftlichem sicherer, wenn sie ihre Gedanken äußern wollen. Manche Schüler antworten nicht, weil Erwachsene zu oft schon auf ihre Äußerungen sehr negativ reagiert haben. Wenn ein Schüler eine Antwort gibt oder der Klasse seinen Standpunkt mitteilt, dann achten Sie darauf, dass seine Äußerung respektiert wird. Verhindern und vermeiden Sie herablassende oder negative Reaktionen.

Wie bringen Sie Schüler dazu, auch die Aufgaben zu machen, die nicht benotet werden?

Sie verbringen wie die meisten Lehrer sicher Stunden damit, Arbeiten zu korrigieren und zu benoten. Viel Zeit benötigen die benoteten summativen Tests am Ende einer Lerneinheit. Mit formativen Lernerfolgskontrollen hingegen soll während einer Unterrichtseinheit festgestellt werden, was die Schüler können und wissen und was nicht. Wird diese Lernerfolgskontrolle nicht benotet, muss es für die Schüler einen anderen, wichtigen Grund geben, sie zu erledigen. Wenn ihnen unklar ist, was sie tun oder warum sie eine bestimmte Aufgabe erledigen sollen, dann ist die Wahrscheinlichkeit groß, dass sie diese nicht machen.

Wird eine Arbeit zurückgegeben, schauen die Schüler zuerst auf die Note. Sie haben sich womöglich mit der Korrektur große Mühe gegeben, aber scheinbar nehmen die Schüler nur die Zensur wahr. Um diese Denkweise zu ändern, müssen die Schüler einsehen, dass ihre Aufgaben ausdrücklich mit ihrem Lernen verknüpft sind. Versuchen Sie das Folgende:

- Schreiben Sie die Lernziele auf die Aufgabenblätter.
- Lassen Sie die Schüler ihre Stärken selbst einschätzen und bestimmen, woran sie noch arbeiten sollten.
- Fordern Sie sie auf, daran entweder in einer Klassenaktivität oder für sich selbst zu arbeiten.
- Wenn sich die Schüler verbessert und mehr über einen Inhalt gelernt haben, geben Sie ihnen für ihre gesamte Lernarbeit eine Note und die ganze Punktzahl.
- Stellen Sie Aufgaben in einer Klassenaktivität. Lassen Sie die Schüler beispielsweise ihre Fehler in kleinen Gruppen analysieren und dann der Klasse berichten, was sie beim nächsten Mal anders machen werden. Sie können ihre Antworten als Fragen präsentieren und gemeinsam nach alternativen Antworten suchen, die den ersten Versuch noch vertiefen und verbessern.
- Lassen Sie den Schülern Zeit, ihre Arbeiten nach Beendigung zunächst selbst zu beurteilen.
- Rufen Sie die Schüler auf, damit sie ihre Antworten mitteilen und ihren Lösungsweg erklären. Das fordert ihr Engagement heraus. Denn wenn sie ihre Aufgaben nicht machen, fällt das auch ihren Mitschülern auf. Und die meisten wollen nicht gern bloßgestellt werden. Außerdem bekommen die Schüler sofortige Rückmeldung darüber, was richtig und was falsch ist. Sie hören auch, was andere zu ihren Antworten sagen; alle beginnen, die (alternativen) Gedankengänge und Lösungswege zu verstehen. Geben Sie den Schülern dann weitere Gelegenheiten, das Gelernte anzuwenden.

Wenn Schüler erkennen, dass ihre Arbeit Früchte trägt, wächst die Lernbereitschaft. Bessere Noten folgen und die Bewertung einzelner Lernerfolgskontrollen steht nicht mehr so stark im Mittelpunkt.

Diese Kontrollen während des Unterrichts sind für Sie eine besser investierte Zeit als die Korrektur und Benotung von Fleißaufgaben. Denn die Schüler übernehmen die Verantwortung für ihre Arbeit. Um effektiv zu sein und zu motivieren, sollten unzensierte Aufgaben den individuellen Lernbedürfnissen entgegenkommen. Oft wird von den Schülern erwartet, dass sie Aufgaben machen, weil es ihnen gesagt wird. Eine klare Ansage, wozu eine Aufgabe gut ist und was sie mit dem Lernen zu tun hat, wird das von innen kommende Engagement und den Lernwillen der Schüler auf jeden Fall mehr anregen.

Was antworten Sie auf die Frage: „Wozu sollen wir das überhaupt lernen?"

Eine solche Frage ist natürlich auch eine gute Gelegenheit, den Schülern nochmals zu erklären, warum ein Lerninhalt wichtig ist. Alles Lernen hat einen Sinn. Und die Schüler sollten das wissen. Erklären Sie das Ziel einer Unterrichtsstunde und welche Kompetenzen erlernt werden. Werden Sie nicht ungeduldig, wenn eine solche Frage öfter aufgeworfen wird. Vielleicht wollen Ihre Schüler nur austesten, ob Sie sich Ihrer Sache sicher sind. Dann sollten Sie einen guten Grund für die Aufgaben und die Lernziele angeben können.

Eine andere wirkungsvolle Strategie bei dieser Frage ist, sie die Klasse selbst beantworten zu lassen. Fragen Sie einzelne Schüler, Paare oder kleine Gruppen danach, wozu sie die Lerninhalte in Zukunft brauchen können. Gehen Sie auf die einzelnen Meinungen ein, um die Lerngemeinschaft zu stärken. Jeder Schüler braucht für sich einen triftigen Grund, um sich für einen Sachverhalt oder eine Aufgabe zu engagieren. Wenn sie die Wichtigkeit und die Zusammenhänge einsehen, sind die Schüler auch eher dazu bereit, eine Aufgabe zu machen. Besonders wenn es einen direkten Weg gibt, dass die Schüler einen Lerninhalt in Zukunft brauchen werden, sollten Sie genau darauf eingehen. Seien Sie proaktiv. Fordern Sie die Schüler zu Beginn oder am Ende einer Stunde dazu auf, über diese Frage nachzudenken. So können Sie feststellen, ob sie einen Zusammenhang zwischen einer Aufgabe und dem Lernziel herstellen können. Wenn nicht, besteht weiterhin Erklärungsbedarf. Wenn es auf diese Frage keine gute Antwort gibt, kann es sein, dass diese Aufgabe oder Aktivität nicht so wichtig ist, als sie bei ihrer Planung schien. Wenn eine Aufgabe offensichtlich nicht wesentlich ist, sollten Sie in Erwägung ziehen, nach relevanteren Alternativen zu suchen. Ist die Aufgabe aber wichtig, sollten Sie darauf hinweisen und die Wichtigkeit erklären. Das ist das Bindemittel, das eine Unterrichtsstunde zusammenhält und bewirkt, dass ein Inhalt bei den Schülern hängen bleibt.

Was machen Sie mit einem Schüler, der sich andauernd mit anderen unterhält?

Die Unterhaltung mit Freunden ist Schülern manchmal viel wichtiger als das Unterrichtsgeschehen. Diese Lerner sind froh, wenn sie mit Partnern oder in kleinen Gruppen Aufgaben erledigen können, einem Mitschüler helfen können, Materialien austeilen oder bei einer Aktivität ein Team leiten dürfen. Zudem sind viele interpersonale Lerner froh über unmittelbare Rückmeldungen von anderen. Bieten Sie ihnen also vielfältige Gelegenheiten, bei denen sie allein und mit anderen arbeiten können.

Schüler, die miteinander reden, müssen das Unterrichtsgeschehen nicht unbedingt ausblenden. Finden Sie heraus, worüber sie sprechen. Oft werden Sie feststellen, dass sie durchaus bei der Sache sind. Sie brauchen also nicht unbedingt Zeit darauf zu verwenden, dieses Verhalten zu korrigieren. Betrachten Sie solche Gespräche eher als Hinweis, dass Sie Ihre Erklärungen unterbrechen und zu Partner- oder Gruppenaktivitäten übergehen sollten.

Halten die Unterhaltungen an, dann ist die einfachste Reaktion, die Betreffenden von den anderen zu trennen. Denken Sie aber erst über die Abläufe im Klassenzimmer nach. Wie viel Zeit räumen Sie den Schülern zum Besprechen und zum Herstellen von Zusammenhängen ein? Wie viel Zeit sollen sie Ihnen zuhören?

Machen Sie den Schülern klar, dass es nichts zu reden gibt, wenn ein Mitschüler zur ganzen Klasse spricht. Jeder Schüler, der etwas beiträgt, ist zu respektieren. Und jeder im Klassenzimmer sollte ein guter Zuhörer sein. Machen Sie eine Pause und warten Sie. Bitten Sie den Schüler, seine Bemerkung zu wiederholen. Fordern Sie einen anderen auf, das, was der Mitschüler eben gesagt hat, zusammenzufassen. Damit können Sie eher erreichen, dass sich die Schüler auf die Beiträge der anderen konzentrieren.

Sie sollten aufmerksames Zuhören auch immer selbst praktizieren und damit ein Vorbild abgeben. Es ist nicht richtig, dies von den Schülern einzufordern, wenn Sie sich mit etwas anderem beschäftigen oder mit Ihren Gedanken woanders sind, während ein Schüler spricht. Auch Sie müssen den Schülern deutlich zeigen, dass Sie ihnen zuhören.

Wie motivieren Sie weniger liebenswerte Schüler?

Manche Schüler sind liebenswerter als andere. Und die Schüler können ganz genau sagen, ob Sie ihn mögen oder nicht. Sicher, das Verhalten mancher Schüler ist schwierig in den Griff zu bekommen. Schlimmer aber wird es, wenn der Schüler weiß, dass Sie ihn nicht mögen. Wie lässt sich vermeiden, dass der Schüler ein solches Gefühl hat?

Versuchen Sie, die Schüler, die Ihnen die größten Schwierigkeiten bereiten, genau kennenzulernen. Finden Sie ihre positiven Seiten und ihre Talente heraus. Geben Sie ihnen Aufgaben, die ihre Lernweise ansprechen. Seien Sie freundlich, zeigen Sie ein Lächeln und andere positive Gesten. Nennen Sie die Betreffenden beim Namen, wenn Sie sie begrüßen. Sprechen Sie mit ihnen, wenn Sie den Eindruck haben, dass sie aufgeregt, froh oder frustriert sind. Zeigen Sie mit all diesen Dingen, dass Sie sich ehrlich um sie kümmern. Zeigen Sie jedem Schüler, dass Sie froh sind, ihn in Ihrer Klasse zu haben.

Wichtig

 Sprechen Sie immer genau das an, was ein Schüler falsch gemacht hat; sprechen Sie immer ein ganz bestimmtes Verhalten an, das Sie anders sehen wollen. Aber sprechen Sie nie allgemein den Charakter eines Schülers an und nennen Sie ihn nie „problematisch" oder „böse". Konzentrieren Sie Ihre Äußerungen auf die Aktionen eines Schülers.

Was tun Sie, wenn ein Schüler im Unterricht Aufgaben nicht erledigen will?

Manche Schüler weigern sich nicht nur, sich im Unterricht nach den Erklärungen und Anweisungen an eine Aufgabe zu machen. Es scheint sie auch nicht zu kümmern, ob sie bestraft werden. Es kann leicht zu einem Machtkampf kommen, den die Schüler nicht selten für sich entscheiden. Ein Streit scheint ihnen mehr Freude zu bereiten als das Lernen.

Angenommen, ein Schüler legt seinen Kopf auf den Tisch oder er döst sogar ein. Das kann ganz einfach darauf hindeuten, dass er in der Nacht nicht ausreichend geschlafen oder dass er zu viel gegessen hat. Wenn das der Fall ist, braucht er etwas Bewegung, vielleicht ein Glas Wasser oder eine andere Aktivität, damit er wieder zu Energie kommt und motiviert ist.

Eine Verweigerungshaltung kann aber auch auf Lernprobleme hindeuten. Wenn ein Schüler nicht versteht und nicht weiß, wie er vorankommt, kann seine Untätigkeit auf Überforderung zurückzuführen sein. Dann ist es womöglich erforderlich, für ihn eine Aufgabe in kleinere, handhabbare Teile aufzugliedern. Geben Sie ihm erst nur eine Teilaufgabe. Schauen Sie dann nach, ob er sie geschafft hat. Gehen Sie auf Probleme ein, die sich dabei ggf. gezeigt haben. Geben Sie ihm dann die nächste Teilaufgabe. Wenn er ein Erfolgserlebnis hat, wird er eher bereit sein, eine Aufgabe auf eigene Faust anzugehen. Andere Schüler weigern sich, weil sie eine Aufgabe vielleicht für langweilig oder unwichtig halten. Abhängig von der Situation können Sie Schüler dazu anregen, sich ihre eigenen Aufgaben auszudenken, die sie für interessanter halten.

Die einzige Regel ist, dass die eigene Aufgabe mit dem Unterrichtsthema oder dem Lernziel zu tun hat.

Angenommen, ein Schüler verweigert seine Mitarbeit und wird zum Schulleiter geschickt. Der Weg dorthin bietet ihm die erwünschte Abwechslung vom Unterricht. Er trifft vielleicht Freunde auf dem Flur oder besucht sie einfach in einem anderen Klassenzimmer. Vor dem Büro des Schulleiters trifft er womöglich auf weitere gute Bekannte. Wenn er dann schließlich dem Schulleiter gegenübersitzt, wird ihm vielleicht eine Standpauke gehalten. Aber dann geht es durch das Gebäude mit all seinen Abwechslungen zurück in die Klasse. Sein Eintreten bewirkt eine erneute Unterbrechung. Und während er zurück an seinen Platz marschiert, ist die Aufgabe, die er vermeiden wollte, von den anderen bereits erledigt. Er ist mit sich und seinem Ausflug durchs Schulgebäude zufrieden. Und beim nächsten Mal wird er sicher dieselbe Taktik wieder anwenden.

Da jeder Schüler und jede Situation anders sind, sollten Sie genau darauf achten, welche Auswirkungen eine Reaktion auf das Verhalten eines Schülers hat. Wird das gewünschte Ergebnis erzielt, hat Ihre Maßnahme funktioniert. Wenn nicht, sollten Sie etwas anderes versuchen.

Eine schlechte Note motiviert einen Schüler kaum dazu, eine unerwünschte Aufgabe zu erledigen. Dafür braucht er bessere Gründe. Hat er bereits eine Reihe schlechter Zensuren, wird eine weitere ihn nur daran erinnern, wie wenig Erfolg er bisher hatte. Er sieht dann wenig Hoffnung, sich noch verbessern zu können, und er wird sich nicht weiter bemühen, weil er keinen Sinn dahinter sieht.

Fordern Sie, soweit wie möglich, keinen Machtkampf heraus. Provozieren Sie keine Trotzreaktionen, indem Sie einen Schüler zum Schulleiter schicken. Zeigen Sie, dass Sie nicht manipuliert werden können. Und nehmen Sie eine solche Herausforderung nicht persönlich. Höchstwahrscheinlich ist eine Verweigerungshaltung nicht gegen Sie gerichtet und auch keine Respektlosigkeit Ihnen gegenüber. Erkennen Sie die tiefer liegende Ursache und versuchen Sie, diese zu beheben.

Was machen Sie, wenn ein Schüler übermotiviert ist?

Gibt es so etwas wie zu viel Engagement? Angenommen, Sie haben Ihre Schüler aufgefordert, ihre Arbeit abzuschließen und zur nächsten Aufgabe überzugehen. Ein Schüler aber ist so vertieft, dass er weitermacht und seine Lernstation nicht verlassen will. Das ist eine schwierige Situation, denn schließlich ist Engagement eine lobenswerte Sache. Allerdings kann dabei auch der ganze Unterrichtsablauf gestört werden. Mit den folgenden Tipps können Sie eine solche Situation vermeiden:

- Weisen Sie verbal oder mit bestimmten Signalen darauf hin, dass die Zeit für eine Aufgabe bald abgelaufen ist. „Die Zeit ist fast um. Noch fünf Minuten!" Mit solchen Hinweisen können Sie Ihre Schüler mental darauf einstellen, dass sie zu einem Ende kommen sollten.
- Lassen Sie die Schüler in Teams arbeiten, die darum wetteifern, welches als erstes zur nächsten Lernstation oder zur nächsten Aufgabe weitergehen kann. Das allerdings erhöht den Druck. Schließlich will kein Team letzter sein.
- Betonen Sie regelmäßig die Zeitlimits für alle Schüler. Wenn Sie manchmal großzügig sind, ein anderes Mal aber nicht, ist das keine klare Linie. Die Schüler denken sich: „Beim letzten Mal habe ich eine Verlängerung bekommen. Warum sollte es dieses Mal anders sein?" Schüler neigen nun mal dazu, Lehrer auszutesten. Vermeiden Sie also derartige Probleme von vornherein. Außerdem: Alle, die eine Regel missachten, sollten mit denselben Konsequenzen rechnen. Wenn Sie also einen Plan ankündigen, sollten Sie sich daran halten. Von Ihren Schülern erwarten Sie ja dasselbe.
- Denken Sie daran: Die Reaktionen eines Erwachsenen, also auch die Ihren, sagen den Schülern, was wichtig ist. Wenn sich Lehrer auf Machtkämpfe einlassen, setzt sich ein Schülerverhalten fort oder es eskaliert sogar.

Um dem Problem mit Schülern, die Schwierigkeiten mit der Zeiteinteilung haben, längerfristig zu begegnen, können Sie Folgendes in Erwägung ziehen:

- Verwenden Sie eine Agenda oder einen Planer, um individuelle Aufgaben im Blick zu behalten. Geben Sie dem Schüler eine Mappe mit Aufgaben für eine bestimmte Zeit (für einen Tag, eine Woche oder für ein bestimmtes Unterrichtsthema). Eine derartige Übersicht kann einem Schüler bei seiner eigenen Planung weiterhelfen und er weiß, zu welchem Termin er mit allen Aufgaben fertig sein muss. Interessantere oder schwierigere Aufgaben erfordern mehr Zeit, während Aufgaben, die einfacher oder nicht so interessant sind, nicht so lange dauern. Dadurch wird die Verantwortung für die Zeiteinteilung den Schülern übertragen. Sie müssen den Schülern diese Erwartungen explizit vermitteln. Fügen Sie den Aufgaben eine Checkliste bei. Schließlich wollen auch die Schüler verfolgen, was sie schon hinter sich haben und was noch zu tun ist. Auch das wirkt motivierend – auf Geleistetes zurückblicken zu können.
- Fragen Sie die Schüler direkt, welche Geste oder Bewegung Sie machen bzw. welches Signal Sie geben sollen, um anzuzeigen, dass es Zeit zum Beenden einer Aufgabe ist. Solche nonverbalen Hinweise sind manchmal eine nette Art, um ständige Ermahnungen zu vermeiden, die nur zu Aufregung und Nervosität führen.

Persönliche Einschätzung zur Umsetzung der vorgestellten Strategien

Mit der folgenden Tabelle „Einsatz der Strategien" (7.01) ⬇D können Sie selbst einschätzen, wie gut Sie das Engagement und die Motivation Ihrer Schüler durch den Einsatz der Strategien fördern. Sie können diese Selbsteinschätzung jährlich durchführen.

Kreuzen Sie die Kästchen entsprechend folgenden Aussagen an:

1. Ich erwäge und plane meine nächsten Schritte und erkenne, was die Strategien bedeuten. Bis jetzt habe ich noch keine angewendet.

2. Ich beginne damit, die Strategien einzuführen und/oder darüber nachzudenken, wie einige der vertrautesten noch intensiver genutzt werden können.

3. Ich habe viele Strategien angewendet und es zeichnen sich Resultate ab.

4. Ich habe die Strategien bewusst eingesetzt und ich sehe die Resultate.

7.01

In heterogenen Klassen alle erreichen
Strategien für motivierenden Unterricht und nachhaltigen Lernerfolg

Einsatz der Strategien

Strategie	1. Noch keine der Strategien angewendet	2. Ich stehe am Anfang	3. Bereits viele Strategien ausprobiert	4. Strategien eingesetzt, Resultate bereits erkennbar	Notizen
1. Lernen Sie Ihre Schüler kennen.					
2. Finden Sie heraus, wie Ihre Schüler am besten lernen.					
3. Stellen Sie Beziehungen zu und unter den Schülern her.					
4. Formulieren Sie klare Regeln.					
5. Verdeutlichen Sie den Lernstoff.					
6. Bringen Sie den Unterricht durch Tests voran.					
7. Sorgen Sie für herausfordernde Lerngelegenheiten.					
8. Stellen Sie Zusammenhänge her.					

© der Originalausgabe: Verlag an der Ruhr | Autoren: Carolyn Chapman, Nicole Vagle | ISBN 978-3-8346-2615-8 | www.verlagruhr.de

7.01

In heterogenen Klassen alle erreichen
Strategien für motivierenden Unterricht und nachhaltigen Lernerfolg

9. Erarbeiten Sie gemeinsam Kriterien und Aktivitäten.				
10. Gestalten Sie fesselnde Einstiege und geschickte Abschlüsse.				
11. Gehen Sie online.				
12. Nutzen Sie Spiele zum Lernen und Wiederholen.				
13. Bringen Sie Abwechslung in den Unterricht.				
14. Sorgen Sie für Optimismus und loben Sie.				
15. Geben Sie sinnvollen Entscheidungsspielraum.				
16. Setzen Sie ein Ziel, treffen Sie eine Zielvereinbarung.				
17. Nutzen Sie Kunst und Musik als Hilfsmittel				
18. Schätzen Sie den Leistungsstand ein.				

© der Originalausgabe: Verlag an der Ruhr | Autoren: Carolyn Chapman, Nicole Vagle | ISBN 978-3-8346-2615-8 | www.verlagruhr.de

7.01

In heterogenen Klassen alle erreichen
Strategien für motivierenden Unterricht und nachhaltigen Lernerfolg

19. Stellen Sie zum Denken anregende Fragen.					
20. Kurbeln Sie das Verständnis an.					
21. Geben Sie deskriptive Rückmeldungen.					
22. Loben Sie mit präzisen Bemerkungen.					
23. Beziehen Sie Ihre Schüler mit ein.					
24. Achten Sie auf gezielte Interventionen.					

© der Originalausgabe: Verlag an der Ruhr | Autoren: Carolyn Chapman, Nicole Vagle | ISBN 978-3-8346-2615-8 | www.verlagruhr.de

Schlussgedanken

> *Je größer das Hindernis, desto größer der Ruhm,*
> *wenn man es überwunden hat.*
>
> Molière

Durch Worte, Schweigen, Handlungen und sogar durch einen Blick können Sie das Lernen Ihrer Schüler positiv befördern oder aber zum Stillstand bringen. Durch Ihre Praxis vermitteln Sie Ihren Schülern, wie Sie sich einen erfolgreichen Lerner vorstellen. In vielen Schulen ist das heutzutage ein Schüler, der bei den Prüfungen gut abschneidet und gute Noten hat. Das ist eine irreführende Botschaft, die zum Verlust des Selbstvertrauens bei vielen Schülern führt, die Probleme mit Prüfungen haben. Solche Schüler können große Problemlöser sein. Leider fühlen sie sich im Unterricht oft abgeschlagen und nicht klug genug. Kein Wunder also, wenn sie nicht mehr mitmachen wollen. Andererseits zeigen viele Schüler nur deshalb Engagement, weil sie gute Noten erreichen wollen. Das, was sie lernen, interessiert sie im Grunde aber nicht.

Effektive Lehrer kennen und schätzen die verschiedenen Talente, Interessen und Lernstile ihrer Schüler. Motivierende Lehrer helfen ihnen, Zusammenhänge zwischen dem Bekannten und dem neuen Lernstoff herzustellen. Sie lehren ihre Schüler, Verantwortung für ihr eigenes Lernen zu übernehmen und ihre Fortschritte selbst richtig einzuschätzen. Sie zeigen ihnen, wie sie mit den richtigen Strategien zu Lernerfolgen kommen können. Lehrer mit der Fähigkeit, Schüler zu motivieren,

- verfügen über eine breite Wissensbasis
- gehen gern ihrem Beruf nach
- haben Sinn für Humor
- planen effektiv
- sind offen für Neues
- setzen auf Strategien, die den Interessen und Lernbedürfnissen der Schüler entgegenkommen
- arbeiten als Teil eines Teams, das die Lernarbeit der Schüler in den Mittelpunkt stellt
- sind offen für neue Ideen
- erwarten von den Schülern, dass sie lernen
- respektieren Unterschiede und betrachten sie eher als Stärken denn als Schwächen
- passen auf, dass die körperlichen, mentalen, sozialen und emotionalen Bedürfnisse der Schüler gewahrt werden
- verwenden Lernerfolgskontrollen zur Ausrichtung ihres Unterrichts.
- interessieren sich aufrichtig für das Leben ihrer Schüler

- geben präzise Rückmeldungen und loben ihre Schüler und
- vermeiden es strikt, Schüler herabzusetzen

Lehrer haben mit dem, was sie machen und sagen, einen enormen Einfluss und können Schüler zum Lernen motivieren. Wir hoffen, dass die Ideen in diesem Buch Inspirationen liefern und weitere Möglichkeiten eröffnen. Denn Sie sollten daran glauben, dass Sie ihre Schüler inspirieren und zum Lernen motivieren können.

Reflexion

Dieses Kapitel fasste Möglichkeiten zusammen, mit denen Sie das Lernengagement Ihrer Schüler lebendig halten können. Es lieferte zudem Vorschläge zur Lösung sehr häufiger Lern- und Motivationsprobleme. Denken Sie diesbezüglich an Ihre eigenen Erfahrungen: Was hat funktioniert, dass Schüler wirklich lernen? Denken Sie für sich oder mit Kollegen über folgende Fragen nach:

1. Besuchen Sie sich mit Ihren Kollegen gegenseitig im Unterricht und geben Sie einander Feedback zu folgenden Fragen. Nennen Sie auch Beispiele und machen Sie Vorschläge.
   - Wie definiert der Kollege einen erfolgreichen Schüler? Wie wurde das im Unterricht deutlich?
   - Mit welchen Aktionen reagierte er auf offensichtlich unmotivierte, lernunwillige, gelangweilte … Schüler? Wie hat sich in der Folge die Motivation verändert?
   - Wie wollte er Schüler dazu bringen, wieder im Unterricht mitzumachen? War er damit erfolgreich oder nicht?
   - Wie hat er Zusammenhänge zwischen den Unterrichtsaktivitäten und den Interessen und Bedürfnissen der Schüler hergestellt?
   - Mit welchen innovativen Ideen versuchte er, die Aufmerksamkeit der Schüler wachzuhalten?
   - Welche anregenden Lernstrategien wurden eingesetzt?
   - Welche Lernstrategien haben die Schüler selbst verwendet? Wurden die Schüler einbezogen? Auf welche Weise?
   - Wie würden Sie insgesamt die Einstellung zum Unterricht und das Verhalten der Schüler beschreiben?
   - Wie viel Zeit entfiel auf lehrergelenkten Unterricht? Auf schülerzentrierten Unterricht?
   - Was hat insgesamt funktioniert?

- Was hat insgesamt nicht funktioniert?
- Welche Verbesserungsvorschläge würden Sie machen, welche Tipps könnten Sie geben?

2. Bilden Sie im Kollegium Gruppen und diskutieren Sie Strategien für die ganze Schule zur Förderung des Lernens und der Motivation. Die Ergebnisse können Sie in Broschüren veröffentlichen oder an Schwarzen Brettern oder Stellwänden aushängen.

3. Suchen Sie zusammen mit einer repräsentativen Gruppe von Schülern nach Möglichkeiten, wie die Schule Schüler motivieren und unterstützen könnte.

4. Gehen Sie einzelne Probleme an, indem jedes Mitglied des Teams seinen schwierigsten Konflikt bei der Motivation von Schülern beschreibt. Besprechen Sie die einzelnen Fragen und formulieren Sie gemeinsam Lösungsvorschläge.

5. Überlegen Sie mithilfe der Vorlage „Zum Nachdenken" (7.02) ⬇D auf der folgenden Seite, mit welchen der 24 Strategien Sie auf die Formen von Verhalten, die in diesem Kapitel angesprochen wurden, reagieren könnten.

7.02

In heterogenen Klassen alle erreichen
Strategien für motivierenden Unterricht und nachhaltigen Lernerfolg

Zum Nachdenken

Frage	Überlegungen aus dem Text	Neue Ideen und Lösungsvorschläge
Was tun Sie, wenn ein Schüler nicht mitmachen und seine Aufgaben nicht erledigen will?		
Was machen Sie, wenn sich Schüler mit dem Minimum zufriedengeben?		
Wie bringen Sie Schüler dazu, beim Unterrichtsgespräch mitzumachen?		
Wie bringen Sie Schüler dazu, auch die Aufgaben zu machen, die nicht benotet werden?		
Was antworten Sie auf die Frage eines Schülers: „Wozu sollen wir das überhaupt lernen?"		
Was machen Sie mit einem Schüler, der sich andauernd mit anderen unterhält?		
Wie motivieren Sie weniger liebenswerte Schüler?		
Was tun Sie, wenn ein Schüler im Unterricht Aufgaben nicht erledigen will?		
Was machen Sie, wenn ein Schüler übermotiviert ist und nicht mit der nächsten Aufgabe beginnen will?		

© der Originalausgabe: Verlag an der Ruhr | Autoren: Carolyn Chapman, Nicole Vagle | ISBN 978-3-8346-2615-8 | www.verlagruhr.de

Ainsworth, L. (2003a). Power standards: Identifying the standards that matter most. Englewood, CO: Advanced Learning Press.

Ainsworth, L. (2003b). Unwrapping standards: A simple process to make standards manageable. Englewood, CO: Advanced Learning Press.

Ainsworth, L., & Viegut, D. (2006). Common formative assessments: How to connect standards-based instruction and assessment. Thousand Oaks, CA: Corwin Press.

Allensworth, E., Correa, M., & Ponisciak, S. (2008). From high school to the future: ACT preparation – too much, too late. Chicago: Consortium on Chicago School Research.

Ames, C., & Archer, J. (1988). Achievement goals in the classroom: Students' learning strategies and motivation processes. Journal of Educational Psychology, 80(3), 260–267.

Apter, M. J. (2001). Motivational styles in everyday life: A guide to reversal theory. Washington, DC: American Psychological Association.

Barker, K., Dowson, M., & McInerney, D. M. (2002). Performance approach, performance avoidance and depth of information processing: A fresh look at relations between students' academic motivation and cognition. Educational Psychology, 22, 571–589.

Barkley, S. G. (2007). Tapping student effort: Increasing student achievement. Cadiz, KY: Performance Learning Systems.

Barton, A. C., Tan, E., & Rivet, A. (2008). Creating hybrid spaces for engaging school science among urban middle school girls. American Educational Research Journal, 45(1), 68–103.

Becker, B. E., & Luthar, S. S. (2002). Social-emotional factors affecting achievement outcomes among disadvantaged students: Closing the achievement gap. Educational Psychologist, 37, 197–214.

Black, P., Harrison, C., Lee, C., Marshall, B., & Wiliam, D. (2003). Assessment for learning: Putting it into practice. London: Open University.

Black, P. J., & Wiliam, D. (1998). Inside the black box: Raising standards through classroom assessment. Phi Delta Kappan, 80(2), 139–148.

Block, P. (2003). The answer to how is yes: Acting on what matters. San Francisco: Berrett-Koehler.

BrainyMedia. (2010). BrainyQuote. Accessed at www.brainyquote.com/quotes/topics/topic_war.html on October 19, 2010.

Brophy, J. (2004). Motivating students to learn (2nd ed.). Mahwah, NJ: Erlbaum.

Brophy, J. (2005). Goal theorists should move on from performance goals. Educational Psychologist, 40, 167–176.

Brophy, J. (2010). Cultivating student appreciation of the value of learning. In R. Marzano (Ed.), On excellence in teaching (pp. 301–317). Bloomington, IN: Solution Tree Press.

Burke, K. (2010). Balanced assessment: From formative to summative. Bloomington, IN: Solution Tree Press.

Butler, R. (1988). Enhancing and undermining intrinsic motivation:
The effects of task-involving and ego-involving evaluation on interest and
performance. British Journal of Educational Psychology, 78(3), 210–216.

Carini, R. M., Kuh, G. D., & Klein, S. P. (2006).
Student engagement and student learning: Testing the linkages.
Research in Higher Education, 47(1), 1–32.

Carle, E. (1969). A very hungry caterpillar. New York: Philomel Books.

Chadwick, B. (1999, July 19–23). Consensus building institute at Eden Prairie Schools, MN.

Chapman, C., & King, R. (2005). Differentiated assessment strategies:
One tool doesn't fit all. Thousand Oaks, CA: Corwin Press.

Chapman, C., & King, R. (2009a). Differentiated instructional management:
Work smarter, not harder! Thousand Oaks, CA: Corwin Press.

Chapman, C., & King, R. (2009b). Differentiated instructional strategies for
reading in the content areas (2nd ed.). Thousand Oaks, CA: Corwin Press.

Chapman, C., & King, R. (2009c). Test success in the brain-compatible classroom.
Thousand Oaks, CA: Corwin Press.

Cherubini, G., Zambelli, F., & Boscolo, P. (2002). Student motivation:
An experience of in-service education as a context for professional development
of teachers. Teaching and Teacher Education, 18, 273–288.

Clarke, S. (2005). Formative assessment in action: Weaving the elements together.
London: Hodder Arnold.

Conrad, F. (1992). The arts in education and a meta-analysis.
Unpublished doctoral dissertation, Purdue University, West Lafayette.

Covington, M. N. (2002). Rewards and intrinsic motivation: A needs-based
developmental perspective. In F. Pajares & T. Urdan (Eds.), Academic motivation
of adolescents (pp. 169–192). Greenwich, CT: Information Age.

Crooks, T. J. (1988). The impact of classroom evaluation practices on students.
Review of Educational Research, 58(4), 438–481.

Davies, A. (2007a). Involving students in the classroom assessment process.
In D. Reeves (Ed.), Ahead of the curve: The power of assessment to transform
teaching and learning (pp. 31–58). Bloomington, IN: Solution Tree Press.

Davies, A. (2007b). Making classroom assessment work (2nd ed.).
Courtenay, British Columbia, Canada: Connections.

Denton, P. (2007). The power of words: Teacher language that helps children learn.
Greenfield, MA: Northeast Foundation for Children.

Dodge, D. T., & Colker, L. J. (2001). The creative curriculum for early childhood.
Washington, DC: Teaching Strategies.

Dörnyei, Z. (2001). Teaching and researching motivation. New York: Longman.

Dowson, M., & McInerney, D. M. (2003). What do students say about their
motivational goals? Towards a more complex and dynamic perspective on student
motivation. Contemporary Educational Psychology, 28, 91–113.

DuFour, R., Eaker, R., & DuFour, R. (Eds.). (2005). On common ground: The power of professional learning communities. Bloomington, IN: Solution Tree Press.

Dunn, R., Griggs, S. A., Olson, J., Beasley, M., & Gorman, B. S. (1995). A meta-analytic validation of the Dunn and Dunn model of learning-style preferences. Journal of Educational Research, 88(6), 353–362.

Dweck, C. S. (1999). Self-theories: Their role in motivation, personality, and development. Philadelphia: Psychology Press.

Dweck, C. S. (2006). Mindset: The new psychology of success. New York: Random House.

Elliot, A. J., & Thrash, T. M. (2004). The intergenerational transmission of fear of failure. Personality and Social Psychology Bulletin, 30, 957–971.

Ferriter, W. M., & Garry, A. (2010). Teaching the iGeneration: Five easy ways to introduce essential skills with web 2.0 tools. Bloomington, IN: Solution Tree Press.

Fisher, D., & Frey, N. (2007). Checking for understanding: Formative assessment techniques for your classroom. Alexandria, VA: Association for Supervision and Curriculum Development.

Foster, M. (1997). Black teachers on teaching. New York: New Press.

Frey, N., Fisher, D., & Everlove, S. (2009). Productive group work: How to engage students, build teamwork, and promote understanding. Alexandria, VA: Association for Supervision and Curriculum Development.

Furr, C., & Skinner, E. (2003). Sense of relatedness as a factor in children's academic engagement and performance. Journal of Educational Psychology, 95, 148–162.

Gareis, C. R., & Grant, L. W. (2008). Teacher-made assessments: How to connect curriculum, instruction, and student learning. Larchmont, NY: Eye on Education.

Garmston, R., & Wellman, B. (1999). The adaptive school: A sourcebook for developing collaborative groups. Norwood, MA: Christopher-Gordon.

Gay, G. (2002). Preparing for culturally responsive teaching. Journal of Teacher Education, 53, 106–116.

Glasser, W. (1999). Choice theory: A new psychology of personal freedom. New York: HarperCollins.

Green, J., Martin, A. J., & Marsh, H. W. (2007). Motivation and engagement in English, mathematics and science high school subjects: Towards an understanding of multidimensional domain specificity. Learning and Individual Differences, 17, 269–279.

Guskey, T. (2004). Are zeros your ultimate weapon? Education Digest: Essential Readings Condensed for Quick Review, 70(3), 31–35.

Guskey, T. (2009). Using assessments to improve teaching and learning. In D. Reeves (Ed.), Ahead of the curve: The power of assessment to transform teaching and learning (pp. 15–29). Bloomington, IN: Solution Tree Press.

Guskey, T. R., & Bailey, J. M. (2001). Developing grading and reporting systems for student learning. Thousand Oaks, CA: Corwin Press.

Hareli, S., & Weiner, B. (2000). Accounts for success as determinants of perceived arrogance and modesty. Motivation and Emotion, 24, 215–236.

Hareli, S., & Weiner, B. (2002). Social emotions and personality inferences: A scaffold for a new direction in the study of achievement motivation. Educational Psychologist, 37, 183–193.

Harker, L. (2008). Laughter is an instant vacation: Humorous quotes on life. Naperville, IL: Simple Truths.

Hattie, J. (2009). Visible learning: A synthesis of over 800 meta-analyses relating to student achievement. New York: Routledge.

Hattie, J., & Timperley, H. (2007). The power of feedback. Review of Educational Research, 77(1), 81–112.

Hoaglin, R. (1999). Motivation and learning. Unpublished action research project, Stoughton High School, Stoughton, Wisconsin. Illinois State Board of Education. (2007). Illinois assessment frameworks. Accessed at www.isbe.state.il.us/assessment/iafindex.htm on October 4, 2009.

Inman, E. (2010, October 20). Study says genetic marker not predictor of heart disease. The Stanford Daily. Accessed at www.stanforddaily.com/2010/10/20/heart on October 20, 2010.

Jensen, E. (2001). Arts with the brain in mind. Alexandria, VA: Association for Supervision and Curriculum Development.

Jensen, E., & Nickelsen, L. (2008). Deeper learning & powerful strategies for in-depth and longer-lasting learning. Thousand Oaks, CA: Corwin Press.

Kardash, C. A. M., & Wright, L. (1987). Does creative drama benefit elementary students: A meta-analysis. Youth Theater Journal, 1(3), 11–18.

Kidder, T. (2010). Quotations about teachers. Accessed at www.quotegarden.com/teachers.html on September 27, 2010.

Kleinfeld, J. (1975). Effective teachers of Eskimo and Indian students. School Review, 83(2), 301–344.

Ladson-Billings, G. (1995). But that's just good teaching! The case for culturally relevant pedagogy. Theory into Practice, 34, 159–165.

Lambert, L. (2003). Leadership capacity for lasting school improvement. Alexandria, VA: Association for Supervision and Curriculum Development.

Linnenbrink, E. A., & Pintrich, P. R. (2003). Achievement goals and intentional conceptual change. In G. M. Sinatra & P. R. Pintrich (Eds.), Intentional conceptual change (pp. 347–374). Mahwah, NJ: Erlbaum.

Ma, X. (1999). A meta-analysis of the relationship between anxiety toward mathematics and achievement in mathematics. Journal for Research in Mathematics Education, 30(5), 520–541.

Martin, A. J. (2002). Motivation and academic resilience: Developing a model of student enhancement. Australian Journal of Education, 46, 34–49.

Martin, A. J. (2003). Boys and motivation: Contrasts and comparisons with girls' approaches to school work. Australian Educational Research, 30, 43–65.

Martin, A. J. (2005). Exploring the effects of a youth enrichment program on academic motivation and engagement. Social Psychology of Education, 8, 179–206.

Martin, A. J. (2006). Personal bests (PBs): A proposed multidimensional model and empirical analysis. British Journal of Educational Psychology, 76, 803–825.

Martin, A. J. (2007). Examining a multidimensional model of student motivation and engagement using a construct validation approach. British Journal of Educational Psychology, 77, 413–440.

Martin, A. J. (2008a). Enhancing student motivation and engagement: The effects of a multidimensional intervention. Contemporary Educational Psychology, 33, 239–269.

Martin, A. J. (2008b). Motivation and engagement in music and sport:
Testing a multidimensional framework in diverse performance settings.
Journal of Personality, 76, 135–170.

Martin, A. J. (2009). Age appropriateness and motivation, engagement and performance in high school: Effects of age-within-cohort, grade retention, and delayed school entry. Journal of Educational Psychology, 101, 101–114.

Martin, A. J., & Dowson, M. (2009). Interpersonal relationships, motivation, engagement, and achievement: Yields for theory, current issues, and educational practice.
Review of Educational Research, 79, 327–365.

Martin, A. J., & Marsh, H. W. (2003). Fear of failure: Friend or foe? Australian Psychologist, 38, 31–38.

Martin, A. J., & Marsh, H. W. (2008). Academic buoyancy: Towards an understanding of students' everyday academic resilience. Journal of School Psychology, 46, 53–83.

Martin, A. J., Marsh, H. W., & Debus, R. L. (2001). Self-handicapping and defensive pessimism: Exploring a model of self-protection from a longitudinal perspective.
Journal of Educational Psychology, 93, 87–102.

Marzano, R. J. (2003). What works in schools: Translating research into action.
Alexandria, VA: Association for Supervision and Curriculum Development.

Marzano, R. J. (2006). Classroom assessment and grading that work.
Alexandria, VA: Association for Supervision and Curriculum Development.

Marzano, R. J. (2007). The art and science of teaching: A comprehensive framework for effective instruction. Alexandria, VA: Association for Supervision and Curriculum Development.

Marzano, R. J. (2010). Using games to enhance student achievement.
Educational Leadership, 67(5), 71–72.

Marzano, R. J., & Kendall, J. S. (2007). The new taxonomy of educational objectives (2nd ed.). Thousand Oaks, CA: Corwin Press.

Maslow, A. (1968). Toward a psychology of being. Princeton, NJ: Van Nostrand.

McTighe, J. (2010). Understanding by design and instruction. In R. Marzano (Ed.),
On excellence in teaching (pp. 271–300). Bloomington, IN: Solution Tree Press.

Mendler, A. N. (2000). Motivating students who don't care: Successful techniques for educators. Bloomington, IN: Solution Tree Press.

Meyer, D. K., & Turner, J. C. (2002). Discovering emotion in classroom motivation research. Educational Psychologist, 37, 107–114.

New Horizons for Learning. (2002). Assessment terminology: A glossary of useful terms. Accessed at www.newhorizons.org/strategies/assess/terminology.htm on June 24, 2010.

Newmann, F. L., King, M. B., & Carmichael, D. (2007). Authentic instruction and assessment: Common standards for rigor and relevance in teaching academic subjects. Des Moines: Iowa Department of Education.

Nicholls, J. G., Cheung, P. C., Lauer, J., & Patashnick, M. (1989). Individual differences in academic motivation: Perceived ability, goals, beliefs, and values. Learning and Individual Differences, 1, 63–84.

O'Connor, K. (2002). How to grade for learning: Linking grades to standards (2nd ed.). Arlington Heights, IL: Skylight Press.

Ormiston, M. (2011). Creating a digital-rich classroom: Teaching and learning in a web 2.0 world. Bloomington, IN: Solution Tree Press.

Pajares, F. (2005). Self-efficacy beliefs in academic settings. Review of Educational Research, 66(4), 543–578.

Pearson Assessment Training Institute. (2010). Getting started with classroom assessment for student learning: A one-day workshop. Portland, OR: Author.

Pianta, R. C., Nimetz, S. L., & Bennett, E. (1997). Mother-child relationships, teacher-child relationships, and school outcomes in preschool and kindergarten. Early Childhood Research Quarterly, 12, 263–280.

Pink, D. h. (2009). Drive: The surprising truth about what motivates us. New York: Riverhead.

Pintrich, P. R. (2003). A motivational science perspective on the role of student motivation in learning and teaching contexts. Journal of Educational Psychology, 95, 667–686.

Popham, W. J. (2001). The truth about testing: An educator's call to action. Alexandria, VA: Association for Supervision and Curriculum Development.

Reeves, D. (2001). Making standards work: How to implement standards-based assessment in the classroom, school and district (3rd ed.). Englewood, CO: Advanced Learning Press.

Reeves, D. (Ed.). (2007). Ahead of the curve: The power of assessment to transform teaching and learning. Bloomington, IN: Solution Tree Press.

Reeves, J., Deci, E. L., & Ryan, R. M. (2004). Self-determination theory: A dialectical framework for understanding sociocultural influences on student motivation. In D. McInerney & S. Van Etten (Eds.), Big theories revisited (pp. 31–60). Greenwich, CT: Information Age.

Rideout, V. J., Foehr, U. G., & Roberts, D. F. (2010). Generation M2: Media in the lives of 8- to 18-year-olds. Menlo Park, CA: Henry J. Kaiser Family Foundation.

Robinson, J. (2008, October 13). Classroom 2.0: The power of Nintendo DS [Blog post]. Accessed at http://thepegeek.com/2008/10/13/another-utter-mobile-post-2 on September 24, 2010.

Rubie-Davies, C. M. (2007). Classroom practices: Exploring high- and low-expectation teachers. British Journal of Educational Psychology, 77, 289–306.

Rubie-Davies, C. M., Hattie, J. A. C., & Hamilton, R. (2006). Expecting the best for students: Teacher expectations and academic outcomes. British Journal of Educational Psychology, 77, 429–444.

Ryan, R. M., & Deci, E. L. (2000). Self-determination theory and the facilitation of intrinsic motivation, social development, and well-being. American Psychologist, 55, 68–78.

Sadler, D. R. (1989). Formative assessment: Revisiting the territory. Assessment in Education, 5(1), 77–84.

Saphier, J. (2005). Masters of motivation. In R. DuFour, R. Eaker, & R. DuFour (Eds.), On common ground: The power of professional learning communities (pp. 85–114). Bloomington, IN: Solution Tree Press.

Schmoker, M. (2006). Results now: How we can achieve unprecedented improvements in teaching and learning. Alexandria, VA: Association for Supervision and Curriculum Development.

Schunk, D. H, & Miller, S. D. (2002). Self-efficacy and adolescents' motivation. In F. Pajares & T. Urdan (Eds.), Academic motivation of adolescents (pp. 29–52). Greenwich, CT: Information Age.

Schunk, D.h., & Zimmerman, B. J. (2007). Influencing children's self-efficacy and self-regulation of reading and writing through modeling. Reading and Writing Quarterly, 23(1), 7–25.

Schwartz, M., Sadler, P., Sonnert, G., & Tai, R. (2008, December). Depth versus breadth: How content coverage in high school science courses relates to later success in college science coursework. Science Education, 1–29.

Scieszka, J., & Smith, L. (1995). Math curse. New York: Viking.

Scieszka, J., & Smith, L. (2004). Science verse. New York: Viking.

Simple Truths. (2008). Laughter is an instant vacation. Naperville, IL: Author.

Sizer, T. (1984, 2004). Horace's compromise: The dilemma of the American high school. Boston: Houghton Mifflin.

Sousa, D. (2006). How the brain learns. Thousand Oaks, CA: Corwin Press.

Stiggins, R. J., Arter, J., Chappuis, J., & Chappuis, S. (2005). Classroom assessment for student learning: Doing it right - using it well. Portland, OR: ETS Assessment Training Institute.

Strong, R., Silver, H., & Perini, M. (2001). Teaching what matters most: Standards and strategies for raising student achievement. Alexandria, VA: Association for Supervision and Curriculum Development.

Study Island. (2010). Illinois standards-based ISAT preparation. Accessed at www.studyisland.com/demoAsk.cfm?myState=IL on June 24, 2010.

Tang, G., & Briggs, H. (2001). The grapes of math. New York: Scholastic Books.

Thompson, M., & Wiliam, D. (2007, April 9–13). Tight but loose: A conceptual framework for scaling up school reforms. Paper presented at the annual conference of the American Educational Research Association, Chicago, IL.

Vagle, N. (2009). Inspiring and requiring learning. In T. Guskey (Ed.), The teacher as assessment leader (pp. 85–114). Bloomington, IN: Solution Tree Press.

Weiner, B. (1994). Integrating social and personal theories of achievement striving. Review of Educational Research, 64, 557–573.

Weinstein, R. S. (2002). Reaching higher: The power of expectations in schooling. Cambridge, MA: Harvard University Press.

Wentzel, K. R. (1999). Social-motivational processes and interpersonal relationships: Implications for understanding motivation at school. Journal of Educational Psychology, 91, 76–97.

Whitaker, T. (2003). What great teachers do differently. Larchmont, NY: Eye on Education.

Wigfield, A., & Tonks, S. (2002). Adolescents' expectancies for success and achievement task values during the middle and high school years. In F. Pajares & T. Urdan (Eds.), Academic motivation of adolescents (pp. 53–82). Greenwich, CT: Information Age.

Wiggins, G., & McTighe, J. (1998). Understanding by design. Alexandria, VA: Association for Supervision and Curriculum Development.

Wiliam, D. (2007). Keeping learning on track: Classroom assessment and the regulation of learning. In F. K. Lester Jr. (Ed.), Second handbook of mathematics teaching and learning (pp. 1053–1098). Greenwich, CT: Information Age.

Willis, J. (2008). Research-based strategies to ignite student learning. Alexandria, VA: Association for Supervision and Curriculum Development.

Wolfe, P. (2001). Brain matters: Translating research into classroom practice. Alexandria, VA: Association for Supervision and Curriculum Development.

Yount, W. (2009, September 4). Mrs. Yount's class news [Weblog]. Accessed at http://blog.oconee.k12.ga.us/wyount/page/2 on June 24, 2010.

Zimmerman, B. (2008). Investigating self-regulation and motivation: Historical background, methodological developments, and future prospects. American Educational Research Journal, 45(1), 166–183.

Claßen, Albert:
Classroom-Management im inklusiven Klassenzimmer.
Verhaltensauffälligkeiten: vorbeugen und angemessen reagieren.
Verlag an der Ruhr, 2013.
ISBN 978-3-8346-2326-3

Eschelmüller, Michele:
Lerncoaching.
Vom Wissensvermittler zum Lernbegleiter. Grundlagen und Praxishilfen.
Verlag an der Ruhr, 2008.
ISBN 978-3-8346-0393-7

Harris, Bryan:
Mehr Motivation und Abwechslung im Unterricht!
99 Methoden zur Schüleraktivierung.
Verlag an der Ruhr, 2013.
ISBN 978-3-8346-2328-7

Hoffmann, Cordula:
Eine Klasse – ein Team!
Methoden zum kooperativen Lernen.
Verlag an der Ruhr, 2009.
ISBN 978-3-8346-0594-8

Jones, Alana:
Ganz verschieden … und doch ein Team.
100 Spiele für soziales Lernen in Regel- und Inklusionsklassen.
Verlag an der Ruhr, 2012.
ISBN 978-3-8346-2287-7

Klein, Antonia/Schmidt, Brunhild:
Ich – Du – Wir alle!
33 Spiele für soziales Kompetenztraining.
Verlag an der Ruhr, 2009.
ISBN 978-3-8346-0569-6

Mittelstädt, Holger:
Organisationshilfen für den Schulalltag.
Von Wochenplan bis Kompetenzraster.
Verlag an der Ruhr, 2012
ISBN 978-3-8346-2290-7

mittendrin e. V. (Hrsg.):
Eine Schule für alle.
Inklusion umsetzen in der Sekundarstufe.
Verlag an der Ruhr, 2012.
ISBN 978-3-8346-0891-8

Morgenthau, Lena:
Klasse organisieren ohne Worte.
Signalkarten für die Sek. I.
Verlag an der Ruhr, 2004.
ISBN 978-3-8607-2881-9

Oppolzer, Ursula:
111 Ideen – Kreativität und Problemlösefähigkeit.
Techniken und Übungen für mehr selbstständiges Denken im Unterricht.
Verlag an der Ruhr, 2013.
ISBN 978-3-8346-2329-1